Fritz Birk, Gerhard Kühn, Karl Lutz

Vorbereitung auf die Abschlussprüfung

Kaufmann / Kauffrau im Einzelhandel

399 programmierte Übungsaufgaben
218 ungebundene Aufgaben

1. Auflage, korrigierter Nachdruck

Bestellnummer 86400

Bildungsverlag EINS
a Wolters Kluwer business

www.bildungsverlag1.de

Bildungsverlag EINS
Sieglarer Straße 2, 53842 Troisdorf

ISBN 978-3-427-**86400**-4

Vorwort

Der Abschluss Ihrer Ausbildung rückt näher. Möglicherweise verbindet sich auch bei Ihnen ein mehr oder weniger „mulmiges Gefühl“ damit ... Eine gründliche und gleichzeitig erfolgreiche Vorbereitung auf die Abschlussprüfung in der Schule und zu Hause bringt Ihnen die nötige Gelassenheit, Sicherheit und den gewünschten Erfolg. Sie wollen sich – und anderen – mit einem guten Abschluss beweisen, dass Sie Ihre Ausbildungszeit gut genutzt und somit die Chancen für Ihre berufliche Zukunft verbessert haben.

Dabei hilft Ihnen dieses Trainingsprogramm. Es folgt inhaltlich den Vorgaben der neuen Prüfungsordnung für den Beruf Kaufmann/Kauffrau im Einzelhandel und deren neuer Gliederung.

Inhalte dieses Trainingsprogramms:

- Verordnung zur Abschlussprüfung für Kaufleute im Einzelhandel mit Hinweisen zur Aufgabenbearbeitung der IHK-Abschlussprüfung und mit Tipps zur Vorbereitung auf Ihre Prüfung
- Aufgaben zum Bereich „Kaufmännische Handelstätigkeit“
- Aufgaben zum Bereich „Einzelhandelsprozesse“
- Aufgaben zum Bereich „Wirtschafts- und Sozialkunde“
- Lösungen bzw. Lösungsvorschläge

Zum Einsatz kommen

- **gebundene Aufgaben** in programmierter Form, vgl. die Musteraufgaben auf Seite 8,
- **ungebundene/freie Aufgaben** in Offen-Antwort-Form, in welcher die erfragten Sachverhalte in Worten wiedergegeben werden, vgl. die entsprechende Musteraufgabe auf Seite 9. Dieser Aufgabentyp nimmt besonders im **Prüfungsgebiet „Einzelhandelsprozesse“** eine wichtige Position ein. Hier sollen Sie „die Befähigung der beruflichen Handlungskompetenz durch das Bearbeiten komplexer praxisbezogener Aufgaben nachweisen“.

Bei der Abschlussprüfung ist es ähnlich wie bei der Führerscheinprüfung: Fragen wiederholen sich, manchmal auch in etwas abgewandelter Form. Deshalb steigert eine sorgfältige Vorbereitung die Chancen für einen guten Abschluss enorm. Werfen Sie zusätzlich einen Blick in die Vorbereitung auf die Mündliche Prüfung im Einzelhandel, Normtest 86402.

Wir wünschen Ihnen viel Glück und Erfolg!

Die Verfasser

Inhaltsverzeichnis

Allgemeines

Abschlussprüfung für die Kauffrau/den Kaufmann im Einzelhandel

Verordnung über die Berufsausbildung im Einzelhandel in den Ausbildungsberufen Verkäufer/Verkäuferin und Kaufmann im Einzelhandel/Kauffrau im Einzelhandel vom 16. Juli 2004:

§ 15 Abschlussprüfung

[...]

(2) Die Prüfung ist in den Prüfungsbereichen Kaufmännische Handelstätigkeit, Einzelhandelsprozesse sowie Wirtschafts- und Sozialkunde schriftlich und im Prüfungsbereich Fallbezogenes Fachgespräch mündlich durchzuführen. In den schriftlichen Prüfungsbereichen Kaufmännische Handelstätigkeit und Einzelhandelsprozesse soll der Prüfling darüber hinaus nachweisen, dass er die inhaltlichen Zusammenhänge der einzelnen Prozessschritte entlang der Wertschöpfungskette beherrscht.

(3) Die Anforderungen in den Prüfungsbereichen sind:

1. im Prüfungsbereich Kaufmännische Handelstätigkeit:
In höchstens 120 Minuten soll der Prüfling praxisbezogene Aufgaben oder Fälle insbesondere aus den folgenden Gebieten:

a) Verkauf, Beratung und Kasse,
b) Warenpräsentation und Werbung,
c) Warenannahme und -lagerung,
d) Bestandsführung und -kontrolle,
e) rechnerische Geschäftsvorgänge,
f) Kalkulation

bearbeiten und dabei zeigen, dass er verkaufsbezogene sowie vor- und nachbereitende Aufgaben des Verkaufs sowie Beschwerden und Reklamationen bearbeiten und rechtliche Bestimmungen berücksichtigen, Möglichkeiten der Konfliktlösung anwenden und kundenorientiert arbeiten kann. Darüber hinaus soll er zeigen, dass er Zusammenhänge dieser Gebiete beachten, Aufgaben der Steuerung und Kontrolle der Warenbewegungen durchführen und verkaufsbezogene Rechenvorgänge bearbeiten kann;

2. im Prüfungsbereich Einzelhandelsprozesse:
In höchstens 90 Minuten soll der Prüfling praxisbezogene Aufgaben oder Fälle aus dem Gebiet Geschäftsprozesse im Einzelhandel bearbeiten. Dabei soll er zeigen, dass er fachliche Zusammenhänge bezogen auf Kernprozesse des Einzelhandels von Einkauf und Sortimentsgestaltung über logistische Prozesse bis zum Verkauf und Unterstützungsprozesse wie Rechnungswesen, Personalwirtschaft, Marketing und IT-Anwendungen versteht, Sachverhalte analysieren sowie Lösungsmöglichkeiten zu Aufgabenstellungen entwickeln kann;

3. im Prüfungsbereich Wirtschafts- und Sozialkunde:
In höchstens 90 Minuten soll der Prüfling praxisbezogene Aufgaben oder Fälle bearbeiten und dabei zeigen, dass er wirtschaftliche und gesellschaftliche Zusammenhänge der Berufs- und Arbeitswelt darstellen und beurteilen kann;

4. im Prüfungsbereich Fallbezogenes Fachgespräch:
Der Prüfling soll im Rahmen eines Fachgespräches anhand einer von zwei ihm zur Wahl gestellten praxisbezogenen Aufgaben zeigen, dass er kunden- und serviceorientiert handeln kann. [...]. Das Fachgespräch soll die Dauer von 20 Minuten nicht überschreiten. [...]

(5) Bei der Ermittlung des Gesamtergebnisses hat der Prüfungsbereich Fallbezogenes Fachgespräch gegenüber dem Ergebnis aus allen schriftlichen Prüfungsbereichen das gleiche Gewicht. Innerhalb der schriftlichen Prüfungsbereiche ist folgende Gewichtung vorzunehmen:

1. Prüfungsbereich Kaufmännische Handelstätigkeit 50 %,
2. Prüfungsbereich Einzelhandelsprozesse 30 %,
3. Prüfungsbereich Wirtschaft- und Sozialkunde 20 %.

(6) Zum Bestehen der Abschlussprüfung müssen im Gesamtergebnis und in mindestens zwei der in Absatz 3 Nr. 1 bis 3 genannten Prüfungsbereiche sowie im Prüfungsbereich Fallbezogenes Fachgespräch mindestens ausreichende Prüfungsleistungen erbracht werden. Werden die Prüfungsleistungen in einem Prüfungsbereich mit „ungenügend“ bewertet, ist die Prüfung nicht bestanden.

Hinweise zur Aufgabenbearbeitung der IHK-Abschlussprüfung

Allgemeine Hinweise zum Umgang mit den Aufgabensätzen

Die kaufmännische Abschlussprüfung erstreckt sich auf mehrere Prüfungsfächer, wobei in Abhängigkeit vom Ausbildungsberuf neben gebundenen auch ungebundene Prüfungsaufgaben eingesetzt werden. Die folgenden **Grundregeln** zum Bearbeiten der Aufgabensätze gelten unabhängig davon, ob die Aufgabensätze aus ungebundenen oder gebundenen Prüfungsaufgaben bestehen. Bitte lesen Sie sich diese Regeln gründlich durch und prägen Sie sich ihren Inhalt genau ein.

1. In der Prüfung erhalten Sie je Prüfungsfach einen Aufgabensatz sowie in der Regel weitere Unterlagen, zum Beispiel Lösungsbogen bei gebundenen Prüfungsaufgaben, Anlagen mit Belegen, Nebenrechnungsformulare usw., die Sie zur Bearbeitung der Prüfunqsaufgaben benötigen. Bevor Sie mit der Bearbeitung beginnen, prüfen Sie bitte, ob der Aufgabensatz erstens die auf der ersten Seite (= Deckblatt) vermerkten zusätzlichen **Unterlagen** und zweitens die ebenfalls auf dem Deckblatt angegebene **Aufgabenanzahl** enthält. Wenden Sie sich bei Unstimmigkeiten sofort an die zuständige Aufsicht! Reklamationen nach Schluss der Prüfung können nicht anerkannt werden.
2. Lesen Sie sich bitte die **Bearbeitungshinweise,** die auf dem Deckblatt des Aufgabensatzes stehen, aufmerksam durch!
3. Füllen Sie als Erstes sorgfältig die **Kopfleiste** des Aufgabensatzes bzw. bei gebundenen Aufgaben die des Lösungsbogens aus! Schreiben Sie Ihren **Familien- und Vornamen** in Blockbuchstaben, und ersetzen Sie ä durch ae, ü durch ue und ö durch oe! Außerdem ist die **Prüflingsnummer,** die auf Ihrer Einladung zur Prüfung oder auf Ihrer Prüfungsmappe steht, in diese Kopfleiste einzutragen. Beachten Sie in diesem Zusammenhang auch eventuelle Anweisungen der Aufsichten! **Bei fehlender oder falscher Prüflingsnummer ist eine Auswertung nicht möglich.**
4. Bevor Sie eine Aufgabe lösen, sollten Sie den Aufgabentext **äußerst sorgfältig und genau lesen.** Bei **gebundenen Prüfungsaufgaben** kann das Erkennen der richtigen Lösung von einem einzelnen **Wort** abhängen. Halten Sie sich bei der Bearbeitung **ungebundener Prüfungsaufgaben** genau an die **Vorgaben** zur Beantwortung der Fragen. Wenn zum Beispiel vier Angaben gefordert werden und Sie sechs Angaben anführen, werden nur die ersten vier Angaben bewertet.
5. Greifen Sie zweckmäßigerweise **zunächst die Aufgaben heraus, die Ihnen am sichersten lösbar erscheinen.** Die übrigen Aufgaben bearbeiten Sie in der dann noch zur Verfügung stehenden Zeit. Auch hierbei sollten Sie **vermeiden, sich an einzelnen Aufgaben „festzubeißen",** solange noch andere Aufgaben ungelöst sind. Eventuelle Angaben zur **Bearbeitungszeit** sind als Hinweis zu verstehen. Dieser soll Ihnen helfen, sich die Prüfungszeit, die für das Prüfungsfach insgesamt gilt, richtig einzuteilen.
6. Als Hilfsmittel ist grundsätzlich ein netzunabhängiger, geräuscharmer und nicht programmierbarer **Taschenrechner** zugelassen. Dies gilt nicht für das Fach Informationsverarbeitung bei den Büroberufen. Über weitere, bei einzelnen Ausbildungsberufen **zugelassene Hilfsmittel** informiert Sie rechtzeitig die zuständige IHK. Entsprechende Informationen finden Sie auch im Internet unter www.aka-nuernberg.de.
7. Die **Benutzung unerlaubter Hilfsmittel** führt zum vorläufigen Ausschluss von der Prüfung.
8. Bitte beachten Sie, dass Ihre **Eintragungen** auf **Nebenrechnungsvordrucken** und **Konzeptpapier** grundsätzlich nicht bewertet werden.

Wichtige Hinweise zum Bearbeiten gebundener Prüfungsaufgaben

Zusätzlich zu den genannten Grundregeln setzt die Prüfung mit **gebundenen Aufgaben** die Beachtung der folgenden Regeln voraus. Bitte lesen Sie auch diese Regeln gründlich durch und prägen Sie sich ihren Inhalt genau ein!

[1] Der Aufgabensatz enthält einen Lösungsbogen mit Durchschrift. Damit Ihre Eintragungen auch auf der Durchschrift des Lösungsbogens gut leserlich sind, dürfen Sie **nur mit Kugelschreiber** und **nicht auf einer weichen Unterlage schreiben**. Sie müssen dabei **kräftig aufdrücken**. Da es sich um einen Durchschreibesatz handelt, darf kein **Konzeptpapier oder Ähnliches zwischen die beiden Lösungsbogen geschoben werden. Kontrollieren** Sie vor dem Abgeben des Lösungsbogens, ob Ihre Eintragungen auf der Durchschrift deutlich erscheinen (auch in der Kopfleiste)!

[2] Für jede Aufgabe sind entsprechende Kästchen auf dem Lösungsbogen („Lösungskästchen") rechts neben der Aufgabennummer angeordnet. Die Seitenzahl gibt an, auf welcher Seite im Aufgabensatz sich die jeweilige Aufgabe befindet. In die Lösungskästchen **tragen** Sie Ihre **Lösungsziffern**, das sind die Kennziffern der Antworten bzw. die Lösungsbeträge bei bestimmten Rechenaufgaben, **ein**. Ihre **Lösungen** dürfen nur aus **arabischen Ziffern** bestehen bzw. aus ihnen zusammengesetzt sein. Kreuze, Buchstaben, römische Zahlen oder Kommata stellen keine Lösungen dar.

[3] Schreiben Sie die **Lösungsziffern** in den Lösungskästchen so deutlich wie möglich, damit sie ohne Missverständnisse erfasst werden können! Bei unleserlicher Eintragung gehen Ihnen Punkte verloren.

[4] Überlegen Sie gut, bevor Sie eine Lösungsziffer eintragen! Sollten Sie dennoch ein Ergebnis korrigieren wollen, schreiben Sie **die neue Lösungsziffer ausschließlich unter das betreffende Kästchen, niemals daneben oder darüber!** Streichen Sie das falsche Ergebnis deutlich durch!

[5] Die **Anzahl der richtigen Lösungsziffern** erkennen Sie an der Zahl der vorgedruckten Lösungskästchen. Dies gilt jedoch nicht für Kontierungsaufgaben in der Buchführung. Bei **Kontierungsaufgaben** darf in einem Buchungssatz ein Konto nur einmal angerufen werden, beim Bankkaufmann nur einmal auf einer Kontenseite.

[6] Einige Prüfungsaufgaben sind in **„Offen-Antwort-Form"** gestellt. Es werden Ihnen also keine Lösungen zur Auswahl vorgegeben, sondern die von Ihnen gefundenen Lösungen sind unmittelbar in die hierfürvorgesehenen Lösungskästchen im Lösungsbogen einzutragen.Beachten Sie, dass bei **Ergebnissen mit Dezimalstellen** – sofern keine berufsspezifischen Rundungsregeln anzuwenden oder keine Rundungshinweise angegeben sind – **so genau wie möglich zu rechnen ist, bei Zwischenergebnissen alle Nachkommastellen im Taschenrechner bleiben sollten und das Endergebnis auf die vorgegebene Dezimalstellenzahl kaufmännisch zu runden ist** (unter 5 abrunden, ab 5 aufrunden).

Beispiel: 16,514 EUR = 16,51 EUR   16,515 EUR = 16,52 EUR

[7] Bei **Kontierungsaufgaben** buchen Sie nach den Belegen bzw. nach den angegebenen Geschäftsfällen, indem Sie je nach Anweisung in der Aufgabenstellung entweder die Kennziffern der richtigen Konten oder die Kontonummern nach **Soll- und Habenseite getrennt** in die Lösungskästchen eintragen. Die Reihenfolge der Kennziffern bzw. der Kontonummern auf der Soll- und Habenseite ist beliebig.

[8] Bei Zuordnungs- und Reihenfolgeaufgaben ist die **Reihenfolge der Lösungsziffern** wichtig. Um Flüchtigkeitsfehler beim Eintragen auf dem Lösungsbogen zu vermeiden, **empfehlen wir Ihnen**, die Kennziffern der richtigen Antworten zunächst auf dem Aufgabensatz in die hierfür vorgesehenen Kästchen zu notieren und erst dann die Kennziffern in der **Reihenfolge wie im Aufgabensatz** von links nach rechts in den Lösungsbogen zu übertragen. Entsprechendes gilt für **Kontierungsaufgaben**.

Musteraufgaben

Mehrfachwahlaufgabe

Ein Kaufhaus veranstaltet eine „Woche des Kindes“. Unter welcher Bezeichnung ordnet man diese Werbemaßnahme ein?

1. Kundendienst
2. Marktforschung
3. Gemeinschaftswerbung
4. Publicrelations
5. Marktanalyse

▶ 4

Zuordnungsaufgabe

Ordnen Sie die folgenden Vorgänge der gestörten Erfüllung eines Kaufvertrages den zutreffenden Begriffen zu.

Begriffe

1. Annahmeverzug
2. Nicht-Rechtzeitig-Lieferung (Lieferungsverzug)
3. Nicht-Rechtzeitig-Zahlung (Zahlungsverzug)
4. Mangelhafte Lieferung

Vorgänge eines Kaufvertrages	
Es werden Taschen aus Skai statt aus Leder geliefert.	4
Der Kunde nimmt die rechtzeitig und richtig gelieferte Ware nicht an.	1
Der Kunde hat die Rechnung trotz Mahnung nicht beglichen.	3
Eine zum 1. März fest zugesagte Warenlieferung trifft nicht pünktlich ein.	2

Reihenfolgeaufgabe

Bringen Sie die folgenden Schritte bei der Bearbeitung von Bewerbungen in die richtige Reihenfolge, indem Sie die Ziffern 1 bis 6 in die Kästchen eintragen.

Der Bewerber tritt seine neue Stelle an.	6
Die Entscheidung über die Einstellung wird aufgrund eines abschließenden Gesprächs mit einem der ausgewählten Bewerber getroffen.	5
Die Personalabteilung sammelt die eingehenden Bewerbungen.	1
Mit den ausgewählten Bewerbern werden Einstellungsgespräche sowohl in der Personal- als auch in der Fachabteilung geführt.	4
Die Personalabteilung wertet die eingegangenen acht Bewerbungsunterlagen aus.	2
Drei in die engere Wahl kommende Kandidaten werden zu einem persönlichen Vorstellungsgespräch geladen.	3

Kontierungsaufgabe

Barzahlung der Frachtkosten für eine Warensendung an einen Kunden + Umsatzsteuer (Nettobuchung!). Wie ist zu buchen?

1. Vorsteuer
2. Kasse
3. Umsatzsteuer
4. Bezugskosten
5. Frachten und Fremdlager (Ausgangsfrachten)
6. Büromaterial

Soll	Haben
5	2
1	

Rechenaufgabe

Nach Abzug von 12,5 % Rabatt und 2,5 % Skonto überweisen wir an unseren Lieferer 7.166,25 EUR.

Über welchen Betrag lautet der Listenpreis?

EUR				Komma ↓ Ct.	
8	4	0	0	0	0

Ungebundene/freie Aufgabe *(Offen-Antwort-Form)*

Welche Vorteile bietet die Betriebsform des Versandhandels für das Versandunternehmen und seine Kunden?

Lösungsvorschlag: Das Versandunternehmen benötigt keine Verkaufsräume und weniger Fachpersonal, weil keine Beratung erfolgt. Der Kunde kann die Warenauswahl in Ruhe zu Hause vornehmen. Er muss nicht auf Bedienung warten.

Tipps zur Vorbereitung auf die Abschlussprüfung

Liebe Auszubildende im Einzelhandel,

was hat die Vorbereitung auf Ihre schriftliche Abschlussprüfung mit der Führerscheinprüfung gemeinsam? Sie wollen erfolgreich sein und brauchen dazu Theorie und Praxis:

- Theorie in Form von wichtigen, lernpsychologischen Fakten und Tipps,
- Praxis zum Ausprobieren und Umsetzen der Fakten und Tipps.

Wir wünschen Ihnen solide Vorbereitung, viel Glück und Erfolg und bieten Ihnen nützliche Tipps.

Hier zwölf Tipps aus der Lernpsychologie:

1. Ich entscheide mich bewusst für die Prüfungsvorbereitung und schließe mit mir einen „Lernvertrag",

Lernvertrag:

Zwischen ______________________ (Name) und meinem „inneren Schweinehund" schließe ich folgenden Vertrag:

1. Ich werde täglich/jeden zweiten Tag/an meinem freien Tag ______ Minuten (mindestens eine Stunde) für die Bereiche ______________________ ______________________ arbeiten.
2. Ich werde folgende Stoffgebiete er- bzw. bearbeiten:
   ____
   ____
3. Bis zum bezeichneten Zeitpunkt werde ich folgende Stoffgebiete gezielt durcharbeiten:
   Stoffgebiet ____________ (genaue Bezeichnung) bis zum ____________ (Datum)
   Stoffgebiet ____________ (genaue Bezeichnung) bis zum ____________ (Datum)
   Stoffgebiet ____________ (genaue Bezeichnung) bis zum ____________ (Datum)
4. Als Puffertag für unvorhergesehene Ereignisse, die mich an der Einhaltung der genannten Bedingungen hindern, reserviere ich ____ Tage (Anzahl der Puffertage)
5. Erledigung der unter 3. genannten Ziele werde ich mich belohnen mit:
   - ❑ Kinobesuch
   - ❑ Schwimmbadbesuch mit Freunden
   - ❑ gemütlicher Einkaufsbummel
   - ❑ Sonstiges ______________________

______________________ ______________________

(Ort, Datum) (Unterschrift)

2. Ich schaffe mir eine angenehme, störungsfreie Lernatmosphäre, z. B. durch eine hübsche Schreibunterlage, eine angenehme Beleuchtung, schalte „Flimmerkasten“ bzw. plärrendes Radio aus und sorge für Ruhe.

3. Mein Arbeitsplatz hasst das Chaos aus Getränkeflasche, Teeservice, Comics, Snacks, Büchern, Zeitschriften u. Ä. Unnötige Utensilien entferne ich. So behalte ich Klarheit, Übersicht und Ordnung.

4. Ich beginne rechtzeitig mit der Prüfungsvorbereitung, teile mir die zu erledigende Arbeit in sinnvolle, überschaubare, realitätsnahe Arbeitseinheiten ein. Themeninhalte entnehme ich dem Inhaltsverzeichnis dieses Aufgabenbuches. Auf diese Weise behalte ich den Überblick und komme gut voran.

5. Ich beginne meine Arbeit stets mit einer Wiederholung der vorangegangenen Lerneinheit. Dabei hole ich diese ins Gedächtnis zurück und speichere so diese Lerneinheit ins Langzeitgedächtnis. Ich vermeide es, gleich mit schwierigen Lerneinheiten zu beginnen, die mich demotivieren würden. Besser: Ich wähle eine Arbeit aus, die mir den Einstieg erleichtert.

6. Ich glaube an mich und an meine Fähigkeiten. Ich weiß, dass jeder Mensch Stärken und Schwächen hat. Eine negative Einstellung führt mit hoher Wahrscheinlichkeit zu einem negativen Ergebnis. Motivationskiller wie: „Ich kann das nicht“, „Das alles brauche ich nicht“, „Ich mag diese Lerninhalte nicht“ usw. versuche ich durch „Gedankenstopp“ abzuwenden.

7. Ich möchte mein persönliches Leistungshoch (das allgemeine zeigt folgende Darstellung) kennen lernen und einsetzen. Dadurch erspare ich mir zusätzlichen Zeitaufwand, der mir für angenehmere Tätigkeiten zur Verfügung steht.

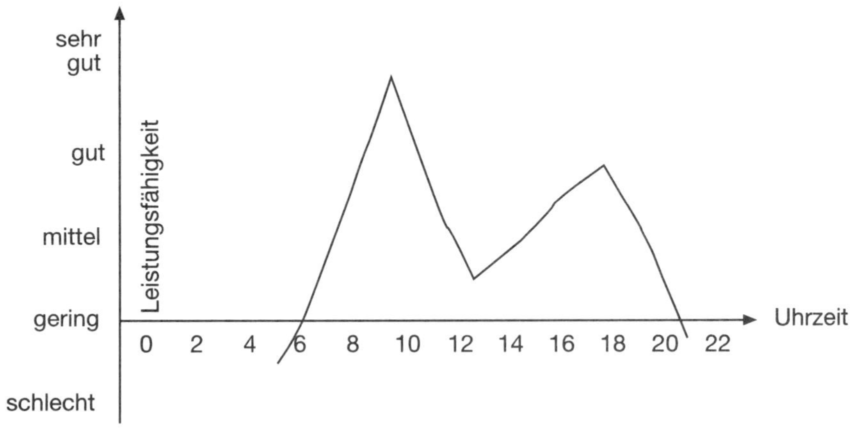

8. Ich lege schöpferische Pausen ein, die meine Produktivität verbessern:
   - „Speicherpausen“ von einigen Sekunden innerhalb der Lerneinheit,
   - ca. 5 Minuten nach einer Lerneinheit von ca. 30 Minuten,
   - nach 1,5 Stunden Arbeitszeit eine Entspannungspause von ca. 10–15 Minuten,
   - nach 3–4 Stunden Arbeitszeit ist eine Stunde Erholung fällig: eine genussvolle Tasse Tee, entspannende Musik … und all das Gelernte wird auf diese Weise geordnet, verarbeitet und gespeichert.

9. Die Skizze unten zeigt mir, wie/auf welche Weise ich und andere leicht und effizient lerne/n.
   - Ich lese laut (akustischer Typ) und erreiche relativ geringe Lerneffizienz.
   - Ich stelle mir bildhaft viele Inhalte/Begriffe vor (visueller Typ) und erreiche höhere Lerneffizienz.
   - Ich markiere mit bunten Markierungsstiften und steigere dadurch die Lerneffizienz.
   - Ich mache mir Notizen und wiederhole das Erlernte bzw. wende dies an.

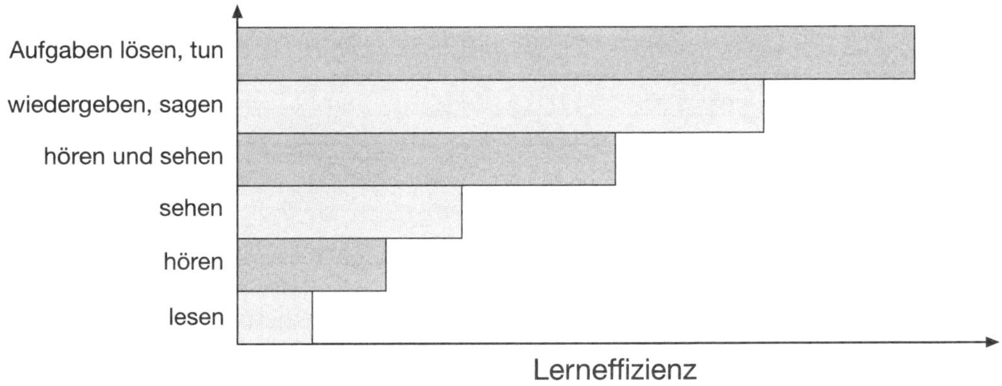

10. Ich gönne mir nach harter Arbeit eine Belohnung, z. B. gehe ich einer angenehmen Beschäftigung nach, gehe ins Kino, treibe meinen Lieblingssport, besuche Freunde, plane gemeinsame Unternehmungen ...
11. Am Tag VOR der Prüfung gibt mir die geleistete Arbeit angenehme Sicherheit und ein beruhigende Gefühl.
    - Ich vermeide, neue komplexe Lerneinheiten noch schnell in mich hineinzupowern und habe lieber „Mut zur Lücke".
    - Ich meide den Umgang mit Panik machenden Mitschülern, die mich nervös machen könnten.
12. Ich lasse am Prüfungstag Aufregung und Nervosität zu. Sie ist für so eine Situation ganz normal und beeinträchtigt höchstens wenige Minuten meine Leistung. Die Kurve sagt mir, dass sich Nervosität/Spannung nach wenigen Minuten schnell abbaut und ich dann zu guten Leistungen trotz gewisser Spannung fähig bin.

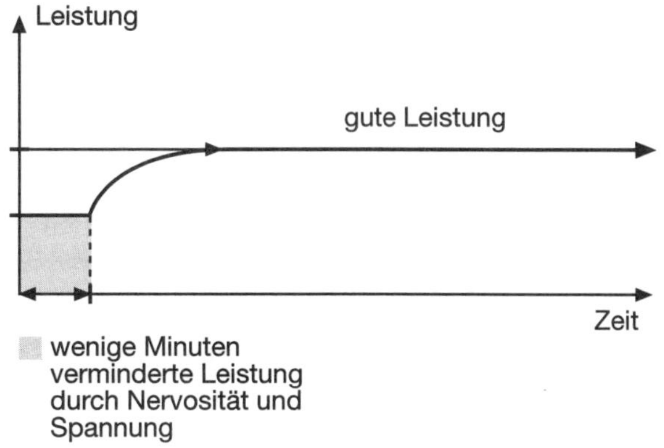

Modellunternehmung Forum Warenhaus KG

Zahlreiche Aufgaben dieses Übungsbandes basieren auf Situationen mit dem fiktiven Unternehmen Forum Warenhaus KG. Sie sind Auszubildende/r bzw. Mitarbeiter/in dieses Warenhauses.

Forum Warenhaus KG

Kurzbeschreibung

Forum Warenhaus KG

Name:	Forum Warenhaus KG
Geschäftssitz:	Königstraße 20–22 97004 Würzburg
Geschäftsführer:	Hans-Jürgen Heine (Komplementär)
Gegenstand des Unternehmens:	Kunden in fünf Stockwerken Waren-Welten anbieten 4. Stock: Heimtex-Welt: Heimtextilien, Bettwaren, Gardinen 3. Stock: Kinder-Welt: Spielwaren. Sportbekleidung und -artikel 2. Stock: Herren-Welt: Bekleidung, Junge Mode, Schuhe 1. Stock: Damen-Welt: Bekleidung, Junge Mode, Dessous EG: Welt der schönen Dinge: Juwelierwaren, Uhren, Parfüms, Schreib- und Süßwaren UG: Haushalts-Welt: Haushaltswaren, Lebensmittel, Frischmarkt
Handelsregister:	Würzburg HRA 2579
Umsatzsteueridentnummer:	DE 11 222 444
Verkaufsfläche:	6 000 m^2
Mitarbeiter:	140 Vollzeitbeschäftigte, 40 Teilzeitbeschäftigte
Auszubildende:	12
Umsatz:	25 Mio. €
Kunden:	täglich ca. 8 000–30 000
Bankverbindung:	Deutsche Bank AG, Würzburg, BLZ 790 700 24; Konto 513 900 00 Postbank Frankfurt/Main, BLZ 500 100 60, Konto 58077-407

A Kaufmännische Handelstätigkeit

Aufgabenverteilung in der Abschlussprüfung

Gebiet	Aufgabenteil ca. %
01 Information und Kommunikation	10
02 Warensortiment	5
03 Grundlagen von Beratung und Verkauf	20
04 Servicebereich Kasse	10
05 Marketingrundlagen	15
06 Warenwirtschaft	20
07 Grundlagen des Rechnungswesen	20
Gesamt	**100**

1 Information und Kommunikation

Situation:

Sie sind Mitarbeiter/in in der Forum Warenhaus KG und nutzen Telefon, Fax, E-Mails, rufen Informationen des computergestützten Warenwirtschaftssystems im Computer ab. Sie kennen sich an Datenkassen aus, Sie planen die Warenpräsentation, die Warenplatzierung, den Verkauf; Sie sind mit dem Einkauf von Waren vertraut, Sie arbeiten auch im Team. Kommt es zu Konflikten, können Sie diese analysieren und leisten einen Beitrag zur Konfliktbewältigung.

Information und Kommunikation

1. Aufgabe

Ordnen Sie den Vorgängen folgende Begriffe richtig zu.

Begriffe:

1. Information
2. Informationssystem
3. Kommunikation
4. Kommunikations-system

Vorgänge:

Der Geschäftsführer ruft alle Auszubildende des Betriebs zusammen, um mit ihnen über Ausbildungsfragen zu sprechen.	☐
Das computergestützte Warenwirtschaftssystem ermöglicht den Zugriff auf Verkaufs-, Einkaufsdaten, Lagerkennziffern usw.	☐
In einer Fachzeitschrift für den Einzelhandel wird ein optimales Sortiment für Sportbekleidung vorgestellt.	☐
Die E-Mail-Dienste für Kunden des Warenhauses werden weiter ausgebaut, sie sollen Bestellungen ermöglichen.	☐

2. Aufgabe

Die Forum Warenhaus KG besitzt ein modernes, computergestütztes Warenwirtschaftssystem zur Lösung anspruchsvoller Informations- und Kommunikationsprobleme.
Ordnen Sie Systemteile der Hard- bzw. Software richtig zu.

Warenwirtschaftssystem:

1. Hardware
2. Software

Teile des computergestützten Warenwirtschaftssystems:

Betriebssystem	☐
Zentralrechner	☐
Textverarbeitungsprogramm	☐
Mit dem Zentralrechner verbundene Datenkassen	☐
Kassenprogramm	☐

3. Aufgabe

Ordnen Sie richtig zu, was bei den Kassierern/Kassiererinnen vorliegt.

1. Eingabe
2. Verarbeitung
3. Ausgabe

Am Display der Datenkasse erscheinen der Einzelpreis, die Artikelbezeichnung und der Gesamtpreis.	☐
Sie lesen den Strichcode des betreffenden Produkts mithilfe des Scanners ein.	☐
Die Datenkasse holt aus der Artikeldatei des Zentralspeichers den Preis, die Artikelbezeichnung und errechnet den Gesamtpreis.	☐

4. Aufgabe

Sie erledigen viele Arbeiten in der Forum Warenhaus KG in Teamarbeit. Welches Merkmal gehört nicht zur Teamarbeit?

1. Bereitschaft zur Teamarbeit signalisieren
2. Teammitglieder akzeptieren
3. Termine und Fristen der Teamarbeit beachten
4. Feedback des Teams kritisieren
5. Teamabsprachen einhalten

▶ ☐

5. Aufgabe

Sie wollen in der Sportabteilung im Team verstärkt Warenpräsentation und Verkauf fördern. Welche Maßnahme fördert die Teamarbeit am besten?

1. Jedes Teammitglied erhält Weisungen, welche strikt einzuhalten sind.
2. Jedes Teammitglied erhält klar abgegrenzte Aufgaben, die es selbstständig zu bewältigen hat.
3. Die Teammitglieder entscheiden, wie die anfallenden Arbeiten untereinander aufgeteilt und umgesetzt werden.
4. Die Teammitglieder diskutieren über Aufgabengebiete.
5. Die Teammitglieder geben sich einen zeitlichen Rahmen für die aufzuführenden Aufgaben.

▶ ☐

---

6. Aufgabe

In der Forum Warenhaus KG wird Teamarbeit gefördert. Welche zwei betrieblichen Gegebenheiten behindern gute Teamarbeit?

1. Die Ziele der Unternehmung sind den Mitarbeitern klar.
2. Der organisatorische Aufbau des Geschäfts ist genau geregelt.
3. Der Geschäftsführer fühlt sich für die Anliegen der Mitarbeiter nicht zuständig.
4. Verbesserungsvorschläge der Mitarbeiter sind willkommen und werden mit den Beteiligten besprochen.
5. Fehlverhalten eines Teammitglieds führt zu Teamausschluss.

▶ ☐

▶ ☐

---

7. Aufgabe

Kommunikationsstörungen und Konflikte gibt es nicht nur in der Forum Warenhaus KG, sondern überall. Sie wollen zur Konfliktlösung beitragen.
Bringen Sie folgende Schritte in die richtige Reihenfolge, indem Sie die Ziffern 1 bis 5 in die Kästchen eintragen.

Eine für alle Seiten tragbare Lösung finden	☐
Konfliktursachen ermitteln	☐
Unterschiedliche Interessen akzeptieren	☐
Beteiligte einzeln anhören	☐
Nach gefundenem Kompromiss verabschieden sich die Beteiligten in entspannter Atmosphäre	☐

8. Aufgabe

Welche Verhaltensweisen passen nicht zur Konfliktlösung?

1. Knallhart widersprechen
2. Feedback-Regeln beachten
3. Respekt üben
4. Offenheit zeigen
5. Unterschiedliche Interesse akzeptieren
6. Kompromisse ablehnen

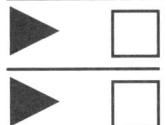

9. Aufgabe

Bei welcher Art des Lernens erreichen Sie laut Abbildung gute Lerneffizienz?

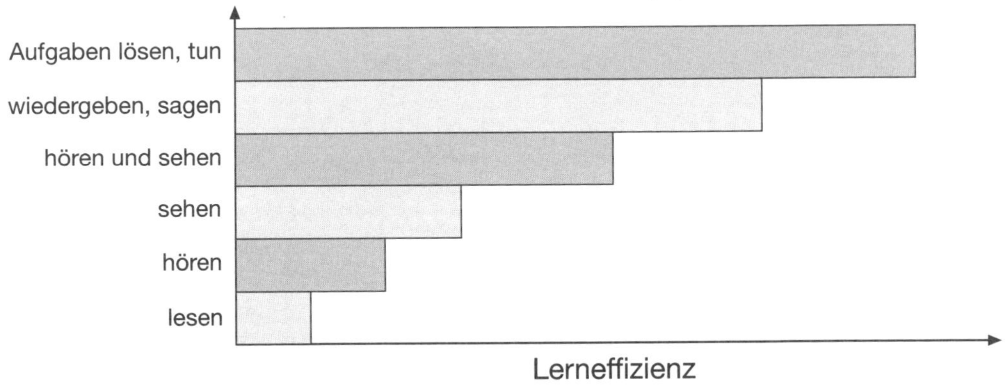

10. Aufgabe

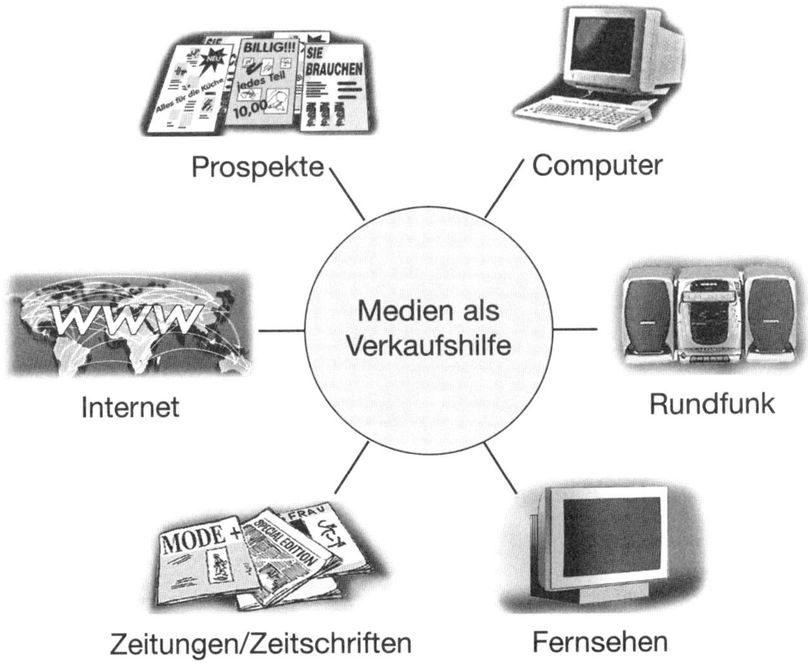

Medien sind Informationssysteme (siehe Darstellung). Von welchen zwei wichtigen Medien sollte die Forum Warenhaus KG Gebrauch machen, um Kunden zu erreichen?

11. Aufgabe

Das Bundesdatenschutzgesetz regelt die Erhebung, Speicherung und Verarbeitung personenbezogener Daten. Welche Daten sind personenbezogen?

1. Die Kontonummer der Forum Warenhaus KG bei der Hausbank
2. Die Altersangabe eines Kunden auf einem anonymen Fragebogen
3. Der Kontostand auf dem Privatkonto des Geschäftsführers
4. Die Bezugspreise der Forum Warenhaus KG auf einer Lieferantenrechnung
5. Die Höhe der Vergütung des Abteilungsleiters

▶ ☐

▶ ☐

12. Aufgabe

a) Was versteht man unter Kommunikation?

b) Welche Bedeutung hat die Kommunikation in der Forum Warenhaus KG bei beratungsintensiven Produkten?

13. Aufgabe

a) „Menschen und Computer stehen in der Forum Warenhaus KG miteinander in Beziehung." Geben Sie Beispiele.

b) Worin besteht der Zweck des Informationssystems?

14. Aufgabe

a) Was versteht man unter Teamarbeit?

b) Geben Sie Beispiele für Teamarbeit in der Forum Warenhaus KG.

2 Warensortiment

Situation:

Sie sind Mitarbeiter/in in der Forum Warenhaus KG und kennen die Sortimente des Hauses, ihre Struktur, die Ver- und Anwendungsmöglichkeiten der Produkte, die Warenkennzeichnungen und Möglichkeiten, sich Waren- und Produktkenntnisse anzueignen.

Sehr geehrte Kundinnen, sehr geehrte Kunden, willkommen in unserem Warenhaus! Wir bieten Ihnen unsere Waren-Welten in fünf Stockwerken an:

4. Stock:	Heimtex-Welt: Heimtextilien, Bettwaren, Gardinen
3. Stock:	Kinder-Welt: Spielwaren, Sportbekleidung und -artikel
2. Stock:	Herren-Welt: Bekleidung, Junge Mode, Schuhe
1. Stock:	Damen-Welt: Bekleidung, Junge Mode, Dessous, Lederwaren
EG:	Welt der schönen Dinge: Juwelierwaren, Uhren, Parfums, Schreib- und Süßwaren
UG:	Haushaltswelt: Haushaltswaren, Lebensmittel, Frischmarkt

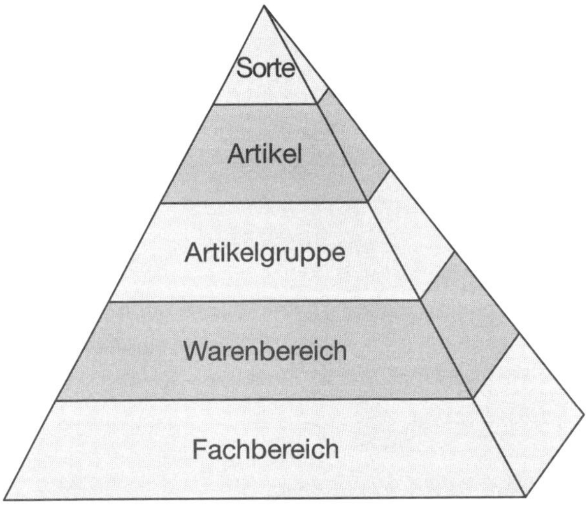

1. Aufgabe

Wodurch ist das tiefe Sortiment in der Forum Warenhaus KG gekennzeichnet?

1. Das Geschäft führt eine große Anzahl von Produktgruppen.
2. In den einzelnen Produktgruppen gibt es keine Qualitätsunterschiede.
3. Es wird nur eine geringe Anzahl von Artikeln geführt.
4. Innerhalb der einzelnen Produktgruppen wird eine große Auswahl geboten.
5. Das Geschäft führt vorwiegend Artikel mit niedrigem Preisniveau.

2. Aufgabe

Welche Aussage über das Sortiment in der Forum Warenhaus KG mit Fachgeschäftscharakter trifft zu?

1. Das Sortiment ist schmal und flach.
2. Das Sortiment ist schmal und tief.
3. Das Sortiment ist breit und flach.
4. Das Sortiment ist breit und tief.
5. Das Sortiment ist breit.

3. Aufgabe

Wie nennt man die Verkaufsform, wenn die Produkte für Kunden erreichbar sind, sie sich dann orientieren können und wenn der Verkäufer erst später eingreift und den Kunden berät?

1. Kauf auf Abruf
2. Vorwahl
3. Selbstbedienung
4. Orientierung
5. Kauf nach Probe

▶ ☐

---

4. Aufgabe

In welcher Bedienungsform findet der preisbewusste bzw. der anspruchsvolle Kunde meist das Richtige für sich? Ordnen Sie richtig zu.

Kundenverhalten:

1. Preisbewusster Kunde
2. Anspruchsvoller Kunde

Betriebsformen:

Im Kaufhaus	☐
Im Spezialgeschäft	☐
Im Discountgeschäft	☐
Im Delikatessenbereich der Lebensmittelabteilung	☐
Im Versandhandel	☐

---

5. Aufgabe

In der Lebensmittelabteilung der Forum Warenhaus KG befinden sich Sortimente, die in Selbstbedienung verkauft werden. Welche zwei Gründe sprechen für die Beliebtheit dieser Verkaufsform?

1. Besonderes gute Kundenberatung
2. Reichhaltiges Warenlager
3. Besondere Frische
4. Der Kunde kann unbeeinflusst seine Auswahl treffen.
5. Das Warenangebot ist besonders übersichtlich platziert.

▶ ☐

▶ ☐

---

6. Aufgabe

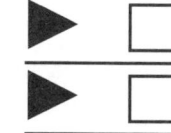

Ein Markenartikelhersteller will ein neues Produkt durch Anmeldung eines Warenzeichens vor Nachahmung schützen. Wo müssen Warenzeichen zur Eintragung angemeldet werden?

1. Bei der Bundesagentur für Arbeit
2. Beim Kartellamt
3. Beim Gewerbeaufsichtsamt
4. Bei der Industrie- und Handelskammer
5. Beim Patentamt
6. Beim Amtsgericht zur Eintragung ins Handelsregister

▶ ☐

---

7. Aufgabe

Wie lässt sich am treffendsten die Selbstbedienung beschreiben?

1. Die Ware liegt offen da, so dass der Kunde vorwählen kann, dann kommt die Bedienung.
2. Alle Produkte sind in Regalen, auf Verkaufstischen und Gondeln in größerer Menge vorhanden.
3. Der Kunde wird freundlich empfangen und im Laden ausführlich bedient.
4. Die Produkte sind so übersichtlich und griffbereit aufgebaut, dass der Kunde allein wählen und sich bedienen kann.
5. Der Kunde darf erst nach Rücksprache mit den Verkäufern die ausliegenden Produkte nehmen.

▶ ☐

---

8. Aufgabe

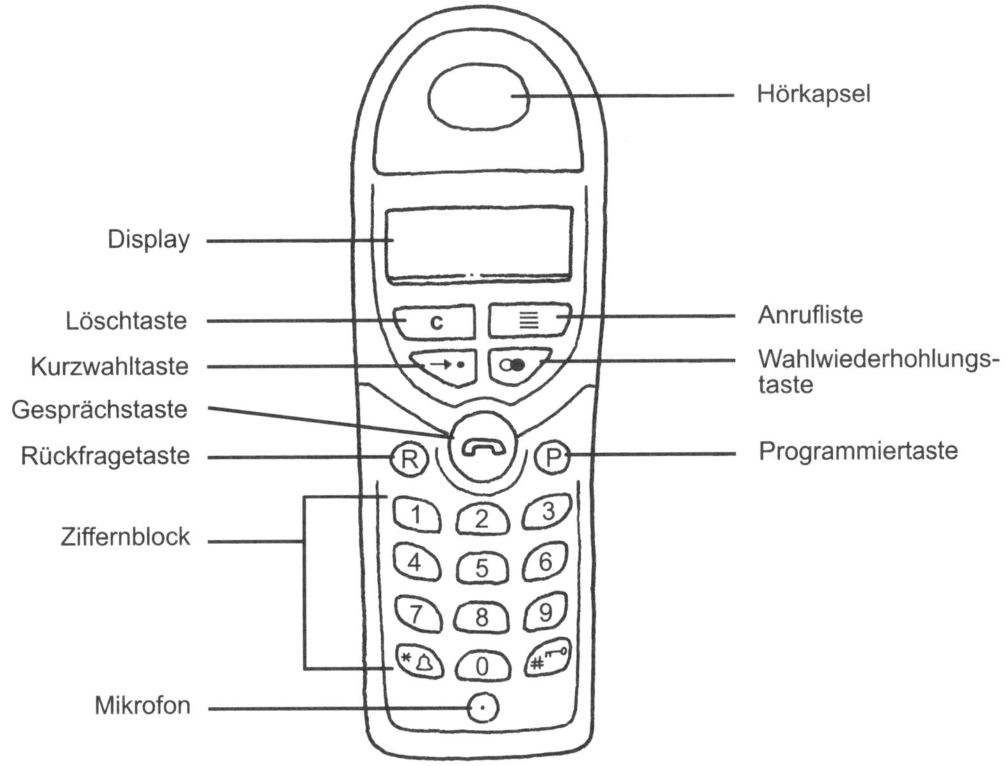

Als Mitarbeiter/in in der Forum Warenhaus KG nutzen Sie Informationsquellen, um sich Waren- und Produktkenntnisse anzueignen.
Ordnen Sie entsprechend der Herkunft der Informationsquellen zu.

Informationsquellen:

1. Innerbetriebliche
2. Außerbetriebliche

Beispiele für Informationsquellen:

Produktinformationen des Herstellers studieren	☐
Kollegen beim Verkaufsgespräch zuhören	☐
Verpackungsaufschriften der Produkte lesen	☐
Gebrauchsanweisungen der Artikel lesen	☐
Messen und Ausstellungen besuchen	☐

9. Aufgabe

Als Verkäufer „begegnen" Ihnen Produkte mit verschiedenen Kennzeichnungen.
Ordnen Sie die Bilder den Texten richtig zu.

1	2	3	4	5
CE		demeter Bioland ÖKOLOGISCHER LANDBAU	NUTZSCHICHT REINE SCHURWOLLE	NIVEA

Das Produkt garantiert dem Verbraucher eine bestimmte Mindestqualität.	☐
Das Produkt mit diesem Zeichen entspricht einem bestimmten Mindestsicherheitsstandard.	☐
Das Produkt mit diesem Zeichen weist auf ökologischen Anbau hin.	☐
Das Produkt mit diesem Zeichen weist auf feuergefährlich hin.	☐
Das Produkt ist eingetragenes Warenzeichen/Markenartikel.	☐

10. Aufgabe

Als Verkäufer haben Sie mit Produkten zu tun, die auf diese oder ähnliche Weise gekennzeichnet sind.
Ordnen Sie die Kennzeichnung den Abbildungen aus Aufgabe 9 richtig zu.

Art der Kennzeichnung	*Abbildung*
Waren-/Markenzeichen	☐
Gütezeichen	☐
Warnzeichen: feuergefährlich	☐
Öko-Siegel	☐
Schutz- und Prüfzeichen: Sicherheitsvorschriften der EU wurden eingehalten	☐

11. Aufgabe

a) Welche Bedeutung haben für Sie als Verkäufer Zeichen wie aus Aufgabe 9 im Verkaufsgespräch?

b) Eine Kundin fragt in der Lebensmittel-Abteilung nach Bio-Kartoffeln. Sie führen solche im Sortiment. Mit welchen Worten händigen Sie diese aus?

12. Aufgabe

a) Erläutern Sie den Begriff Sortimentsstruktur.

b) Beschreiben Sie die Sortimentsstruktur in der Forum Warenhaus KG an einem frei gewählten Beispiel.

13. Aufgabe

Welche Vorteile bietet die Selbstbedienung
a) dem Kunden

b) dem Geschäft?

14. Aufgabe

Was bewirken gute Produktkenntnisse im Verkaufsgespräch?

3 Grundlagen von Beratung und Verkauf

Situation:

Sie sind Mitarbeiter/in in der Forum Warenhaus KG und kennen die Erwartungen/Ansprüche Ihrer Kunden. Sie wirken mit bei der Kundenorientierung und beherrschen die Gesprächsführung bei Informations-, Beratungs- und Verkaufsgesprächen.

1. Aufgabe

Bei welchen Aussagen liegen **Ansprüche/Erwartungen** Ihres Kunden vor an

1. den Verkäufer,
2. das Geschäft,
3. die Ware?

Der Kunde erwartet	
Parkplätze, um bequem das Geschäft erreichen zu können.	☐
Freundlichkeit, Zuwendung und Hilfe im Geschäft.	☐
unaufdringliche, sachliche und individuelle Beratung.	☐
hochwertige Markenqualität.	☐
eine Atmosphäre, bei der Einkaufen Spaß macht.	☐
viele günstige Angebote.	☐

2. Aufgabe

Bei welchen Abteilungen stehen folgende Ansprüche/Erwartungen Ihres Kunden im Vordergrund? Kreuzen Sie an.

Merkmale	exklusive Schuhabteilung	Lebensmittel-abteilung	Schnäppchen-Point
große Warenauswahl			
günstiger Preis			
übersichtliche Warendarbietung			
gute Beratung			
nützlicher Service			

3. Aufgabe

Welche Ansprüche/Erwartungen haben Kunden i. Allg. gegenüber Verkäufern in folgenden Abteilungen eines modernen Warenhauses? Ergänzen Sie die Tabelle mit Angaben zum Erscheinungsbild, Verhalten und Fachwissen.

Merkmale	**Fleisch- und Wurstwaren**	**Parfümerie**	**Mode-Boutique**
Erscheinungsbild z. B. Kleidung und gepflegtes Aussehen			
Verhalten z. B. Umgangsformen, Takt, Höflichkeit			
Fachwissen z. B. Waren- und Sortimentskenntnisse			

4. Aufgabe

Frau Merkle, Personalreferentin in der Forum Warenhaus KG, beabsichtigt Verkäuferinnen und Verkäufer einzustellen. Mehrere Bewerberinnen und Bewerber werden zu einem Einstellungsgespräch eingeladen.

a) Das äußere Erscheinungsbild des Verkaufspersonals soll zur Abteilung passen.
Beschreiben Sie jeweils zwei Gesichtspunkte, auf die Frau Merkle bei den Bewerberinnen und Bewerbern für folgende Abteilungen achten sollte:

Textilabteilung – Damen- bzw. Herrenoberbekleidung, Lebensmittelabteilung, Sportabteilung.

b) Für die Sportabteilung wird ein zusätzlicher Verkäufer gebraucht. Drei Bewerber stehen zur Auswahl. Frau Merkle möchte bei dem Einstellungsgespräch die Einstellung zur Verkäufertätigkeit erfahren. Sie stellt den Bewerbern folgende Aufgabe:

„Sie möchten einem Kunden einen Tennisschläger verkaufen. Welche Verkaufsstrategie würden Sie anwenden?"

Bewerten Sie die folgenden Aussagen der Bewerber, entscheiden und begründen Sie, welcher Bewerber eingestellt werden soll.

b1) Marc Röller: „Mir ist es wichtig, die Gefühle und Interessen meiner Kunden zu verstehen. So sorge ich dafür, dass der Kunde mich mag. Das ist die beste Garantie, dass er einen Tennisschläger kauft."

b2) Tim Krause: „Ich lege großen Wert auf eine ausführliche Bedarfsermittlung, damit ich die Bedürfnisse des Kunden kennen lerne. In der anschließenden Beratung suchen wir gemeinsam den Tennisschläger aus, der die Nutzenerwartungen des Kunden am besten erfüllt."

b3) Detlev Berger: „Ich lege dem Kunden drei Tennisschläger vor. Wenn die Ware gut ist, verkauft sie sich von selbst."

c) Frau Merkle ist der Meinung, dass das Verkaufspersonal sich kundenorientiert verhalten sollte.
Beschreiben Sie den Begriff „Kundenorientierung" anhand von zwei Beispielen aus Ihrer Branche.

5. Aufgabe

Eine Kundin wünscht einen Jogging-Anzug, der gleichzeitig Freizeitanzug sein soll, ferner soll er schön aussehen, gut passen und angenehme Trageeigenschaften besitzen.
Nennen Sie Eigenschaften/Verkaufsargumente, die sich auf den Geltungswert (Aussehen) und den Gebrauchswert (nützliche Eigenschaften) beziehen.

a) Gebrauchswert: ______________________________

b) Geltungswert: ______________________________

6. Aufgabe

Kunden achten je nach Art des Produkts auf den Gebrauchs- oder den Geltungswert.

a) Was verstehen Sie unter dem Gebrauchswert?

1. Verkaufsargumente für eine gebrauchte Ware
2. Nützliche Eigenschaften, die eine Ware in einem bestimmten Einsatzbereich/ Verwendungsbereich besitzt
3. Den Wert der Ware in Euro
4. Den Hinweis, wann eine Ware unbrauchbar wird

▶ ☐

b) Was versteht man unter dem Begriff Geltungswert einer Ware?

____

7. Aufgabe

Bei welchen Aussagen steht mehr der (1) Gebrauchswert bzw. (2) Geltungswert im Vordergrund?

Elegante Ledertasche	☐
Preisgünstige Konserven	☐
Neuartiger Lippenstift	☐
Praktische Jeanshose	☐
Wasser sparende Spülmaschine	☐
Kostbarer Freundschaftsring	☐

8. Aufgabe

Obwohl Waren, Kunden und Verkaufssituationen unterschiedlich sind, gibt es doch Grundsätze der Warenvorlage bzw. -vorführung. Begründen Sie, weshalb es vorteilhaft sein kann,

a) Ware in unterschiedlichen, aber nicht extremen Preislagen vorzulegen.

____

____

b) nicht zu viel und nicht zu wenig Waren vorzulegen.

____

____

c) die Warenvorlage durch Zeigen von Vorteilen zu unterstützen.

____

____

d) den Kunden in der Verkaufsargumentation so zu leiten, dass er sich selbst überzeugt.

____

____

9. Aufgabe

Welche der folgenden Verkaufsargumente sind (1) warenbezogen, (2) kundenbezogen bzw. (3) umweltbezogen?

a) In der Schuhabteilung:

„Die Wander- und Freizeitstiefel sind aus fein geschliffenem Rauleder." ☐

„Der praktische Klettverschluss ermöglicht Ihnen schnelles Öffnen und Schließen." ☐

„Diese Spezialgummisohle ist griffig und abriebfest." ☐

„Diese Sohle gibt Ihnen Halt und wirkt abfedernd." ☐

„Das herausnehmbare Fußbett ist voll waschbar und verbessert die Hygiene." ☐

„Dieses Imprägnier-Spray enthält umweltverträgliches Treibgas." ☐

b) In der Drogerieabteilung:

„Diese Sonnenbrille wirkt bei Ihnen ausgesprochen schick." ☐

„Die Gläser sind aus Acryl." ☐

„Eine solche Spiegelbrille ist stets ein interessanter Blickfang." ☐

„Perfekten Schutz bieten Ihnen diese sonnenausgleichenden, sich schnell dem Licht anpassenden Gläser." ☐

10. Aufgabe

Mit welcher Preislage beginnen Sie Ihr Angebot, wenn Sie eine reichliche Auswahl des gewünschten Artikels haben?

1. Wie es gerade kommt, das spielt keine Rolle
2. Mit der untersten Preislage, um dem Kunden sparen zu helfen
3. In der Regel mit der mittleren Preislage, man kann nach unten und oben ausweichen
4. Mit der höchsten Preislage, sonst denkt der Kunde, wir haben nichts Gutes
5. Es gibt keine Regel, das hängt vom Kunden ab

▶ ☐

11. Aufgabe

In der Sportabteilung der Forum Warenhaus KG beschäftigt sich ein junger Mann seit einiger Zeit mit Inline-Skates. Nachdem er einige Modelle angeschaut hat, geht ein Verkäufer auf ihn zu:

Verkäufer: „Guten Tag. Was darf es sein?"
Kunde: „Guten Tag. Ich möchte mich sportlich betätigen und suche vernünftige Inline-Skates."
Verkäufer: „An welche Preislage haben Sie denn gedacht?"
Kunde: (Der Kunde blickt ziemlich ratlos.) „Ich weiß nicht so genau."
Verkäufer: „Bevorzugen Sie Schalen- oder Schnürschuhe?"
Kunde: „Wissen Sie, ich hatte bisher noch keine Inline-Skates."
Verkäufer: „Wir führen alle gängigen Marken. Wir werden sicherlich das Richtige für Sie finden."

a) Beurteilen Sie die Kontaktaufnahme des Verkäufers.

b) Bewerten Sie die Fragen des Verkäufers im Rahmen der Bedarfsermittlung.

c) Wie wären Sie in dieser Situation vorgegangen? Formulieren Sie einen Verbesserungsvorschlag in wörtlicher Rede.

d) Beurteilen Sie die Aussage des Verkäufers in Zeile 7.

e) Wie sieht eine gekonnte Warenvorlage im vorliegenden Fall aus? Machen Sie zwei konkrete Vorschläge.

12. Aufgabe

Eine ältere Dame kommt in die Spielwarenabteilung in der Warenhaus Forum KG und schaut sich einige Zeit bei Stofftieren um. Eine Verkäuferin geht auf sie zu.

Verkäuferin:	„Guten Tag, kann ich Ihnen helfen?"
Kundin:	„Ich suche ein Geburtstagsgeschenk für meinen Enkel."
Verkäuferin:	„Haben Sie an etwas Bestimmtes gedacht?"
Kundin:	„Ich weiß noch nicht so recht. Er hat schon so viel."
Verkäuferin:	„Da ist es natürlich schwierig, etwas zu finden, worüber das Kind sich freut. Wie wäre es mit einem Puzzle?"

a) Beurteilen Sie die Kontaktaufnahme durch die Verkäuferin.

b) Formulieren Sie in wörtlicher Rede eine warenbezogene Kontaktaufnahme zur oben geschilderten Situation.

c) Begründen Sie, warum die Vorgehensweise der Verkäuferin bei der Bedarfsermittlung ungeschickt ist.

d) Formulieren Sie zwei Fragen der Verkäuferin, die sie bei einer direkten Bedarfsermittlung stellen könnte.

e) Für gute Verkaufgespräche ist es wichtig, die Fragetechniken zu beherrschen. Welche Vorteile bringt die richtige Anwendung von Fragen für das Verkaufsgespräch (drei Vorteile)?

f) In welchen Phasen des Verkaufsgespräches eignen sich folgende Fragen? (Begründung)

f1) „Möchten Sie lieber die gestreifte oder die einfarbige Krawatte?"

f2) „Zu den Schuhen brauchen Sie bestimmt noch die geeignete Schuhcreme?"

g) Eine Kundin möchte in der Lederwarenabteilung eine schwarze Handtasche kaufen. In welcher Preislage sollten die zuerst vorgelegten Handtaschen sein?

13. Aufgabe

Positive Aussagen sind anregender und verkaufsfördernder als negative. Formulieren Sie positiv!

a) Negativ: „Dieser Kräuterschinken schmeckt nicht schlecht."

Positiv:

b) Negativ: „Diese Creme ist gegen Gesichtsfalten."

Positiv:

c) Negativ: „Dieses Präparat ist gegen Mitesser."

Positiv:

14. Aufgabe

Verkaufsprofis verwenden in ihrer Sprache Vorteilsformulierungen, meistens im Sie-Stil. Wenden Sie die Vorteilsformulierung nach folgendem Muster an:

Verkaufsargument: Neuer Waschmaschinentyp mit geringem Strom-, Wasser- und Waschmittelverbrauch.
Vorteilsformulierung: „Bei diesem neuen Gerätetyp sparen Sie Strom, Wasser und Waschmittel."

a) Verkaufsargument: pflegeleichte Gardine

Vorteilsformulierung (Beispiel): ______________________________

b) Verkaufsargument: Diese Jacke ist atmungsaktiv.

Vorteilsformulierung (Beispiel): ______________________________

c) Verkaufsargument: Sonnenöl mit Lichtschutzfaktor 20.

Vorteilsformulierung (Beispiel): ______________________________

d) Warum verwenden geschulte Verkäufer den Sie-Stil?

____

e) Formulieren Sie im Sie-Stil.

Statt „ich"	… besser „Sie" (Beispiele)
„Ich habe da eine modische Bluse, die …"	
„Ich empfehle diesen DVD-Player, …"	

15. Aufgabe

Ordnen Sie richtig zu:

1. Lautstärke
2. Betonung
3. Sprechtempo
4. Aussprache

Weder flüstern noch brüllen	☐
Nicht hastig reden, auch Sprechpausen einlegen	☐
Keine Laute verschlucken, nicht nuscheln	☐
Wichtige Punkte betonen, um die Bedeutung zu verstärken	☐

16. Aufgabe

Als Verkaufsberater sollten Sie auch nonverbale Ausdrücke richtig interpretieren.

a) Welcher Unterschied besteht zwischen Mimik und Gestik?

b) Nennen Sie jeweils eine im Verkauf häufig zu beobachtende körpersprachliche Verhaltensweise, die auf Zustimmung, Unentschlossenheit und Ablehnung hindeutet!

Körpersprachliches Signal	Zustimmung	Unentschlossenheit	Ablehnung
Mimik 			
Gestik 			
Blick 			

17. Aufgabe

Häufige Gründe für Einwände sind:

Der Kunde

1. wünscht weitere Informationen,
2. ist noch nicht überzeugt,
3. sucht einen Vorwand bzw. eine Ausrede, das Geschäft verlassen zu können.

Ermitteln Sie anhand folgender Kundenäußerungen den wahrscheinlichen Grund.

„So viel Geld habe ich leider nicht dabei." ☐

„Hat der Computer sonst noch Anwendungsmöglichkeiten?" ☐

„Steht mir diese Farbe wirklich?" ☐

18. Aufgabe

Woran erkennen Sie Scheineinwände, die der Kunde gebraucht, um das Geschäft verlassen zu können?

19. Aufgabe

Sollten Sie

1. Kundeneinwände übergehen,
2. Kundeneinwänden ausweichen,
3. Kundeneinwände widerlegen,
4. auf Kundeneinwände eingehen?

▶ ☐

20. Aufgabe

Kundeneinwände können sich auf
(1) die Ware, (2) den Preis, (3) das Geschäft, (4) den Verkäufer beziehen.
Worauf beziehen sich folgende Einwände?

„Das Obst ist ja faulig.“ ☐

„Ihr Kollege kennt sich aber besser aus!“ ☐

„Eigentlich wollte ich so viel gar nicht ausgeben.“ ☐

„Service kennt dieses Haus wohl nicht?“ ☐

21. Aufgabe

Positives Verkäuferverhalten kann die Kaufstimmung bei der Behandlung von Einwänden verbessern. Ergänzen Sie.

Negatives Verhalten	Positives Verhalten
a) Ungeduldig, unsachlich und unfair werden	
b) Verständnislos entgegnen	
c) Widerspruch herausfordern	

22. Aufgabe

Eine Kundin interessiert sich in einem Haushaltswarengeschäft für den Mixer „Felix 2005“, auf den der Hersteller fünf Jahre Garantie gewährt. Als die Kundin jedoch erfährt, dass der Mixer 160,00 EUR kostet, und daneben einen anderen Mixer für 80,00 EUR sieht, sagt sie: **„160,00 EUR sind mir zu viel.“**

a) Zeigen Sie in wörtlicher Rede, wie Sie diesen Einwand mit der **Ja-aber-Methode** beantworten können.

b) Erläutern Sie, was das Besondere an dieser Methode ist.

c) Welche weiteren Methoden der Einwandbehandlung kennen Sie?

23. Aufgabe

Mit welcher Methode entkräftet der Verkäufer Kundeneinwände?

(1) **Fragemethode** (2) **Ja-aber-Methode** (3) **Bumerang-Methode** (4) **Vergleichsmethode**

Kundin:	„Das Kleid hat ja einen Webfehler."	
Verkäufer:	„Deshalb haben wir den Preis stark reduziert."	▶ ☐
Kunde:	„Das Gemüse ist nicht gerade preiswert."	
Verkäufer:	„Im Vergleich zu preiswerterem Gemüse kommt dieses hier vom Bio-Bauern, es ist deshalb sehr gesund."	▶ ☐
Kundin:	„Diese Vase gefällt mir nicht."	
Verkäufer:	„Welche Vorstellungen haben Sie?"	▶ ☐
Kundin:	„Die Handtasche ist aber sehr teuer."	
Verkäufer:	„Sie haben Recht, auf den ersten Blick ist das eine Menge Geld. Beachten Sie jedoch, dass die Tasche aus echtem Kroko-Leder ist."	▶ ☐

---

24. Aufgabe

Zusatzartikel sind nützlich, wenn sie zum Hauptartikel passen, diesen sinnvoll ergänzen, ihn aufwerten oder überhaupt erst einsatzfähig machen.
Welche der folgenden Zusatzartikel sind

1. notwendig,
2. nützlich?

CD zum CD-Player	☐
Pflegemittel zur Lederbekleidung	☐
Leuchtmittel zur Lampe	☐
Stativ zur Kamera	☐
Batterie für die Taschenlampe	☐

---

25. Aufgabe

Warum sind Aussagen wie die unten stehenden ungeeignet, um Zusatzverkäufe zu ermöglichen?

„Sonst haben Sie keinen Wunsch?"
„Sonst noch was?"

---

26. Aufgabe

Welche der folgenden Aussagen sind negative Suggestivfragen?

1. „Darf ich Ihnen die passende Krawatte zu diesem feinen Hemd zeigen?"
2. „Sie brauchen doch keine Krawatte, oder?"
3. „Ist das alles?"
4. „Hier die passende Krawatte zum Hemd!"

▶ ☐

▶ ☐

---

27. Aufgabe

In einer Fortbildungsveranstaltung fällt der Satz: „Zusatzartikel bringen mehr Umsatz.“ Zählen Sie weitere Vorteile auf für:

a) das Geschäft: ______

b) den Verkäufer: ______

c) den Kunden: ______

---

28. Aufgabe

Im Rahmen einer Mitarbeiterschulung erkennen Sie die Bedeutung von Zusatzverkäufen.

a) Beschreiben Sie an einem Beispiel aus Ihrer Abteilung, wie Sie ein Zusatzangebot unterbreiten.

______

______

b) Begründen Sie, warum zu frühes oder auch zu spätes Unterbreiten eines Zusatzangebots problematisch ist.

______

______

c) Beschreiben Sie je zwei Vorteile von Zusatzangeboten für den Kunden, das Geschäft und den Verkäufer.

______

______

---

29. Aufgabe

Die gewünschten Jeans der Marke X sind nicht vorrätig. Welche Verhaltensweise ist richtig?
Sie
1. entschuldigen sich.
2. sagen, Sie führen nur Jeans der Marke Y.
3. weisen darauf hin, dass die Konkurrenz diese Jeans führt.
4. zeigen ähnliche bzw. gleichwertige der Marke X.
5. reden dem Kunden die Marke X aus und sagen: „Wir führen bessere Jeans“.

▶ ☐

---

30. Aufgabe

Kunde:	„Ich hätte gerne Tennisschuhe der Marke Aldidras.“
Verkäufer	(zeigt Tennisschuhe der Marke Spurto): „Probieren Sie doch einmal die neuen Tennisschuhe von Spurto. Sie sind sehr leicht, flexibel und geben doch genügend Halt. Schlüpfen Sie hinein und testen Sie die Passform.“
Kunde	(probiert): „Die sind ja super, die nehme ich.“

Empfindet es der Kunde aufdringlich, wenn Sie statt der gewünschten Marke, die Sie in Ihrem Warenhaus nicht führen, eine ähnliche oder gleichwertige vorlegen? Begründen Sie Ihre Meinung.

______

______

---

31. Aufgabe

Ein Alternativangebot ist ein Artikel, der die Wünsche und Vorstellungen des Kunden genauso erfüllt wie der zunächst verlangte.

a) Nennen Sie je zwei Vorteile von Alternativangeboten für
   - den Kunden,
   - den Verkäufer,
   - das Geschäft.

b) Auszug aus einem Verkaufsgespräch:

   Kunde: „Führen Sie ...?"
   Verkäufer: „Dieser Artikel ist uns im Moment ausgegangen. Ich kann Ihnen da höchstens noch ... zeigen."
   Kunde: „Nein, danke. Ich möchte doch lieber ...!"
   Verkäufer: „Das muss ich dann halt für Sie bestellen!"

   Erläutern Sie die Wirkungen dieses Verkaufsgesprächs auf den Kunden.

c) Warum ist es besser, dem Kunden Alternativangebote zu zeigen, als ihm lange zu erläutern, welche Artikel statt des verlangten in Frage kommen?

32. Aufgabe

Ein Kunde will eine gekaufte Sporthose umtauschen. Handelt es sich in folgenden Fällen um (1) Reklamation oder (2) Umtausch?

Die Sporthose

hat ein Loch, das bei der Anprobe nicht erkennbar war.	☐
verfärbte sich bei Regen.	☐
gefällt der Freundin des Käufers nicht, wurde noch nicht getragen.	☐

33. Aufgabe

Was verstehen Sie unter „Umtausch aus Kulanz"?

34. Aufgabe

Welche Artikel sind vom Umtausch ausgeschlossen?

1. Offener Schnittkäse
2. Abgepackte und verschlossene Batterien (falsche Größe)
3. Preisgünstige Sonnentops aus dem Sonderangebot
4. Unverpackte Zahnbürste

▶ ☐

▶ ☐

35. Aufgabe

Sind folgende Beschwerdegründe Ihres Kunden (1) berechtigt, (2) nicht berechtigt?

Die Farben eines Sweatshirts sind in der Sonne ausgebleicht.	☐
Die Konkurrenz verkauft Obst preiswerter.	☐
Die Lederjacke zeigt ein naturbedingtes, ungleiches Narbenbild.	☐
Die Originalverpackung eines Kinderwagens enthält keine Räder.	☐
Rindfleischdosen enthalten Schweinefleisch.	☐

36. Aufgabe

Nennen Sie je zwei Gründe, die für bzw. gegen einen großzügigen Umtausch sprechen.

Dafür: ______________________________

Dagegen: ______________________________

37. Aufgabe

Ein Kunde reklamiert eine Armbanduhr, die nicht mehr läuft. Welche Reihenfolge halten Sie ein, um festzustellen, ob die Reklamation berechtigt ist?

Sich entschuldigen, Hilfe anbieten	☐
Aufmerksam zuhören, Verständnis zeigen	☐
Fehler besichtigen	☐

38. Aufgabe

Warum ist es günstig, Reklamationen außerhalb der Kundenzone zu behandeln?

____

____

39. Aufgabe

Wie können Sie Kunden-Reklamationen vorbeugen?

40. Aufgabe

Welche Hilfe bieten Sie an?

(1) Nachbesserung
(2) Umtausch
(3) Preisnachlass
(4) Geld zurück

Das angebotene Hemd hat einen kleinen Webfehler. Ein gleichartiges Hemd liegt nicht mehr vor.	☐
Der gestern gekaufte, tragbare Fernseher läuft nicht; der gleiche Typ ist noch vorrätig.	☐
Eine verkaufte Packung Toast ist schimmelig. Neue Ware kommt erst in den nächsten Tagen.	☐
Der Stein eines Freundschaftsringes löst sich, das Schmuckgeschäft besitzt eine eigene Werkstatt.	☐

41. Aufgabe

In der Modeabteilung der Forum Warenhaus KG will eine Kundin fehlerfreie Ware umtauschen.

a) Nennen Sie zwei Gründe, die in diesem Fall zum Umtausch führen können.

b) Welche allgemeinen Verhaltensregeln sind bei der Bearbeitung eines Umtauschwunsches zu beachten?

c) Nennen Sie zwei Gründe, weshalb ein Umtausch aus der Sicht eines Einzelhandelsbetriebs trotz des damit verbundenen Aufwands als sinnvoll anzusehen ist.

d) Eine Stammkundin kommt auf Sie zu und sagt verärgert:

„Diesen Mixer habe ich gestern bei Ihnen gekauft. Beim Auspacken stellte ich fest, dass am Gehäuse der Lack zerkratzt ist."

Formulieren Sie in wörtlicher Rede, wie Sie auf die verärgerte Stammkundin reagieren.

4 Servicebereich Kasse

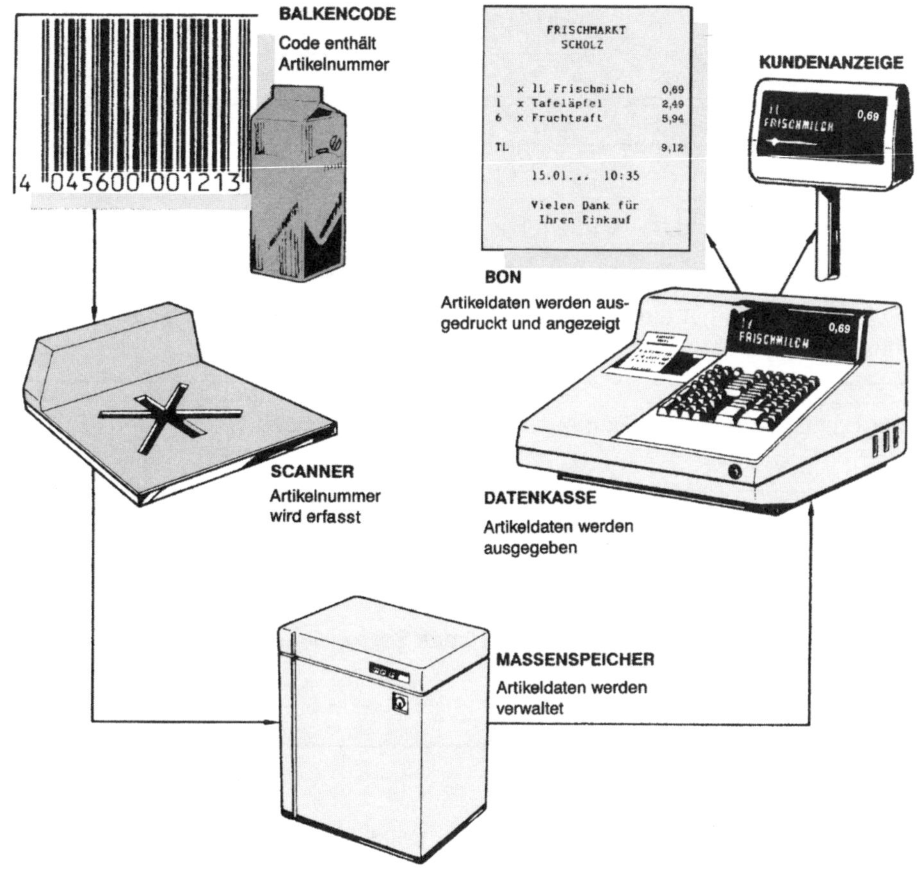

Situation:

Sie sind Mitarbeiter/in in der Forum Warenhaus KG. Täglich kommen ca. 8000–30000 Kunden; der Gesamtumsatz im Jahr beträgt 25 Mio. Euro. Die „Kassen klingeln ganz schön". Sie kassieren und nutzen Chancen für kundenorientiertes Verhalten, erstellen einen Kassenbericht, leiten Einnahmen und Belege weiter und ermitteln Ursachen der Kassendifferenzen.

1. Aufgabe

Ihr Kunde will den Gesamtbetrag von 41,27 EUR bezahlen und hält einen 50-EUR-Schein in der Hand. Ordnen Sie folgende Vorgänge an der Datenkasse den vorbereitenden Tätigkeiten für das Kassieren bzw. den Kassieranweisungen richtig zu:

Vorgänge:

1. Vorbereitende Tätigkeiten für das Kassieren
2. Kassieranweisung/ Kassieren

Tätigkeiten:	
Mit dem Scanner die Artikelnummer des verkauften Produkts erfassen	☐
Verpackungsmaterial bereitstellen	☐
Kunden den Gesamtbetrag mitteilen und den empfangenen Geldbetrag laut und deutlich nennen	☐
Ordnung und Sauberkeit an der Kasse herstellen	☐
Geld neben die Kasse auf die vorgesehene Geldablage legen	☐
Das in der Kasse ausgewiesene Restgeld aus der Kasse nehmen und dem Kunden vorzählen	☐

2. Aufgabe

Sie sind als Urlaubsvertretung an der Kasse der Forum Warenhaus KG eingesetzt.
Bringen Sie die folgenden Vorgänge beim Kassieren in die richtige Reihenfolge, indem Sie die Ziffern 1–6 in die Kästchen eintragen.

Der Geldschein wird entgegengenommen und der Betrag deutlich genannt.	☐
Der Rechnungsbetrag wird in die Kasse getippt bzw. eingescannt.	☐
Der Geldschein wird neben die Kasse gelegt.	☐
Der Geldschein wird in die Kasse gelegt.	☐
Das Wechselgeld wird herausgegeben.	☐
Der Kunde erhält den Kassenbeleg.	☐

3. Aufgabe

Selbstverständlich akzeptieren Sie von den Kunden viele unterschiedliche Kreditkarten. Welche Besonderheit ist dabei zutreffend?

1. Die Kunden müssen sich mit Personalausweis oder einem anderen Legitimationsdokument ausweisen.
2. Den Kunden wird bei Bezahlung mit Kreditkarte ein zusätzlicher Preisnachlass eingeräumt.
3. Der Forum Warenhaus KG wird bei der Abrechnung mit der Kreditkartenorganisation ein bestimmter Prozentsatz vom Rechnungsbetrag abgezogen.
4. Der Kunde muss eine Bearbeitungsgebühr bezahlen.
5. Die Forum Warenhaus KG erhält die Abrechnungsbeträge im Zahlungszeitpunkt des Kunden an der Kasse sofort online gutgeschrieben.

▶ ☐

4. Aufgabe

Bringen Sie die Vorgänge bei Zahlung im Electronic-Cash-System (Point of Sale) in die richtige Reihenfolge, indem Sie die Ziffern in die Kästchen eintragen.

Die Forum Warenhaus KG zieht ihre Forderungen aus Electronic-Cash-Umsätzen beleglos über ihre Bank ein.	☐
Eingabe und Bestätigung der persönlichen Geheimzahl (PIN)	☐
Die Forderungsbeträge werden dem Kunden auf seinem Konto belastet.	☐
Online-Autorisierung (Prüfung und Bestätigung) von Karte, PIN und Einhaltung des Verfügungsrahmens	☐
Einlesen der Karte	☐

5. Aufgabe

Die wirtschaftliche Bedeutung der Kreditkarte gegenüber der Barzahlung nimmt stetig zu. Überprüfen Sie die nachfolgenden Aussagen zur Kreditkartenverwendung auf ihre Richtigkeit.
Ordnen Sie zu, indem Sie die Kennziffern 1 oder 2 in die Kästchen bei den Aussagen zur Kreditkarte eintragen.

Kennziffern:

1. Die Aussage über die Kreditkartenverwendung trifft zu.
2. Die Aussage über die Kreditkartenverwendung trifft nicht zu.

Aussagen über die Verwendung der Kreditkarte:

Der Verkäufer erstellt einen Leistungsbeleg und lässt diesen vom Kreditkarteninhaber unterschreiben.	☐
Der Kreditkarteninhaber kann bei allen in- und ausländischen Vertragsunternehmen des Kreditkartenherausgebers Waren und Dienstleistungen in unbeschränkter Höhe erhalten.	☐
Der Kreditkarteninhaber wird mit einer Provision von 3 bis 5 % belastet.	☐
Der Kreditkartenherausgeber begleicht die Rechnung des Kreditkarteninhabers innerhalb einer vereinbarten Frist abzüglich einer Provision.	☐
Vom Rechnungsformular behält der Einzelhändler eine Kopie, eine weitere erhält der Kreditkarteninhaber ausgehändigt.	☐
Wenn der Kreditkarteninhaber seine Rechnung nicht bezahlt, liegt das volle Kreditrisiko beim Kreditkartenherausgeber.	☐
Die Kreditkarte ist nur gültig in Verbindung mit einem amtlichen Personalausweis oder einem ähnlichen Dokument.	☐

6. Aufgabe

In einigen Abteilungen werden die gekauften Produkte aus Glas, Porzellan, auch Elektroartikel u. Ä. den Kunden an einem Packtisch ausgehändigt.
Bringen Sie die folgenden Vorgänge in die richtigen Reihenfolge, indem Sie die Ziffern 1–5 in die Kästchen eintragen.

Abzeichnen oder Stempeln des Kassenzettels	☐
Prüfen des Kassenzettels, ob die Waren bezahlt sind	☐
Ware und Kassenzettel vergleichen	☐
Verpacken der Ware	☐
Übergabe von Ware und Kassenzettel an den Kunden	☐

7. Aufgabe

An der Hauptkasse im Bereich „Damenwelt" stellen Sie fest, dass sich unter den Banknoten ein gefälschter 50,00-EUR-Schein befindet. Der Kunde, der mit dem Schein gezahlt hat, lässt sich nicht mehr ermitteln.
Wie verhalten Sie sich richtig?

1. Der Geldschein wird unauffällig unter das Geld gemischt, das bei der Bank eingezahlt wird.
2. Der Geldschein wird der Polizei übergeben, den Schaden trägt der Ausbildungsbetrieb.
3. Der Geldschein wird an die Deutsche Bundesbank eingeschickt, die ihn gegen einen gültigen Schein eintauscht.
4. Der Geldschein wird als Wechselgeld wieder an die Kunden ausgegeben.
5. Der Geldschein wird der Bank übergeben, die ihn vernichtet und uns den Schaden ersetzt.

▶ ☐

---

8. Aufgabe

Unter „Tageslosung" versteht man:

1. Die verkaufte Warenmenge eines Tages
2. Den Verkaufspreis der umgesetzten Waren eines Tages
3. Den Einstandspreis der verkauften Waren eines Tages
4. Die vereinnahmten Geldbeträge aus Verkäufen eines Tages ohne Umsatzsteuer
5. Die vereinnahmten Geldbeträge aus Verkäufen eines Tages einschließlich Umsatzsteuer

▶ ☐

---

9. Aufgabe

Doris A. arbeitet als Auszubildende in einer benachbarten Boutique. Die Kasse der Boutique enthielt morgens 800,00 EUR Wechselgeld. Folgende Vorgänge wurden im Laufe des Tages aus der Kasse erledigt:

6.80 EUR Porto an den Briefträger gezahlt
120,00 EUR Barzahlung einer Lieferantenrechnung
50,00 EUR Privatentnahme der Geschäftsinhaberin

Die Kassenabrechnung ergab abends einen Kassenstand von 7.975,60 EUR.
Welche Tageslosung wurde an diesem Tag erzielt?

EUR | Komma ↓ | Ct.

---

10. Aufgabe

Zum Ende eines Geschäftstags wird ein Kassenbericht erstellt.
Berechnen Sie die Höhe der Tageslosung.

Kassenbericht der Forum Warenhaus KG vom 26.05....	
Vorhandenes Bargeld bei Kassenschluss (heute)	50.135,90 EUR
Anfangsbestand der Kasse bei Geschäftseröffnung	1.500,00 EUR
im Lauf des Tages abgelieferte Geldmenge	35.000,00 EUR
Ausgaben für bar bezahlte Warenlieferung	4.000,00 EUR
Mieteinnahmen	1.800,00 EUR
zurückbehaltenes Wechselgeld (für den nächsten Tag)	1.500,00 EUR

EUR | Komma ↓ | Ct.

Tagesumsatz

---

11. Aufgabe

Welche Aussage zur Datenkasse trifft <u>nicht</u> zu?

1. Die Tastatur der Kasse dient der Dateneingabe.
2. Die Bedienungsanzeige ermöglicht dem Kassenpersonal die Kontrolle der eingegebenen Daten.
3. Die Kundenanzeige informiert über Preise und Gesamtsumme.
4. Die moderne Datenkasse braucht keine Verbindung zur Zentraleinheit (Zentralrechner).
5. Die Kasse verfügt über eine Geldschublade.

▶ ☐

---

12. Aufgabe

Welche Angabe eines Verkaufsbelegs ist aus der Sicht des Kunden wenig hilfreich?

1. Firmenbezeichnung und Kaufdatum
2. Artikelbezeichnung
3. Einzelpreis des Artikels
4. Gesamtsumme der Waren
5. Umsatzsteuer-Identnummer des Geschäfts

▶ ☐

Situation zur 13. und 14. Aufgabe:

Der Großteil der Verbraucher besitzt eine (ec-)Karte und immer mehr Geschäfte akzeptieren unterschiedliche Karten.
Nehmen Sie Bezug auf die Grafiken.

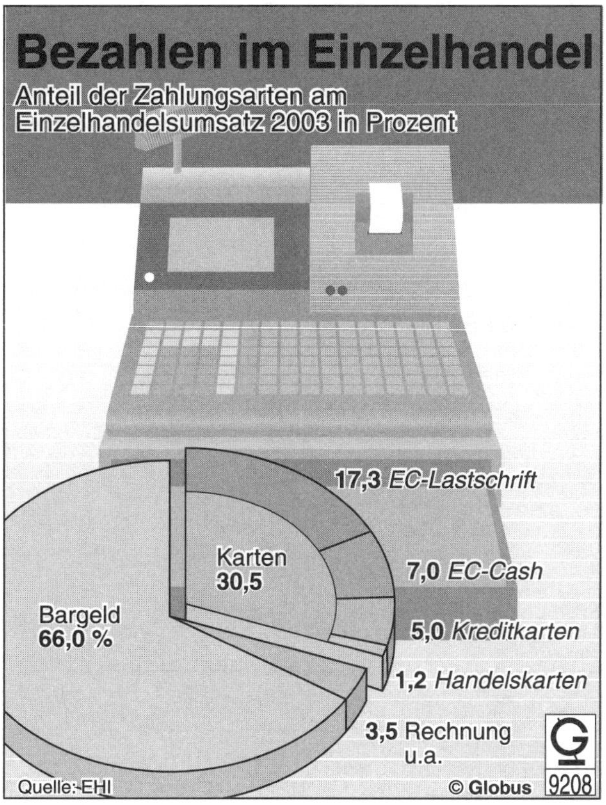

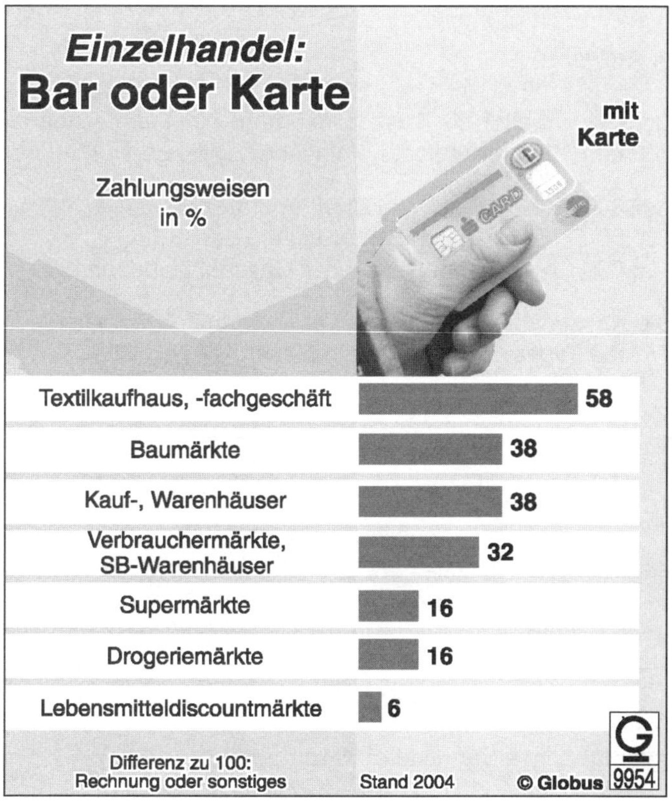

13. Aufgabe

Welcher Umsatzanteil fließt über „Karten" in die Kassen?

1. ec-Lastschrift 17,3 %
2. ec-Cash 7,0 %
3. Kreditkarten 5,0 %
4. Handelskarten 1,2 %
5. Karten insgesamt 30,5 %

▶ ☐

---

14. Aufgabe

Die Zahlungsarten der Verbraucher sind unterschiedlich. Ermitteln Sie aufgrund vorausgegangener Grafik, in welchen Geschäften/Betriebsformen meist mit Bargeld bzw. mit Karten gezahlt wird.

Zahlungsart:

1. Bargeld
2. Karten

Geschäft/Betriebsformen:

Geschäft/Betriebsformen	
Textilfachgeschäfte	☐
Supermärkte	☐
Baumärkte	☐
Lebensmitteldiscounter	☐
Waren- und Kaufhäuser	☐

15. Aufgabe

Welche Aussage zu kartengestützten Zahlungssystemen an der Datenkasse ist falsch?

1. Der Inhaber einer ec-Karte kann bei Ausstattung mit dem Electronic-Cash-System in Einzelhandelsgeschäften bargeldlos zahlen.
2. Kreditinstitute übernehmen immer bei Kartenzahlung eine Zahlungsgarantie.
3. Bei der POS-Zahlung gibt der Kunde seine Karte in den Kartenleser und dann seine Geheimzahl ein.
4. Bei der POS-Zahlung überprüft des Kreditinstitut Gültigkeit der Karte, Geheimzahl und Kreditgrenze.
5. Der Zahlungsbetrag wird vom Konto des Zahlers abgebucht.

▶ ☐

16. Aufgabe

Welche zwei Aussagen über das ec-Lastschriftverfahren sind richtig?

1. Der Kunde legt eine ec-Karte vor und gibt seine Geheimziffer in das Karten-Lesegerät ein.
2. Der Kunde legt die ec-Karte vor und leistet seine Kunden-Unterschrift auf dem Lastschriftbeleg.
3. Das Risiko des Zahlungsausfalls bei einer ec-Lastschrift liegt bei der Bank.
4. Das ec-Lastschriftverfahren ist relativ teuer für das Geschäft.
5. Das ec-Lastschriftverfahren ist relativ preisgünstig für das Geschäft.

▶ ☐

▶ ☐

17. Aufgabe

Ein Kunde zahlt mit Karte an der Datenkasse. Welche Aussage trifft zu (1), welche nicht (2)?

Electronic cash bedeutet, dass der Kunde mit Hilfe von Kredit-, Bank- oder Kundenkarte zahlen kann.	☐
Die Bankkarte wird von Bankorganisationen, z. B. Sparkassen oder Volksbanken usw. ausgegeben.	☐
Bei der POS-Zahlung liegt ein Zahlungssystem ohne Zahlungsgarantie vor.	☐
Beim Online-Lastschriftverfahren muss der Kunde seine persönliche Identifikationsnummer (PIN) eingeben.	☐
Beim elektronischen Kassensystem POS braucht der Kunde nie seine persönliche Identifikationsnummer (PIN) einzugeben.	☐

18. Aufgabe

Sie kassieren an der Datenkasse und sehen, Ihr Kunde besitzt mehrere Kreditkarten. Die unterschiedlichen Zahlungsverfahren bedingen unterschiedliche Kosten für den Einzelhändler.
Ermitteln Sie das günstigste Zahlungsverfahren entsprechend folgender Angaben:

1. ec-Cash	PIN	0,3% vom Umsatz	mindestens 0,00 EUR
2. ec-Cash offline	PIN	3% vom Umsatz	mindestens 0,00 EUR
3. POZ, Unterschrift	keine PIN	0,3% vom Umsatz	0,08 EUR
4. ELV, Unterschrift	keine PIN	kostenlos für Händler	
5. Maestro	PIN	0,95% vom Umsatz	

▶ ☐

---

19. Aufgabe

Welche Serviceleistung wird in der Forum Warenhaus KG nicht angeboten?

1. Geschenkgutscheine ausstellen
2. Verleih von Anhängern zum Transport sperriger Güter
3. Rücknahme von Verpackungsmaterial
4. Retouren von mangelhaften Waren
5. Einlösen von Geschenkgutscheinen

▶ ☐

Situation zur 20.–26. Aufgabe

Sie sitzen an der Datenkasse und verhalten sich kundenorientiert.

Verkäuferin: „Sie sind schon der Dritte mit einem großen Schein!“
Verkäuferin: „Vielen Dank für Ihren Besuch, Frau Berben. Ich wünsche Ihnen viel Freude beim Kochen ...“
Verkäuferin: „Diese Kasse schließt gleich – suchen Sie sich bitte eine andere Kasse.“
Verkäuferin: „Kennen Sie schon die Vorteile unserer Kundenkarte?“

20. Aufgabe

Wie wirken die Äußerungen auf die Kunden?

---

21. Aufgabe

Durch welches kundenorientierte Verhalten zeichnet sich professionelles Kassenpersonal aus?

---

22. Aufgabe

Was können Sie an der Kasse zu einer verstärkten Kundenbindung beitragen?

---

23. Aufgabe

Welche vorbereitende Maßnahmen treffen Sie vor Öffnung des Geschäfts an der Kasse?

24. Aufgabe

Machen Sie zu folgenden „sonstigen Serviceleistungen an der Kasse“ eine kurze Aussage in Stichworten

a) Schnellkasse

b) Geräteverleih

c) Lieferservice

d) Kinder an der Kasse

e) Geschenkverpackung

25. Aufgabe

Nennen Sie Ursachen für Kassendifferenzen.

26. Aufgabe

Wie erklären Sie sich die Beliebtheit von Payback-Karten?

Situation zur 27. bis 30. Aufgabe

Die Datenkassen in der Forum Warenhaus KG entsprechen allen Anforderungen des Alltags: Außer den regulären Verkäufen fragen Kunden nach Geschenkgutscheinen oder lösen solche ein, wollen Artikel umtauschen, die ihnen nicht gefallen, bzw. kommen mit „Retouren“.

27. Aufgabe

Welcher wichtige Bestandteil des Gutscheins wurde vergessen?

Geschenkgutscheine vom
Forum Warenhaus KG
immer eine gute Idee!

Alle Vorteile auf einen Blick:

- Immer eine passende Geschenkidee, denn der Empfänger erfüllt sich gerne seine individuellen Wünsche.
- Der Beschenkte kann aus einem Sortiment von über 100 000 verschiedenen Artikeln auswählen.
- Zeitlich unbegrenzt gültig!

Forum Warenhaus KG

Geschenkgutschein

über 50,00 EUR

28. Aufgabe

Die Kundin Frau Annette Schuhmann will ihrem Mann zur Auswahl zwei modische Pullover der gehobenen Kollektion „Carlone“ präsentieren. Füllen Sie den Auswahlschein anhand folgender Daten aus.

Kundendaten: Frau Annette Schuhmann, Im Talfeld 23, 97228 Rottendorf, Tel.: 09302 980 001
Pullover 1: Artikel 200 009; Preis 198,00 EUR
Pullover 2: Artikel 208 109; Preis 169,00 EUR

Auswahlschein Nr. 23 450 Forum Warenhaus KG · 97004 Würzburg
Königstraße 20–22, Tel.: 0931 56100-0

Name: ....

Ort: .... Straße: ....

Telefon: .... Sonstiges: ....

Sie erhalten die Ware zur Auswahl; die Ware bleibt bis zur vollständigen Bezahlung unser Eigentum. Schäden und unsachgemäße Behandlung gehen zu Ihren Lasten. Für eine alsbaldige Rückgabe der Waren sagen wir im Voraus besten Dank und wünschen Ihnen eine gute Wahl.

Artikel-Nr.	Artikel	Menge	Preis	Ware zurück am

Unterschrift des Kunden

29. Aufgabe

Der Kunde Friedrich Groß bringt eine Sportjacke zurück: Die Ärmel sind ungleich lang und passen nicht. Der Kunde wünscht das Geld zurück. Füllen Sie die „Retoure“ aus, Kaufpreis 189,00 EUR.
Kundendaten: Herr Friedrich Groß, 97071 Würzburg-Sanderau, Am Mainkai 12, Tel.: 0931 789321

Retouren-Nr. 56 334 Forum Warenhaus KG · 97004 Würzburg
Königstraße 20–22, Tel.: 0931 56100-0

Betrag in Zahlen und Worten: ....

Artikel: ....

Grund der Rücknahme: ....

Kundendaten mit ....

Name, Straße, PLZ/Ort: ....

Verkäufer/in: .... Datum: ....

Betrag erhalten: ....

30. Aufgabe

Der Kunde Hans Meier, Würzburg, bittet, eine Quittung über eine Anzahlung für ein TV-Gerät, Marke X, Typ 1000, von 100,00 EUR, Gesamtpreis 678,00 EUR auszustellen. Datum: 17. 05. 2006. Stellen Sie die Quittung aus.

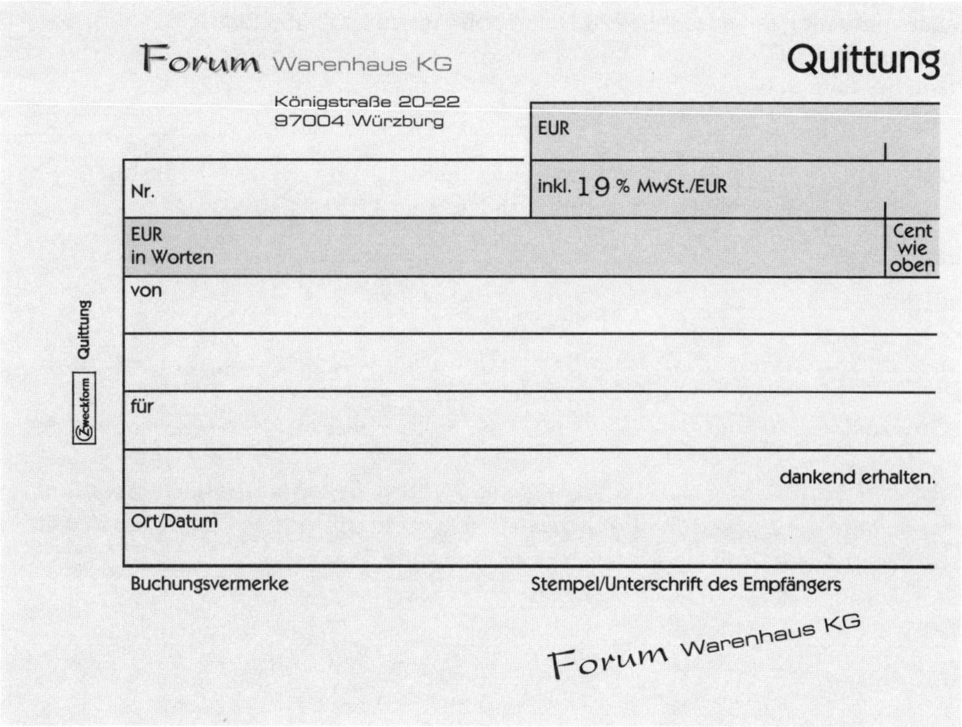
Forum Warenhaus KG
Königstraße 20-22
97004 Würzburg

Quittung

EUR

inkl. 19 % MwSt./EUR

Nr.

EUR in Worten

Cent wie oben

von

für

dankend erhalten.

Ort/Datum

Buchungsvermerke

Stempel/Unterschrift des Empfängers

Zweckform Quittung

Forum Warenhaus KG

5 Marketinggrundlagen

Situation

Die Stadt Würzburg ist ein wirtschaftliches und kulturelles Zentrum mit ca. 130 000 Einwohnern, Bischofs- und Universitätsstadt mit ca. 20 000 Studentinnen und Studenten. Die Forum Warenhaus KG befindet sich mitten in der Stadt in zentraler Lage. Täglich kommen ca. 8 000–30 000 (potenzielle) Kunden. Als Mitarbeiter/in in der Forum Warenhaus KG kennen Sie sich im Bereich der Werbung, der Warenpräsentation, des Kundenservice und der Preisbildung aus und helfen, diese zu gestalten.

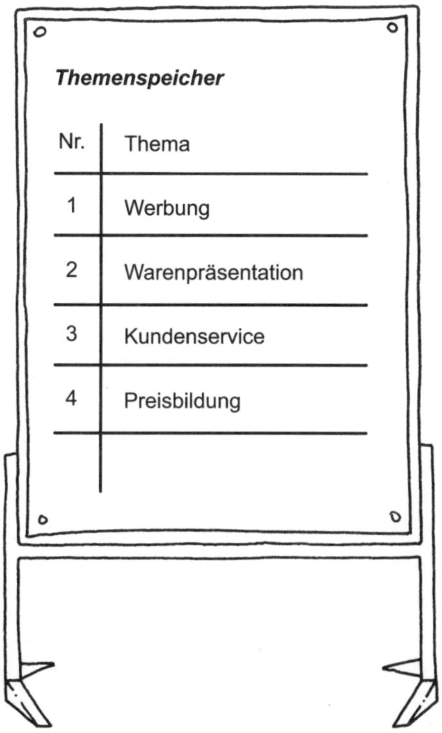

1. Aufgabe

Entscheiden Sie, welches der folgenden Ziele vom Marketing der Forum Warenhaus KG wahrscheinlich am wenigsten angestrebt wird?

1. Den vorhandenen Kundenstamm zu erhalten
2. Bedürfnisse für neue Waren zu wecken
3. Den Umsatz und damit den Gewinn zu steigern
4. Den Käufer umfassend und sachlich-objektiv zu informieren
5. Neue Kunden zu gewinnen
6. Die Leistungsfähigkeit der Forum Warenhaus KG herauszustellen

▶ ☐

---

2. Aufgabe

Auf welche drei Werbemittel sollte die Forum Warenhaus KG verzichten?

1. Anzeige in den beiden Tageszeitungen der Stadt mit je 50000 Exemplaren Auflage
2. Anzeigen in zwei Illustrierten mit großen Auflagen
3. Rundfunkwerbung eines Regional-Senders
4. Fernsehwerbung
5. Kinoreklame in den drei Kinos
6. Postwurfsendung (Prospekt)
7. Vertreterwerbung

▶ ☐

▶ ☐

▶ ☐

---

3. Aufgabe

Um den Bekanntheitsgrad zu steigern, wird ein Slogan entworfen. Was ist ein Slogan?

1. Eine Werbekampagne mit verschiedenen Texten
2. Sonderangebote werden so genannt.
3. Slogans sind Werbeverse, die sich beim Verbraucher gut einprägen.
4. Ein Rundschreiben an die Außendienstmitarbeiter
5. Der Slogan ist der Text eines bekannten Schlagers.

▶ ☐

---

4. Aufgabe

Ordnen Sie die Einzelwerbung und die Gemeinschaftswerbung den Werbeschlagwörtern richtig zu.

Werbungsarten:

1. Einzelwerbung
2. Gemeinschaftswerbung

Werbeschlagwörter:	
Forum Warenhaus – beliebt, bekannt, begehrt	☐
Geiz ist geil!	☐
Man geht nicht mehr ohne Hut!	☐
Schwäbisch Hall – Auf diese Steine können Sie bauen	☐
T-mobile – get more	☐

---

5. Aufgabe

Sie haben gelernt, Werbemittel (1) und Werbeträger (2) voneinander zu unterscheiden. Ordnen Sie richtig zu.

Verbal, visuell oder akustisch gestaltete Werbebotschaften	☐
Medien, welche Werbebotschaften über Werbeträger an die Zielgruppen herantragen	☐
Tageszeitungen	☐
Rundfunk und Fernsehanstalten	☐
Elektronische Medien	☐
Schaufensterwerbung	☐
Prospektwerbung	☐
Plakate	☐
Werbebriefe	☐

6. Aufgabe

Wer führt bei einem Markenartikel die Werbung durch und finanziert sie?

1. Die Einzelhändler
2. Die Großhändler
3. Der Hersteller
4. Das Kartell der Branche
5. Der Einzelhandelsverband

▶ ☐

7. Aufgabe

Beurteilen Sie durch Eintragen der Kennziffern 1 und 2 bei den folgenden Sachverhalten, ob gegen die Bestimmungen des unlauteren Wettbewerbs verstoßen oder nicht verstoßen wird.

Kennziffer 1 und 2:

1. Es wird gegen die Bestimmungen des unlauteren Wettbewerbs verstoßen.
2. Es wird nicht gegen die Bestimmungen des unlauteren Wettbewerbs verstoßen.

Sachverhalte:

In einem Angebot wird betont: „Günstige Restposten. Qualitätserzeugnisse deutscher Hersteller ...“ Es handelt sich jedoch um Importware.	☐
Ein Kaufmann wirbt durch Zeitungsanzeige: „Drei Waggons Südfrüchte eingetroffen. Daher besonders preisgünstig“. In Wirklichkeit wurden nur drei Kisten geliefert.	☐
Ein Kaufhaus bietet einen CD-Spieler „besonders preisgünstig“ an. In einem Fachgeschäft wird das gleiche Pordukt wesentlich billiger verkauft.	☐
Ein Einzelhändler stellt in Angeboten die besondere Leistungsfähigkeit seines Hauses durch Einsatzbeispiele heraus.	☐

8. Aufgabe

Ein Werbeplan umfasst verschiedene Gesichtspunkte. Welcher Gesichtspunkt ist fehl am Platz?

1. Werbemittel
2. Werbeträger
3. Werbekosten
4. Werbungskosten
5. Werbeerfolgskontrolle

▶ ☐

9. Aufgabe

Ordnen Sie folgende Begriffserläuterungen aus der Werbeplanung den Werbebegriffen richtig zu:

Werbebegriffe:

1. Streuweg
2. Streuzeit
3. Streugebiet
4. Streukreis
5. Werbeetat

Erläuterungen:

Welcher Betrag soll für die Werbung eingesetzt werden?	☐
Wo soll geworben werden?	☐
Wer soll umworben werden?	☐
Welche Werbemittel und -träger sollen zum Einsatz kommen?	☐
Wann, d. h. in welchem Zeitraum und wie oft, soll die Werbemaßnahme erfolgen?	☐

10. Aufgabe

Welche Werbemittel sind für die Forum Warenhaus KG die wichtigsten? Tragen Sie die Ziffern 1 bis 5 nach Priorität sortiert in die Kästchen ein, unabhängig von der unten stehenden Grafik.

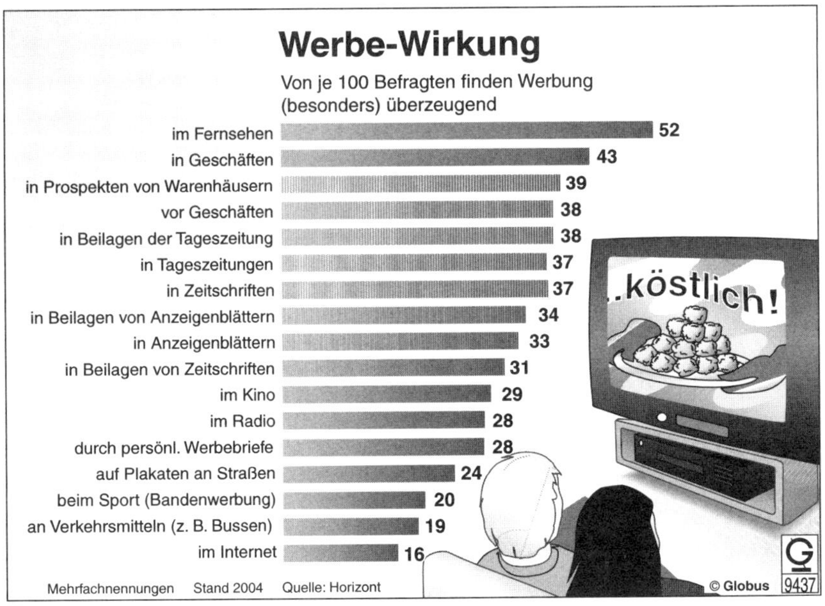

Kinowerbung	☐
Postwurfsendungen	☐
Schaufensterwerbung	☐
Tageszeitungen	☐
Prospekte	☐

11. Aufgabe

Welcher Gesichtspunkt spielt bei der Höhe des Werbeetats die geringste Rolle?

1. Werbekosten des Vorjahrs
2. Werbemaßnahmen örtlicher Einzelhandelsgeschäfte
3. Umsatz in der Forum Warenhaus KG
4. Werbeträger
5. Werbemittel

▶ ☐

Situation zur 12.–18. Aufgabe

Sie präsentieren und platzieren die Produkte der Forum Warenhaus KG verkaufswirksam und kennen im Selbstbedienungsbereich Kundenlaufstudien, Regalzonen und Visual Merchandising.

12. Aufgabe

Ordnen Sie folgende Tätigkeiten der Warenpräsentation und der Warenplatzierung richtig zu:

Begriffe:

1. Warenpräsentation
2. Warenplatzierung

Tätigkeiten:	
Sie wirken bei der Gestaltung eines thematischen Schaufensters mit.	☐
Wertvoller Designerschmuck kommt in Schaukästen oder Vitrinen.	☐
Sichtzonen sind gut für Impulskäufe.	☐
Visual Merchandising will Kunden faszinieren und Kaufimpulse auslösen.	☐
Kundenlaufstudien erlauben Rückschlüsse auf verkaufsstarke/-schwache Zonen.	☐

13. Aufgabe

Sie wollen in der Forum Warenhaus KG Produkte verkaufswirksam präsentieren. Die Präsentation hängt von den Gesichtspunkten Verkaufsraum, Verkaufsform und Warenbereich ab.
Ordnen Sie folgende Maßnahmen den Gesichtspunkten zu.

Gesichtspunkt:

1. Verkaufsraum
2. Verkaufsform
3. Warenbereich

Maßnahme:	
Große Verkaufsflächen vermitteln das Gefühl der Großzügigkeit und Weite.	☐
Frische Fische werden attraktiv und dekorativ mit Gewürzen und Eis präsentiert.	☐
Vorwahl und Vollbedienung sind im Forum Warenhaus KG die häufigsten Anbietformen.	☐

14. Aufgabe

Als Auszubildender der Forum Warenhaus KG sind Sie mit den Maßnahmen des Visual Merchandising vertraut. In welchen Situationen handelt es sich um Ziele, in welchen um konkrete Maßnahmen von Visual Merchandising?

Visual Merchandising:

1. Ziele
2. Maßnahmen

Situationen:	
Kunden in stimmungsvolle Gefühlswelten versetzen	☐
Damenwäsche inspirierend auf Sonderflächen dekorieren	☐
Leuchten und Beleuchtung für Frischwaren lösen Impulskäufe aus.	☐
„Lust auf Ware“ soll entstehen, die zum Kauf führt.	☐
„Die faszinierende Weihnachtsdekoration übertraf alle Erwartungen“.	☐

15. Aufgabe

Als Auszubildender wirken Sie bei der Warenpräsentation und -platzierung mit. Sie überlegen Verbund- und Zweitplatzierungen. Welche Fragen betreffen die Verbund-, welche die Zweitplatzierung?

Platzierung:

1. Verbundplatzierung
2. Zweitplatzierung

Fragen zur Platzierung:

Fragen zur Platzierung	
Sollen vor der Kasse zusätzlich Displays mit Süßigkeiten und Zigaretten aufgestellt werden?	☐
Wäre es sinnvoll, in der Abteilung für Kinderbekleidung auch Spielwaren ins Sortiment aufzunehmen?	☐
Was bringt es, Skibekleidung und Skiausrüstung zusammen zu präsentieren?	☐
Sind mehrfache Platzierungen geeignet, das Kaufinteresse zu fördern?	☐

16. Aufgabe

Ermitteln Sie die verkaufsstarken und verkaufsschwachen Zonen in der Lebensmittelabteilung in der Forum Warenhaus KG.

Zonen:

1. Verkaufsstarke Zone
2. Verkaufsschwache Zone

Kundenlauf	
Hauptwege der Kunden	☐
Kassenzone	☐
Ecken und Nischen	☐
Auflaufpunkte/Stirngondeln	☐
Eingangszone	☐

17. Aufgabe

Welche Aussagen sind richtig?

1. In verkaufsstarken Zonen sollten Produkte mit hoher Kalkulation kommen.
2. In die Kassenzone sollten Artikel, die Impulskäufe auslösen, platziert werden.
3. Ecken und Nischen können kein attraktives Warenangebot bieten.
4. Warenträger links vom Kundenlauf sind für Abverkäufe verloren.

▶ ☐

▶ ☐

Situation zur 18.–27. Aufgabe

Sie wirken an Serviceleistungen zur Förderung der Kundenzufriedenheit mit und wissen um die Preisgestaltung im Unternehmen.

18. Aufgabe

Welche Aussage zum Kundenservice trifft nicht zu?

1. Serviceleistungen sind zusätzliche Dienstleistungen.
2. Auch solche Kunden können in den Genuss von Serviceleistungen kommen, die nichts kaufen.
3. Richtig angebotene Serviceleistungen wirken verkauffördernd.
4. Serviceleistungen sind immer unentgeltlich.
5. Serviceleistungen können kostendeckend dem Kunden berechnet werden.

▶ ☐

19. Aufgabe

Ordnen Sie folgende Serviceleistungen richtig zu:

Art der Serviceleistung:	*Serviceleistung:*	
1. Allgemeine 2. In Verbindung mit der Ware 3. In Verbindung mit der Zahlung	Der Kunde wünscht beim Kauf einer teuren Uhr Ratenkauf.	☐
	Die Kundin kauft für ihre Tochter einen Pulli mit Umtauschgarantie.	☐
	Die meisten Kunden nehmen in der Forum Warenhaus KG die Rolltreppe in Anspruch.	☐
	Viele Kunden besitzen eine Payback-Karte.	☐
	Auf besonders hochwertige Geräte gibt die Forum Warenhaus KG eine dreijährige Garantie.	☐

20. Aufgabe

In Ihrer Abteilung werden Kundenbindungsmaßnahmen erörtert.
Welche Aussage trifft die Kundenbindung am besten?

1. Möglichst viele Kunden sollen eine Kundenkarte erwerben.
2. Alle Maßnahmen zur Kundenbindung sollen dazu führen, dass eine dauerhafte Beziehung zwischen Geschäft und Kunden entsteht.
3. Kundenzufriedenheit kann nicht bei allen Kunden erreicht werden.
4. Höchste Kundenzufriedenheit lässt sich leicht erreichen.
5. Kundenorientierte Leistungen des Geschäfts sind ein wichtiger Beitrag des Geschäfts.

▶ ☐

21. Aufgabe

Welche Maßnahme ist keine Kundenbindungsmaßnahme?

1. Kundenkarten ausgeben
2. Werbung und Verkaufsförderungsmaßnahmen durchführen
3. Serviceleistungen bieten
4. Gratulationsbriefe zum Geburtstag schreiben
5. Lücken im Sortiment belassen

▶ ☐

22. Aufgabe

Welches Kriterium geht nicht in die Preisgestaltung bei kalkulierten Preisen ein?

1. Die betrieblichen Kosten
2. Der angestrebte Gewinn
3. Die Mehrwertsteuer
4. Der Konkurrenzpreis
5. Die Zahlungsbedingungen beim Einkauf

▶ ☐

23. Aufgabe

Welche Aussagen treffen im Rahmen der Preisgestaltung auf den Einzelhandel zu?

1. Preissenkungen führen zu größeren Gewinnspannen.
2. Preiserhöhungen führen zu steigender Nachfrage.
3. Preiserhöhungen führen zu sinkender Nachfrage.
4. Preissenkungen führen zu sinkender Nachfrage.
5. Preissenkungen vermindern den Gewinn je Artikel.

▶ ☐
▶ ☐

24. Aufgabe

Entscheiden Sie, bei welcher der aufgeführten Waren keine Preisauszeichnungspflicht besteht!

1. Sportartikel
2. Lebensmittel
3. Schmuck
4. Antiquitäten
5. Kosmetische Artikel

▶ ☐

---

25. Aufgabe

Eine laut Preisliste mit 21,00 EUR zu verkaufende Ware wurde irrtümlich wegen Vertauschens der beiden Ziffern mit 12,00 EUR ausgezeichnet. Ein Kunde besteht darauf, dass wir ihm die Ware auch für 12,00 EUR verkaufen. Was ist zu tun?

1. Wir müssen ihm die Ware für 12,00 EUR aushändigen, da ein verbindliches Angebot vorliegt
2. Wir brauchen ihm die Ware nicht für 12,00 EUR zu geben, da wir unseren Irrtum sofort nach Entdecken angefochten haben
3. Der Kunde muss die Ware nehmen, er kann nicht vom Vertrag zurücktreten und mit 21,00 EUR bezahlen
4. Wir müssen ihm die Ware zum Selbstkostenpreis verkaufen
5. Die Preisauszeichnung ist nicht bindend

▶ ☐

---

26. Aufgabe

Was versteht man unter „empfohlenen Preisen"?

1. Preise, die weder unter- noch überschritten werden dürfen
2. Preise, die der Hersteller verbindlich festsetzt
3. Preise, die der Einzelhändler aufgrund seiner Kalkulation ermittelt
4. Preise, die nur um 10% unter- oder überschritten werden dürfen
5. Preise, die unter- oder überschritten werden dürfen

▶ ☐

Situation zur 27.–39. Aufgabe

Vor der Abschlussprüfung findet im Schulungsraum der Forum Warenhaus KG eine intensive Prüfungsvorbereitung statt.
Heute steht das Thema: „Marketinggrundlagen" an. Die „freien" Aufgaben zu den Themenbereichen Werbemaßnahmen, Warenpräsentation, Kundenservice und Preisbildung sind schriftlich zu bearbeiten:

---

27. Aufgabe

Wie würden Sie Werbung definieren?

---

28. Aufgabe

Geben Sie je zwei Beispiele für

a) ökonomische Ziele der Werbung,

b) außerökonomische Ziele.

29. Aufgabe

Die Forum Warenhaus KG will einen Werbeplan erstellen. Ordnen Sie die verschiedenen Werbephasen in eine sinnvolle Reihenfolge.
Werbebotschaft verbreiten – Werbeetat planen – Zielgruppen ermitteln – Werbeziele und -objekte festlegen.

30. Aufgabe

Nennen Sie drei Zielgruppen, die in der Forum Warenhaus KG mit Werbung erreicht werden sollen.

31. Aufgabe

Welche Merkmale berücksichtigt ein Werbeetat?

32. Aufgabe

Erklären Sie am Beispiel eines Fernsehspots die AIDA-Formel.

33. Aufgabe

Zahlreiche Gesetze und Verordnungen versuchen die Gefahr des Missbrauchs der Werbung einzuschränken. Welche Regelungen dienen insbesondere dem Verbraucherschutz?

34. Aufgabe

Erläutern Sie den Unterschied zwischen Warenpräsentation und Warenplatzierung.

35. Aufgabe

Nach welchen Gesichtspunkten kann man Artikel

a) zusammenstellen

b) ins Verkaufsregal einordnen; berücksichtigen Sie die Regalwertigkeit.

36. Aufgabe

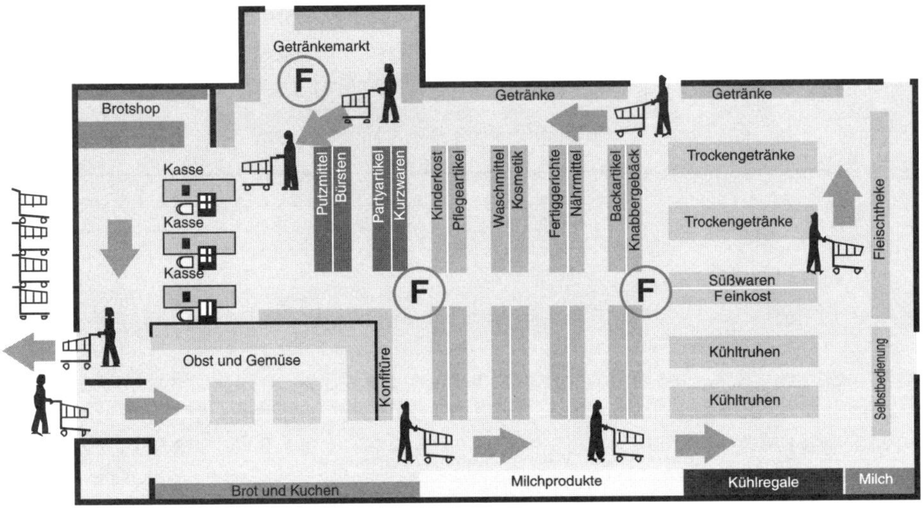

a) Wo sind verkaufsstarke Zonen?

b) Wo sind verkaufsschwache Zonen?

c) Wie kann man verkaufsschwache zu verkaufsstarken Zonen aufwerten?

37. Aufgabe

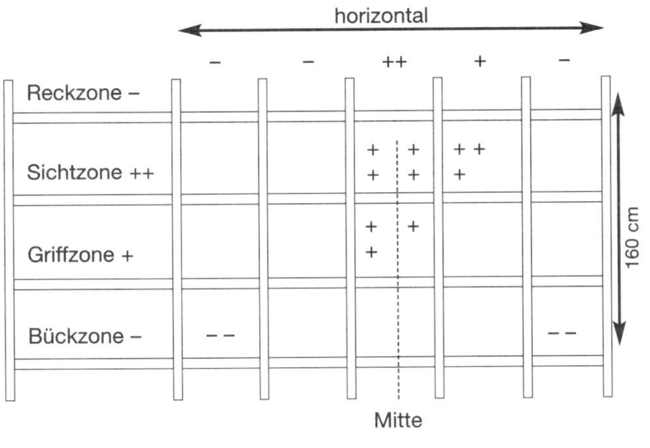

Was sagt Ihnen diese Darstellung?

38. Aufgabe

Nennen Sie jeweils drei Serviceleistungen:

a) allgemeine

b) in Verbindung mit dem Produkt

c) in Verbindung mit der Bezahlung

39. Aufgabe

Beschreiben Sie das Kennzeichnungssystem des Strichcodes.

6 Warenwirtschaft

Situation zur 1.–14. Aufgabe

Sie sind Mitarbeiter/in in der Forum Warenhaus KG. Der Jahresumsatz beträgt ca. 25 Mio. EUR, täglich kommen 8000–30000 Kunden, die ein kundenorientiertes Sortiment aus über 100 000 verschiedenen Artikeln vorfinden. Dies erfordert ein gut funktionierendes computergestütztes Warenwirtschaftssystem. Es hilft Ihnen, betriebliche Vorgänge von der Bestellung bis zur Kasse zu steuern.

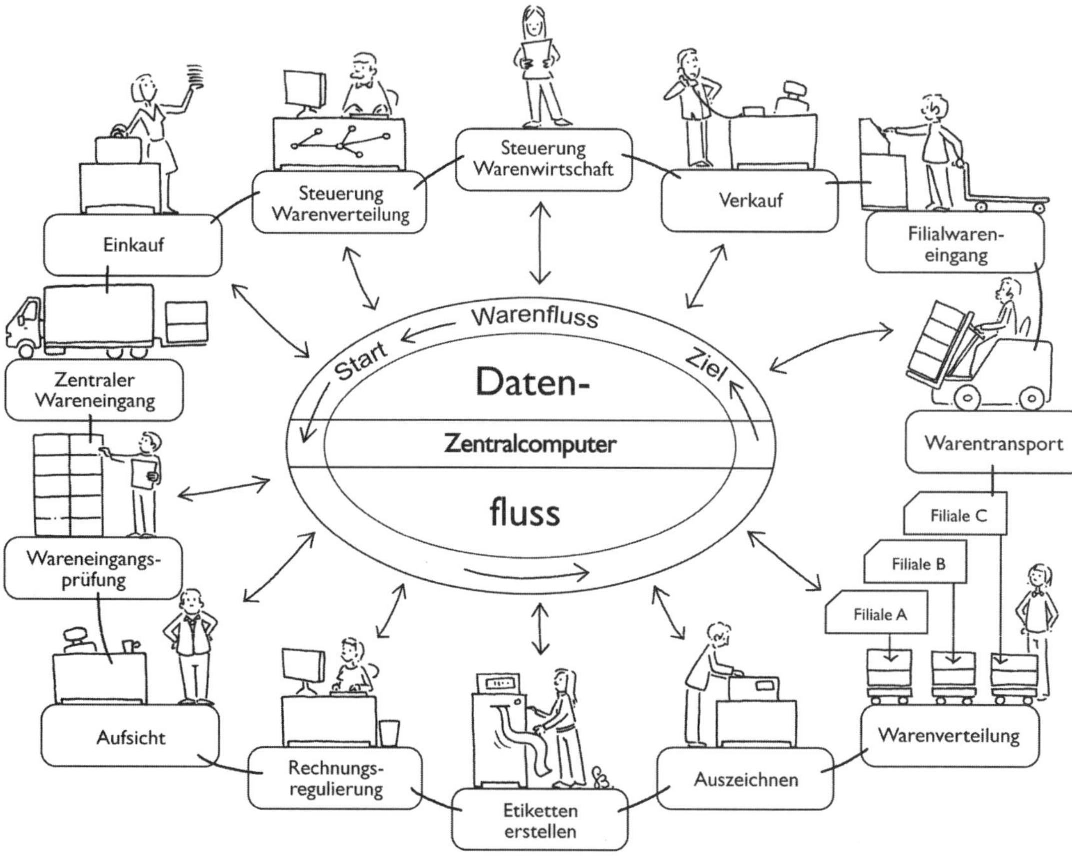

1. Aufgabe

Bei welchen Vorgängen liegen (1) herkömmliche, (2) geschlossene, (3) offene, (4) integrierte Warenwirtschaftssysteme vor?

Alle Vorgänge in der Forum Warenhaus KG, welche die Produkte betreffen, werden vom PC des Unternehmens begleitet.	☐
Manche Zeitungskioske listen alle Informationen in Form von handgeschriebenen Belegen auf.	☐
Das betreffende Warenwirtschaftssystem erfordert nicht nur alle Informationen in Verbindung mit den Produkten, auch Kunden, Lieferanten und Banken sind mit eingebunden.	☐
Nicht alle Tätigkeiten in Verbindung mit den Waren werden erfasst, die übrigen erfolgen manuell.	☐

2. Aufgabe

Das Warenwirtschaftssystem umfasst Waren- und Informationsflüsse. Entscheiden Sie: Welche der folgenden Tätigkeiten gehören zum
(1) Warenfluss (2) Informations-(= Daten-)fluss?

Vom Zentralspeicher lassen sich Bestellbestände und Abverkäufe artikelgenau abrufen.	☐
Auszubildende und Mitarbeiter überprüfen gelieferte Produkte.	☐
Geprüfte Produkte werden in den Verkaufsraum mit Wagen transportiert.	☐
Die Umsätze einer Warengruppe werden von der Kasse erfasst.	☐
Die Warenbestände werden laufend aktualisiert.	☐
Die Warenplatzierung soll entsprechend der Kundenlaufstudie verbessert werden.	☐

3. Aufgabe

Welche Aussage ist richtig?
Bei der Warenwirtschaft erfolgt ein Informationsaustausch zwischen den Bereichen:

1. Einkauf, Lager, Verkauf
2. Einkauf, Personal, Verkauf
3. Einkauf, Lager, Personal
4. Einkauf, Personal, Verkauf
5. Einkauf, Personal, Verkaufskalkulation

▶ ☐

4. Aufgabe

Entscheiden Sie, ob in der Forum Warenhaus KG
(1) allgemeine oder (2) spezielle betriebliche Aufgaben
der Warenwirtschaft vorliegen.

Artikelgenauen Verkauf an der Kasse erfassen	☐
Auf ständige Lieferbereitschaft achten	☐
Umsatzstatistiken neu aufgenommener Warengruppen erstellen	☐
Warenbestände hinsichtlich der Lagerkosten besonders hochwertiger Sortimente optimieren	☐
„Renner“ und „Penner“ ermitteln	☐
Bedarfsgerechte Bestellungen vornehmen	☐
Warenflüsse planen, steuern und kontrollieren	☐

5. Aufgabe

Ordnen Sie den Stationen eines geschlossenen Warenwirtschaftssystems die Kennziffern in zeitlich richtiger Reihenfolge zu.

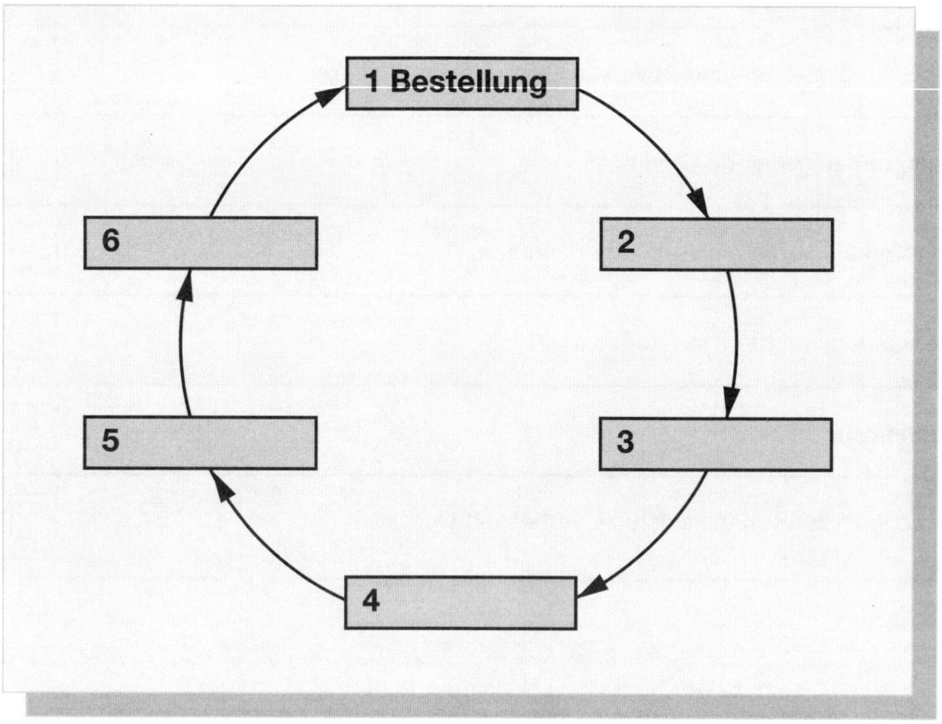

Erfassung der Verkaufsdaten	☐
Wareneingang und Preisauszeichnung	☐
Bedarfsfeststellung und Disposition	☐
Prüfung der Eingangsrechnungen	☐
Korrektur der vorhandenen Bestände (Bestandsfortführung)	☐

6. Aufgabe

In welchem Fall handelt es sich um Stammdaten?

1. Kontenstände auf Bankkonten
2. Zahl der Beschäftigten
3. Umsatzzahlen
4. Höhe der zu zahlenden Gewerbesteuer
5. Kundennummer

▶ ☐

7. Aufgabe

Die Forum Warenhaus KG und andere Einzelhandelsgeschäfte nutzen verschiedene Möglichkeiten der Datenerfassung. Voraussetzung dafür ist der Strichcode.

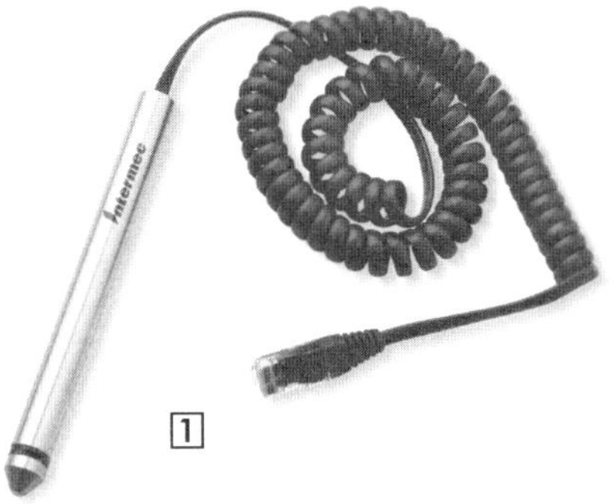

1

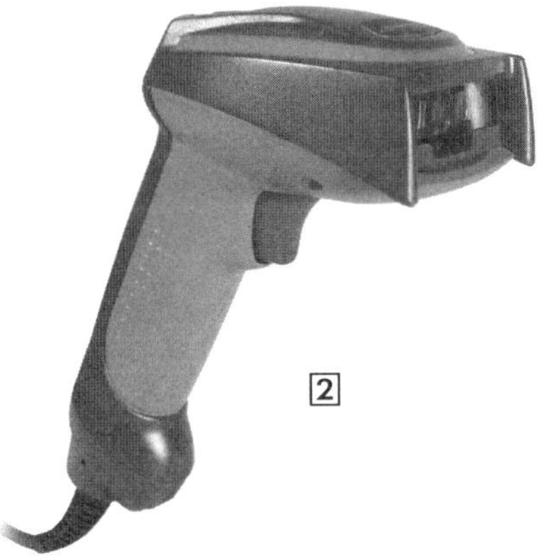

2

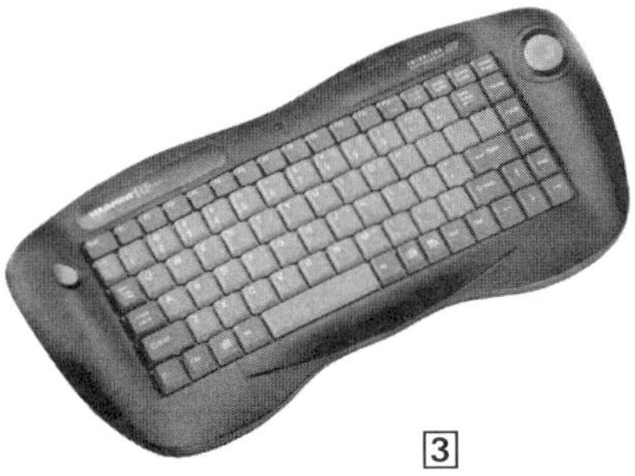

3

4

5

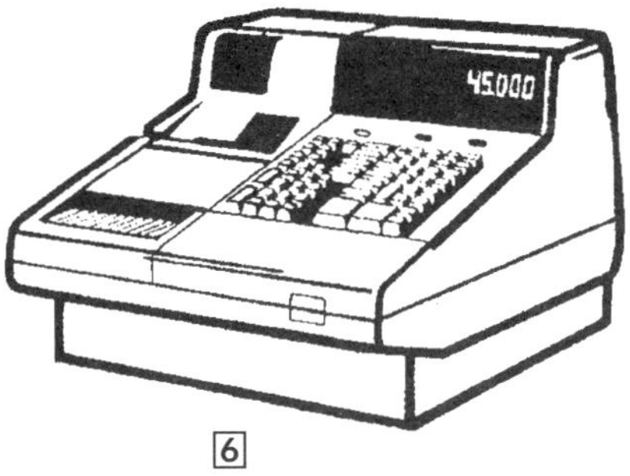

6

Ordnen Sie die Abbildungen folgenden Erläuterungen richtig zu:

Mit diesem Gerät lassen sich Bestandszählungen durchführen.	☐
Obst, Gemüse, Früchte u. Ä. werden abgewogen und die Preise ermittelt.	☐
Diese Kassen stehen in direkter Verbindung mit dem Zentralrechner.	☐
Ein Lichtstrahl eines Spezialstifts wird über den Strichcode gezogen, die Helligkeitsunterschiede werden in elektronische Signale verwandelt.	☐
Die Kassiererin führt das Gerät in einem Abstand über die Codierung des Produkts.	☐

8. Aufgabe

Welche Daten sind nach dem Bundesdatenschutzgesetz (BDSG) geschützt?

1. Alle personenbezogenen Daten
2. Telefonnummer
3. Familienstand
4. Ergebnis eines Eignungstests
5. Genaue Angabe des Wohnsitzes (Ort, Straße)
6. Akademischer Grad (Dr. med., Diplom-Kaufmann u. a.)

▶ ☐

9. Aufgabe

Was versteht man in der EDV unter dem Begriff „Software“?

1. Die für Weiterverarbeitungszwecke über Speichermedien (z. B. Magnetband) ausgegebenen Daten
2. Alle Datenträger, die maschinell gelesen werden können
3. Die Summe aller technischen oder physikalischen Teile einer EDV-Anlage
4. Die Summe aller Programme, die zur Lösung der anwenderspezifischen Probleme dienen
5. Alle problemorientierten oder so genannten höheren Programmiersprachen

---

10. Aufgabe

Ihr Ausbildungsbetrieb möchte für die schnelle Kommunikation mit Lieferanten und Kunden in Zukunft verstärkt die Datenfernübertragung nutzen.
Wie könnte die erforderliche Hardware-Ausstattung dazu aussehen?

1. Scanner
2. Maus
3. CD-ROM-Laufwerk
4. Flachbildschirm
5. Modem

---

11. Aufgabe

Sie gehen ständig mit Produkten um, die den EAN-Strichcode tragen (EAN = Eurpäische Artikelnummer). Wie ist dieser aufgebaut? Ordnen Sie die Kennziffern 1–4 richtig zu.

Individuelle Artikelnummer des Herstellers

Länderkennzeichen

Prüfziffer

Bundeseinheitliche Betriebsnummer

---

12. Aufgabe

Entscheiden Sie, was auf das Scanning <u>nicht</u> zutrifft.

1. Die Preisänderungen erfolgen zentral in der Artikelstammdatei; dadurch muss nicht jeder Artikel umgezeichnet werden; lediglich das Regaletikett muss ausgetauscht werden.
2. Scanning kann die Fehlerquote beim Kassiervorgang nicht verringern.
3. Ein Vorteil des Scanning ist, dass der Kunde einen aussagefähigen Kassenzettel erhält.
4. Ein Vorteil ist, dass der Balkencode für den Kunden eine geringe Aussagefähigkeit hat.
5. Scanning ermöglicht fehlerfreies Erfassen des Warenausgangs.

---

13. Aufgabe

Der größte Teil der Ware ist mit dem EAN-Code versehen. Welche Aussagen treffen zu?

1. Der EAN-Code macht Preisauszeichnung im Sinne der Preisauszeichnungsverordnung überflüssig.
2. EAN-Code-ausgezeichnete Waren erlauben dem Einzelhändler jederzeit einen Einblick in den Abverkauf der Ware, wenn die Daten offline verarbeitet werden.
3. Artikel, die vom Hersteller ohne EAN-Code geliefert werden, können mit einem hausinternen EAN-Etikett versehen werden.
4. Der EAN-Code erlaubt es auch, Informationen über Mindesthaltbarkeit, Qualität usw. zu speichern.
5. Die Verarbeitung des EAN-Codes erfordert ein WWS (Warenwirtschaftssystem) mit entsprechender Hardware und Software.

---

14. Aufgabe

Sie sichern Daten und bewahren Stillschweigen hinsichtlich personenbezogener und betrieblicher Informationen. Entscheiden Sie, ob folgende Aussagen der Datensicherung oder dem Datenschutz zuzuordnen sind:

Merkmale:

1. Datensicherung
2. Datenschutz

Vorgänge:

Das Grundgesetz garantiert den Schutz der Persönlichkeit.	☐
Personenbezogene Daten werden vor Missbrauch durch Einsichtnahme, Veränderung oder Verwertung geschützt.	☐
Um an gewisse Daten heranzukommen, erfragt der Computer die Zugangsberechtigung.	☐
Über personenbezogene Daten ist Stillschweigen zu wahren.	☐
Der Server sorgt dafür, dass Daten nicht verloren gehen.	☐

Situation zur 15.–40. Aufgabe

Sie sind in der Forum Warenhaus KG mit der artikelgenauen und zeitnahen Erfassung von Warenbewegungen als Grundlage der Steuerung und Kontrolle des Warenflusses beschäftigt. Sie arbeiten im Lager, prüfen die Bestände auf Mengen und Qualität, wirken bei der Inventur mit und vermeiden Inventurdifferenzen.

15. Aufgabe

Wozu dient der Soll-Ist-Bestandsvergleich?

1. Er dient der Gewinnermittlung.
2. Man erkennt daraus Absatzschwankungen.
3. Er dient der Kalkulation des Einstandspreises.
4. Man erkennt daraus Differenzen zwischen Bestellmenge und Liefermenge.
5. Er dient der Aufdeckung von Inventurdifferenzen.

▶ ☐

---

16. Aufgabe

In welchen Abständen muss die Forum Warenhaus KG nach den gesetzlichen Vorschriften (HGB, Steuergesetz) mindestens eine Inventur vornehmen?

1. Nach jedem Schlussverkauf
2. Monatlich
3. Vierteljährlich
4. Halbjährlich
5. Jährlich
6. Alle drei Jahre

▶ ☐

---

17. Aufgabe

Zu welchen Zwecken machen Sie alljährlich Inventur?

1. Um festzustellen, wie sich die Einkaufspreise verändert haben
2. Um Abweichungen der Ist-Bestände von den Soll-Beständen feststellen zu können
3. Weil der „Einkauf“ sonst nicht weiß, was bestellt werden muss
4. Um festzustellen, welche Artikel aus der Mode gekommen sind
5. Um den genauen Bestand für den Jahresabschluss zu ermitteln

▶ ☐

▶ ☐

18. Aufgabe

Im Rahmen der Bestandsüberwachung stellen Sie eine Differenz fest.
Wodurch kann der Istbestand laut Inventur höher als der Sollbestand laut Lagerbestandsdatei sein?

1. Ware wurde gestohlen.
2. Ware ist verdorben.
3. Ausgehende Ware wurde in der Lagerbestandsdatei doppelt erfasst.
4. Ausgehende Ware wurde in der Lagerbestandsdatei nicht erfasst.
5. Eingehende Ware wurde in der Lagerbestandsdatei doppelt erfasst.

19. Aufgabe

Auf wie viel Stück beläuft sich der durchschnittliche Monatsumsatz? Es liegt Ihnen der Ausdruck der Lagerdatei vor.

Art.-Nr. 234 Pfannen 30 ∅ mit Deckel			
Datum	Zugang	Abgang	Bestand
Spalte 1	2	3	4
01.10.	Übertrag		600
20.10.		90	510
05.11.		180	330
10.11.		120	210
21.11.	600		810
02.12.		210	600
30.12.		150	450
Inventur:			

Stück

20. Aufgabe

Wie hoch ist bei einem durchschnittlichen Verkauf von täglich 20 Stück der eiserne Bestand, wenn der Vorrat stets für sechs Tage ausreichen soll und die Lieferzeit 14 Tage beträgt?

Stück

21. Aufgabe

Bei der Lagerhaltung unterscheiden Sie zwischen „eisernem Bestand“ und „Meldebestand“. Welche der folgenden Feststellungen sind richtig?

1. Der eiserne Bestand ist der Mindestbestand, bei dessen Erreichung man nachbestellen muss.
2. Der Meldebestand ist ein Mindestbestand, der nie unterschritten werden darf.
3. Der Meldebestand ist der Bestand, bei dessen Erreichung nachbestellt werden muss.
4. Der eiserne Bestand ist der Mindestbestand, der immer auf Lager sein muss.
5. Der eiserne Bestand ist höher als der Meldebestand.
6. Der Meldebestand ist höher als der eiserne Bestand.

22. Aufgabe

Von einer Ware werden täglich durchschnittlich 37 Stück verkauft. Um Verkaufsstockungen zu vermeiden, soll der Vorrat stets für acht Tage ausreichen. Die Lieferzeit beträgt in der Regel 14 Tage. Wie hoch ist der Meldebestand?

Stück

23. Aufgabe

Die Lager-Umschlagshäufigkeit ist branchenbedingt verschieden.
Welche der folgenden Feststellungen ist zutreffend?

1. Je niedriger die Umschlagshäufigkeit, desto niedriger die Lagerdauer
2. Je höher die Umschlagshäufigkeit, desto höher die Lagerdauer
3. Je höher die Umschlagshäufigkeit, desto niederiger die Lagerdauer
4. Zwischen Lagerdauer und Umschlagshäufigkeit gibt es keinerlei Beziehungen.
5. Die Umschlagshäufigkeit in der Frischeabteilung ist stets niedriger als vergleichsweise die der Schmuckabteilung.

▶ ☐

---

24. Aufgabe

Wie lässt sich die Umschlagshäufigkeit berechnen?

1. $\text{Umschlagshäufigkeit} = \frac{\text{durchschnittlicher Lagerbestand}}{\text{Wareneinsatz}}$
2. $\text{Umschlagshäufigkeit} = \frac{\text{Wareneinsatz}}{\text{durchschnittlicher Lagerbestand}}$
3. $\text{Umschlagshäufigkeit} = \frac{\text{Anfangsbestand} + \text{(12) Monatsendbestände}}{13}$
4. $\text{Umschlagshäufigkeit} = \frac{360}{\text{durchschnittlicher Lagerbestand}}$
5. $\text{Umschlagshäufigkeit} = \frac{\text{Wareneinsatz}}{360}$

▶ ☐

---

25. Aufgabe

Die durchschnittliche Lagerdauer (DL) errechnet man:

1. $\text{DL} = \frac{\text{Umschlagshäufigkeit}}{360}$
2. $\text{DL} = \frac{360}{\text{Umschlagshäufigkeit}}$
3. $\text{DL} = \frac{360}{\text{durchschnittl. monatl. Lagerbestand}}$

▶ ☐

---

26. Aufgabe

Die durchschnittliche Lagerdauer einer Ware beträgt 60 Tage, der Jahresumsatz für das dadurch festgelegte Kapital 9 %.
Mit welchem Lagerzinssatz ist in diesem Fall zu kalkulieren?

Komma
% ↓
☐☐

---

27. Aufgabe

Wie oft hat die Forum Warenhaus KG ihr Lager mit Haushaltswaren umgesetzt (Umschlag), wenn der durchschnittliche Lagerbestand zu Einstandspreisen 90.000,00 EUR betrug, der Umsatz 810.000,00 EUR (Einstandspreis der umgesetzten Waren 720.000,00 EUR)?

1. Zwölfmal
2. Dreimal
3. Fünfmal
4. Sechsmal
5. Achtmal
6. Neunmal

▶ ☐

---

28. Aufgabe

Wie viele Tage betrug die durchschnittliche Lagerdauer der Haushaltswaren bei einer Umschlagshäufigkeit von 8?

1. 360 Tage
2. 90 Tage
3. 45 Tage
4. 29 Tage
5. 9 Tage
6. 5 Tage

▶ ☐

---

29. Aufgabe

Auf den Konten Waren (Bestände) und Aufwendungen für Waren sind am Ende des Geschäftsjahres folgende Beträge zu entnehmen:

Anfangsbestand Waren	300.000,00 EUR
Wareneinkäufe	610.000,00 EUR
Bezugskosten	5.000,00 EUR
Rücksendungen an die Lieferer	10.000,00 EUR
Endbestand Waren	130.000,00 EUR

Der durchschnittliche Lagerbestand beträgt 90.000,00 EUR.

Berechnen Sie die Lagerumschlagshäufigkeit (auf eine Nachkommastellung runden).

Komma ↓ ☐☐

---

30. Aufgabe

Entscheiden Sie, durch welchen Vorgang sich die Umschlagshäufigkeit in der Forum Warenhaus KG erhöht?

1. Zusätzliche Lagerräume werden bereitgestellt.
2. Die Lagerkosten steigen.
3. Die durchschnittliche Lagerdauer verringert sich.
4. Der durchschnittliche Lagerbestand steigt.
5. Neue Produkte werden ins Sortiment aufgenommen.

▶ ☐

---

31. Aufgabe

Welche Auswirkung ergibt sich für die Forum Warenhaus KG, wenn sich die Lieferzeiten unvorhergesehen verlängern?

1. Die Lagerzinsen sinken, da die durchschnittliche Lagerdauer steigt.
2. Der durchschnittliche Lagerbestand erhöht sich.
3. Der Mindestbestand wird später erreicht.
4. Die Kapitalkosten erhöhen sich.
5. Der Mindestbestand wird unterschritten, bevor die neue Lieferung kommt.

▶ ☐

---

32. Aufgabe

Welche Feststellung über die Inventur ist zutreffend?

1. Inventur ist die Tätigkeit zur Erfassung (zählen, messen, wiegen, schätzen) aller Schuld- und Vermögensteile.
2. Inventur ist eine ausführliche Zusammenstellung des Vermögens und der Schulden des Kaufmanns.
3. Inventur ist eine Gegenüberstellung von Einnahmen und Ausgaben.
4. Inventur ist eine Gegenüberstellung von Aufwand und Ertrag.
5. Inventur ist eine Zusammenstellung der Gemeinkosten zur Verteilung auf die Kostenstellen.

► ☐

33. Aufgabe

Bei der Inventur stellen Sie Bestandsabweichungen fest, deren Ursachen sehr vielfältig sind. Zwei Möglichkeiten der Bestandsabweichungen führen zu Korrekturen.
Ordnen Sie die Ursachen der betreffenden Bestandskorrektur richtig zu.

Bestandskorrektur:

1. Istbestand < Sollbestand
2. Istbestand > Sollbestand

Ursachen:

Textilien wurden gestohlen.	☐
Der Wareneingang der Körperpflegemittel wurde irrtümlicherweise nicht erfasst.	☐
Einem Kunden gefällt die Jacke nicht, er gibt diese zurück, die Rücknahme wurde jedoch nicht erfasst.	☐
Der Warenausgang wurde wegen kurzer Gerätestörung nicht erfasst.	☐
Cocktailgläser gingen im Verkaufsraum durch Unachtsamkeit eines Kunden zu Bruch.	☐

34. Aufgabe

Als Mitarbeiter/in der Forum Warenhaus KG überlegen Sie Maßnahmen, um Bestandsabweichungen im Verkaufsraum möglichst klein zu halten. Sie unterscheiden dabei zwei verschiedenartige Maßnahmen.
Ordnen Sie folgende Verhaltensweisen den betreffenden Maßnahmen richtig zu.

Maßnahme:

1. Organisatorische/ technische Maßnahme
2. Maßnahmen, welche das Verkaufspersonal betreffen

Verhaltensweisen:

Der Verkaufsraum wird unauffällig per Video überwacht.	☐
An der Kasse wird artikelgenau und sortenrein kassiert.	☐
Produkte erhalten, so weit technisch möglich, eine elektronische Artikelsicherung.	☐
Die Produkte werden erst eingepackt, wenn diese bezahlt sind.	☐
Ein Verhaltenstraining im Verdachts- und Ernstfall bei Ladendiebstahl reduziert Inventurdifferenzen.	☐

35. Aufgabe

Ein Spediteur liefert einen größeren Karton mit Waren an.
Bringen Sie die folgenden Angaben in der Warenannahme in die richtige Reihenfolge, indem Sie die Ziffern 1–7 in die Kästchen eintragen.

Packzettel aus dem Karton entnehmen	☐
Frachtbrief entgegennehmen	☐
Karton nach Kontrolle des Frachtbriefs annehmen	☐
Packzettel mit Inhalt des Kartons nach Qualität und Quantität vergleichen	☐
Nachsehen, ob laut Frachtbrief die Ware für die Forum Warenhaus KG bestimmt ist	☐
Wareneingangsschein erstellen	☐
Karton öffnen	☐

36. Aufgabe

Auf welche Weise prüfen Sie die Qualität von 500 eingetroffenen Jacken?

1. Durch den Vergleich einer gelieferten Jacke mit der Probelieferung
2. Es ist ein gesetzliches Prüfungsverfahren anzuwenden.
3. Bei Massenprodukten findet keine Prüfung statt.
4. Durch Stichproben-Prüfung der gelieferten Jacken
5. Ein einziges Stück muss geprüft werden.

▶ ☐

37. Aufgabe

Der Paketdienst bringt mehrere Pakete. Was prüfen Sie nicht?

1. Empfängeranschrift
2. Anzahl der Packstücke
3. Zustand der äußeren Verpackung
4. Material, aus welchem die Verpackung besteht
5. Identität des Zustellers

▶ ☐

38. Aufgabe

Eine Sendung Geschenkartikel trifft ein. Die Artikel sind bereits codiert und werden EDV-gestützt erfasst. Ordnen Sie den Arbeitsablauf des Wareneingangs im Warenwirtschaftssystem.

Aktualisieren der Bestelldaten	☐
Vergleich der Rechnungsdaten mit den Daten der Lieferung	☐
Zahlungsanweisung erstellen	☐
Erfassen der gelieferten Produkte nach Art und Menge mithilfe eines Lesegeräts	☐
Bestelldaten mit Lieferdaten vergleichen	☐

39. Aufgabe

Waren lagern und pflegen und dabei rechtliche Vorschriften beachten, dies gehört zu den Aufgaben der Mitarbeiter in der Forum Warenhaus KG. Entscheiden Sie, welche Tätigkeit hierzu nicht gehört.

1. Gefährliche Güter wie Feuerzeug-Nachfüllflaschen kennzeichnen
2. Spraydosen waagrecht im Warenlager stapeln
3. Lebensmittel, deren Mindesthaltbarkeit nach einer Woche abläuft, bereits jetzt an den Lieferanten zurückschicken
4. Ältere Produkte mit Preisabschlag anbieten
5. Lagerbestände laufend überprüfen, um Verlusten vorzubeugen

---

Abbildung zur 40. Aufgabe

adidas Deutschland
Adi-Dassler-Str. 2
Postfach 1120
91072 Herzogenaurach
Deutschland
+49 (0)9132 840
+49 (0)9132 842241

Forum Warenhaus KG
Königstr. 20–22
97004 Würzburg

Lieferschein

Lieferscheinnummer	Kundennummer	Datum
875431	012501	30.08.2006

Wir liefern ab Werk:

Artikelbezeichnung	Art.-Nr.	Menge	Einzelpreis (EUR)	Gesamtpreis (EUR)
adi structure	15211-0	10		
adi cool	30034-2	30		
adi climate	42245-9	20		

40. Aufgabe

Ein Spediteur liefert eine Warensendung an und übergibt Ihnen den abgebildeten Lieferschein. Geben Sie anhand des Lieferscheins die Daten für die Sportschuhe in das Warenwirtschaftssystem ein. Ordnen Sie zu, indem Sie die Kennziffern von 4 der insgesamt 9 Datenfelder in die Kästchen neben den Daten gemäß Lieferschein eintragen. Übertragen Sie anschließend Ihre senkrecht angeordneten Lösungsziffern in dieser Reihenfolge von links nach rechts in den Lösungsbogen.

Datenfelder

Datenfelder
Artikel-Nr.: 1
Bezeichnung: 2
Warengruppe: 3
Datum: 4
Buchungstext: 5
Abgang: 6
Zugang: 7
Bestand: 8
Inventurbestand: 9

Daten gemäß Lieferschein

30.08.2006	☐
20 Stück	☐
Lieferschein-Nr. 875431	☐
422 45-9	☐

7 Grundlagen des Rechnungswesens

1. Aufgabe

80 l sollen abgefüllt werden: 50 l in Flaschen zu 0,7 l

30 l in Flaschen zu 0,45 l

Wie viele volle Flaschen ergibt das?

Stück ☐

2. Aufgabe

Wie viel Prozent beträgt die Preisermäßigung?

Komma
% ↓

Alter Preis: 75,00 EUR
Neuer Preis: 67,00 EUR

---

3. Aufgabe

Um wie viel Prozent liegt der Verkaufspreis höher als der Einkaufspreis?

Komma
% ↓

Einkaufspreis: 14,80 EUR
Verkaufspreis: 19,98 EUR

---

4. Aufgabe

Komma
EUR ↓ Ct.

Die Tageslosung eines Discounters beträgt 45.481,80 EUR.
Wie viel Euro beträgt die Umsatzsteuer (19 %)?

---

5. Aufgabe

Wie viel Euro beträgt der Bezugspreis für 120 l Wein?

Komma
EUR ↓ Ct.

Einkauf: 600 l zu 4,75 EUR je l
Bezugskosten: 40,20 EUR (Frachtkosten)

---

6. Aufgabe

Ein Lastwagen in Ihrem Betrieb kostet 115.200,00 EUR, der Schrottwert beträgt 6.400,00 EUR.
Wie viel Prozent vom Anschaffungswert beträgt der Schrottwert?

1. 4,35 %
2. 4,61 %
3. 5,56 %
4. 5,88 %
5. 17,00 %
6. 18,00 %

---

7. Aufgabe

Ein Gaststättenbetrieb, den Sie beliefern, stellt einen Insolvenzantrag. Es werden nur 12 % seiner Verbindlichkeiten ausgezahlt. Sie verlieren dadurch 4.620,00 EUR.
Wie hoch war Ihre Forderung?

Komma
EUR ↓ Ct.

---

8. Aufgabe

Ein Vertreter erhält ein festes Gehalt (Fixum) von 1.700,00 EUR/Monat und 6 % Umsatzprovision. Er will 3.000,00 EUR/Monat verdienen.
Für wie viel Euro Ware muss er verkaufen?

Komma
EUR ↓ Ct.

---

9. Aufgabe

Sie erhalten für einen Artikel drei Angebote. Lieferung frei Haus. Welches Angebot ist das günstigste?

1. 100 Stück für 345,00 EUR mit 15 % Rabatt
2. Je Dutzend für 38,00 EUR gegen bar mit 3 % Skonto
3. 50 Stück für 170,00 EUR mit 12 % Rabatt

---

10. Aufgabe

Für eine Kücheneinrichtung liegen zwei Angebote vor:

A Barzahlungspreis 6.500,00 EUR – 2 % Skonto
B Anzahlung 2.000,00 EUR, 24 Raten zu je 198,00 EUR

Wie viel Prozent (aufgerundet) teurer ist das zweite Angebot?

%

---

11. Aufgabe

Eine Verkäuferin erzielte folgende Umsätze:

Januar	18.000,00 EUR
Februar	21.500,00 EUR
März	25.500,00 EUR
April	19.600,00 EUR
Mai	23.688,00 EUR

Wie viel Prozent lag der Maiumsatz über dem Durchschnittsumsatz der Monate Januar bis April?

Komma
% ↓

---

12. Aufgabe

Der Umsatz stieg im November im Vergleich zu Oktober um 18 %. Im Dezember stieg er nochmals um 20 % – im Vergleich zum Vormonat – auf 516.840,00 EUR.
Wie hoch war der Oktoberumsatz?

Komma
EUR ↓ Ct.

---

13. Aufgabe

Berechnen Sie die Tara in Prozent, wenn das Bruttogewicht 320 kg und die Tara 14,4 kg betragen.

Komma
% ↓

---

14. Aufgabe

Wie viel Euro beträgt die Preiserhöhung?

Alter Preis	EUR
5,5 % Preiserhöhung	EUR
Neuer Preis	30,60 EUR

Komma
EUR ↓ Ct.

---

15. Aufgabe

Berechnen Sie den Selbstkostenpreis.

Selbstkostenpreis	EUR
+ 20 % Gewinn	EUR
Verkaufspreis	29,58 EUR

Komma
EUR ↓ Ct.

---

16. Aufgabe

Wie viel Prozent beträgt die Erhöhung beim Ratenkauf?

Barzahlungspreis = 540,00 EUR
Ratenpreis = 548,10 EUR

Komma
% ↓

---

17. Aufgabe

Wie viel Prozent beträgt die Herabsetzung im Sonderangebot?

Sonderangebotspreis	226,10 EUR
Herabsetzung	EUR
Alter Preis	266,00 EUR

Komma
% ↓

---

18. Aufgabe

Die Werbekosten im letzten Quartal betrugen 8.948,80 EUR. Die Kosten sollen im Verhältnis der Umsätze auf drei Filialen umgelegt werden.
Wie viel Euro entfallen auf die Filiale I?

	Umsätze	anteilige Werbekosten
Filiale I	166.000,00 EUR	
Filiale II	252.000,00 EUR	
Filiale III	124.000,00 EUR	

Filiale I = EUR Komma Ct. [ ]

19. Aufgabe

Für das Segment Plüschtiere liegen Ihnen folgende Zahlen vor:

Jahresanfangsbestand	15.250,00 EUR
Wareneingänge 01.01.–31.12.	87.525,00 EUR
Inventurbestand	68.400,00 EUR

Ermitteln Sie den Wareneinsatz in Euro.

EUR Komma Ct. [ ]

20. Aufgabe

Ordnen Sie zu, indem Sie die Kennziffern der folgenden Begriffe aus der Kalkulation in die Kästchen bei den zutreffenden Aussagen eintragen.

Begriffe aus der Kalkulation:

1. Gewinnspanne
2. Kalkulationszuschlag
3. Kalkulationsfaktor

Aussagen:

Wird in Prozenten des Bezugspreises ausgedrückt	[ ]
Wird in Prozenten des Selbstkostenpreises ausgedrückt	[ ]
Eine Zahl (z. B. 1,8), mit welcher der Bezugspreis multipliziert wird	[ ]

21. Aufgabe

Der Bezugspreis einer Ware wird mit 124,00 EUR ermittelt. Der Kalkulationszuschlag beträgt 26 %.
Wie hoch ist der Verkaufspreis einschließlich Umsatzsteuer?

EUR Komma Ct. [ ]

22. Aufgabe

Eine Ware wird einschließlich 19 % Umsatzsteuer mit 109,48 EUR ausgezeichnet.
Der Bareinkaufspreis betrug 62,00 EUR, die Bezugskosten 2,00 EUR, der Handlungskostenzuschlag 25 %.
Wie hoch war der Gewinnzuschlag in Prozent?

% [ ]

23. Aufgabe

Ein Kaufmann bezieht 400 Stück einer Ware im Gesamtgewicht von 1 000 kg brutto. Die Tara beträgt 4 %. 100 kg kosten 124,00 EUR. Der Lieferer gewährt 5 % Rabatt und 3 % Skonto, an Bezugskosten fallen je 100 kg 18,00 EUR an.
Wie hoch ist der Bezugspreis je Stück?

EUR Komma Ct. [ ]

24. Aufgabe

Eine Ware wird zu 228,00 EUR eingekauft. Es sind 5,00 EUR Frachtkosten entstanden. Der Verkaufserlös für diese Ware betrug 316,88 EUR.

Mit wechem Kalkulationszuschlag wurde kalkuliert?

1. 26,47 %
2. 36,00 %
3. 36,79 %
4. 38,15 %
5. 38,98 %

---

25. Aufgabe

Die Konkurrenz bietet einen Artikel zum Preis von 182,60 EUR einschließlich 19 % USt. an. Sie möchten den gleichen Artikel für 179,93 EUR anbieten; Sie kalkulieren mit 20 % Handlungskosten und 5 % Gewinn.
Zu welchem Einstandspreis dürfen Sie dann höchstens einkaufen?

Komma
EUR ↓ Ct.

---

26. Aufgabe

Die Forum Warenhaus KG erwirbt eine Ware zum Bezugspreis von 1.600,00 EUR; als Bruttoverkaufspreis werden 2.336,00 EUR errechnet.
Mit welchem Kalkulationsfaktor (auf zwei Dezimalstellen aufgerundet) wurde gearbeitet?

1. 0,46
2. 1,46
3. 1,47
4. 1,32
5. 1,68
6. 1,74

---

27. Aufgabe

Ein Einzelhändler rechnet sich aus seiner Buchführung am Jahresende seine neuen Zuschläge für seine Kalkulation aus. Danach muss er 20 % für Handlungskosten und 8 1/3 % für Gewinn berechnen. Der Umsatzsteuersatz ist 19 %.
Wie hoch ist sein Kalkulationszuschlag?

1. 17 %
2. 21 2/3 %
3. 28 1/3 %
4. 54,70 %
5. 32 %

---

28. Aufgabe

Wir erhalten 15 Stück zum Preis von je 74,00 EUR ab Werk. Durch den Bezug entstehen 138,00 EUR Transportkosten. Wir kalkulieren mit 8 1/3 % Handlungskosten und 18 % Gewinn.
Wie viel Prozent beträgt die Handelsspanne?

Komma
% ↓

---

29. Aufgabe

Ein Betrieb kalkuliert mit einer Handelsspanne von 33 1/3 %. Der Umsatzsteuersatz ist 19 %.
Welchem Kalkulationszuschlag (in Prozent) entspricht diese Spanne?

1. 16 2/3 %
2. 20 %
3. 25 %
4. 78,50 %
5. 66 2/3 %

Situation zur 30. und 31. Aufgabe

Der Wareneinsatz eines Einzelhändlers betrug 541.450,00 EUR, der Warenumsatz netto (ohne Umsatzsteuer) 910.000,00 EUR, die Umsatzsteuer beträgt 19 %.

30. Aufgabe

Wie viel Prozent beträgt die Handelsspanne (ohne Umsatzsteuer)?

Komma
% ↓

31. Aufgabe

Wie hoch ist der Kalkulationsfaktor?

Komma
↓

32. Aufgabe

Der Nettoverkaufspreis einer Ware beträgt 240,00 EUR. Es wurde mit 20 % Gewinn und 25 % Handlungskosten kalkuliert. Um Vergleiche mit anderen Betrieben der gleichen Branche anstellen zu können, soll die Handelsspanne errechnet werden.
Wie viel Prozent beträgt sie?

1. 30 %
2. 33 1/3 %
3. 35 %
4. 45 %
5. 50 %

33. Aufgabe

Kontrollieren Sie aufgrund der Gewinn- und Verlustrechnung, ob der Kaufmann den bisher angewendeten Zuschlag für allgemeine Handlungskosten von 23 % ändern muss oder beibehalten kann (auf ganze Zahlen aufrunden).

Soll	***G + V***		***Haben***
Warenaufwand	1.400.000,00	Umsatzerlöse	2.114.000,00
Löhne, Gehälter	170.000,00		
Mieten	36.000,00		
Büromaterial	24.000,00		
Aufwand des Geldverkehrs	6.000,00		
Werbung	128.000,00		
Eigenkapital	350.000,00		
	2.114.000,00		***2.114.000,00***

1. Der Kaufmann senkt den Zuschlag für die allgemeinen Handlungskosten auf 17 %.
2. Der Kaufmann senkt den Zuschlag für die allgemeinen Handlungskosten auf 18 %.
3. Der Kaufmann erhöht den Zuschlag für die allgemeinen Handlungskosten auf 25 %.
4. Der Kaufmann erhöht den Zuschlag für die allgemeinen Handlungskosten auf 26 %.
5. Der Kaufmann erhöht den Zuschlag für die allgemeinen Handlungskosten auf 27 %.
6. Der Kaufmann ändert den Zuschlag für die allgemeinen Handlungskosten von 23 % nicht.

34. Aufgabe

Als Auszubildender müssen Sie auch mit den Begriffen des Rechnungswesens vertraut sein.
Ordnen Sie die nachfolgenden Begriffe den Erklärungen zu!

Begriffe:

1. Inventur
2. Inventar
3. Bilanz
4. Erfolgskonten
5. Saldo

Erklärungen:

Gegenüberstellung des Vermögens und der Schulden zu einem bestimmten Zeitpunkt	☐
Unterschiedsbetrag zwischen der Soll- und der Habenseite eines Kontos	☐
Mengen- und wertmäßige Bestandsaufnahme des Vermögens und der Schulden	☐
Ausführliches Verzeichnis der Vermögensgegenstände und der Schulden	☐
Erfassung der Aufwendungen und Erträge	☐

35. Aufgabe

Was versteht man unter dem Inventar?

1. Die Ermittlung des Umsatzes in einem Geschäftsjahr
2. Die Gegenüberstellung aller Aufwendungen und Erträge
3. Die Ermittlung des Warenbestandes (Istbestand)
4. Die Aufstellung des Vermögens und der Schulden zur Eigenkapitalermittlung
5. Die Feststellung des Sollbestandes zur Feststellung von Abweichungen vom Istbestand

▶ ☐

Situation zur 36.–39. Aufgabe

Aus den folgenden Angaben ist eine Eröffnungsbilanz zu erstellen:

Gebäude	85.000,00 EUR	Bankguthaben	8.753,00 EUR
Fahrzeuge	18.000,00 EUR	Bargeld	3.281,00 EUR
Geschäftsausstattung	34.000,00 EUR	Postbankguthaben	7.592,00 EUR
Hypothekenschuld	25.000,00 EUR	Verbindlichkeiten Warenlieferungen	8.420,00 EUR
Darlehensschulden	11.200,00 EUR	Warenvorräte	23.480,00 EUR
Forderungen aus Warenlieferungen	7.349,00 EUR		

A	Eröffnungsbilanz	P

36. Aufgabe

Wie hoch ist die Summe des Vermögens?

EUR | Komma ↓ | Ct.

37. Aufgabe

Wie hoch ist das Anlagevermögen?

Komma
EUR ↓ Ct.

38. Aufgabe

Wie hoch ist das Eigenkapital?

Komma
EUR ↓ Ct.

39. Aufgabe

Wie hoch ist das Umlaufvermögen?

Komma
EUR ↓ Ct.

40. Aufgabe

Welche Feststellungen über die Vorsteuer sind zutreffend?

1. Vorsteuer ist die Umsatzsteuer, die uns der Lieferer in Rechnung stellt.
2. Vorsteuer ist die Umsatzsteuer, die in unserem Verkaufspreis enthalten ist.
3. Vorsteuer wird zur Mehrwertsteuer hinzugerechnet.
4. Vorsteuer vermindert die Zahllast.
5. Vorsteuer erhöht die Zahllast.

41. Aufgabe

Das Konto „Vorsteuer" weist in einem Abrechnungszeitraum die nachstehenden Beträge auf:

S	Vorsteuer H
55.000,00 EUR	
5.000,00 EUR	
19.002,00 EUR	

Der Steuersatz beträgt 19 %.

Über welchen Gesamt-Bruttobetrag lauteten die betreffenden Eingangsrechnungen?

Komma
EUR ↓ Ct.

42. Aufgabe

Die Konten „Vorsteuer" und „Umsatzsteuer" enthalten folgende Beträge:

S	Vorsteuer H
4.800,00 EUR	600,00 EUR

S	Umsatzsteuer H
700,00 EUR	6.500,00 EUR

Welcher Saldo ergibt sich nach vollzogener Umbuchung?

1. Vorsteuerguthaben 5.800,00 EUR
2. Vorsteuerguthaben 4.200,00 EUR
3. Vorsteuerguthaben 1.600,00 EUR
4. Zahllast 5.800,00 EUR
5. Zahllast 4.200,00 EUR
6. Zahllast 1.600,00 EUR

43. Aufgabe

Die Zahllast gegenüber dem Finanzamt ist

1. die Umsatzsteuer, die auf den Ausgangsrechnungen ausgewiesen wird.
2. die Umsatzsteuer, die auf den Eingangsrechnungen ausgewiesen wird.
3. die Summe aus Umsatzsteuer und Vorsteuer eines Betriebes.
4. die Umsatzsteuer, die an das Finanzamt abzuführen ist.
5. die dem Finanzamt zu einem bestimmten Termin geschuldeten Steuerbeträge aus verschiedenen Steuerarten (z. B. Lohnsteuer, Einkommensteuer usw.).

Kaufmännische Handelstätigkeit

44. Aufgabe

Kontrolle des Hauptlagers:
Im letzten Jahr arbeiteten zwölf Angestellte vier Tage je neun Stunden/Tag. In diesem Jahr soll die Arbeit in drei Tagen bei sechs Stunden Arbeitszeit pro Tag erledigt werden.
Wie viele Angestellte werden benötigt?

1. 6 Personen
2. 8 Personen
3. 16 Personen
4. 24 Personen
5. 32 Personen

---

45. Aufgabe

Der Heizölvorrat der Forum Warenhaus KG soll für 240 Tage reichen, wenn täglich 60 l verbraucht werden. Wegen eines Kälteeinbruchs werden aber täglich durchschnittlich 15 l mehr verbraucht.
Wie viele Tage reicht der Heizölvorrat?

Tage

---

46. Aufgabe

Vier Hilfskräfte erhalten für fünf Arbeitstage 900,00 EUR.
Wie viel Euro müssen für drei Leute ausgegeben werden, die sechs Tage arbeiten?

Komma
EUR ↓ Ct.

---

47. Aufgabe

Von einer Kundin werden 8 m Stoff von 1,20 m Breite verlangt.
Wie viel Meter Stoff benötigt die Kundin, wenn der gewünschte Stoff nur in 1,50 m Breite zur Verfügung steht?

Komma
m ↓ cm

Situation zur 48.–51. Aufgabe

S	Waren		H
Ab	60.000,00 EUR	SB	77.900,00 EUR

S	Umsatzerlöse	H
		12.300,00 EUR
		46.400,00 EUR
		21.700,00 EUR

S	Aufwendungen für Waren	H
Einkäufe	16.400,00 EUR	
Einkäufe	65.700,00 EUR	

S	G + V	H
	5.840,00 EUR	1.240,00 EUR
	4.730,00 EUR	

S	Schlussbilanz	H

48. Aufgabe

Wie hoch ist der Wareneinsatz?

Komma
EUR ↓ Ct.

---

49. Aufgabe

Wie hoch ist der Warenumsatz brutto (einschließlich 19 % Umsatzsteuer)?

Komma
EUR ↓ Ct.

---

50. Aufgabe

Wie hoch ist der Warenrohgewinn (netto)?

Komma
EUR ↓ Ct.

---

51. Aufgabe

Wie hoch ist der Reingewinn?

Komma
EUR ↓ Ct.

---

52. Aufgabe

Ihr Unternehmen kauft zwei Rollen Teppichboden, die jeweils 4 m breit sind, um die Abteilungsbereiche Sport- und Elektroartikel neu auszulegen
Rolle 1 = 20 lfd. m zu 36,00 EUR je m^2
Rolle 2 = 15 lfd. m zu 48,00 EUR je m^2
Wie viel Euro muss Ihr Unternehmen insgesamt für beide Rollen Teppichboden bezahlen?

Komma
EUR ↓ Ct.

---

53. Aufgabe

Drei Filialen eines Einzelhandelsunternehmens kaufen gemeinsam 3000 Stück Jeans ein. Wie viel Euro der insgesamt 840,00 EUR Transportkosten entfallen auf die Filiale B, die 1200 Stück Jeans abnahm, wenn die Kosten nach der Stückzahl verteilt werden?

Komma
EUR ↓ Ct.

---

54. Aufgabe

Nach Abzug des Personalrabatts von 15 % mussten Sie noch 168,30 EUR für einen Wintermantel bezahlen.
Mit welchem Verkaufspreis war der Mantel ursprünglich ausgezeichnet?

Komma
EUR ↓ Ct.

---

55. Aufgabe

Das Warenhaus erhält aus der Schweiz eine Sendung Tennisbekleidung:

Rechnungsbetrag 12.250,00 EUR
Außerdem sind folgende Nebenkosten zu bezahlen:

Einfuhrumsatzsteuer	1.692,50 EUR
Zoll	157,00 EUR
Fracht ab Schweizer Grenze	241,00 EUR
Hausfracht	68,00 EUR
Transportversicherung	47,00 EUR

Wie viel Prozent vom Rechnungsbetrag machen die Nebenkosten aus?

Komma
% ↓

---

56. Aufgabe

In einer Woche wurden in einer Abteilung des Warenhauses folgende Umsatz- und Kundenzahlen notiert:

Montag	16.850,70 EUR	702 Kunden
Dienstag	18.592,05 EUR	840 Kunden
Mittwoch	14.387,92 EUR	553 Kunden
Donnerstag	21.716,12 EUR	986 Kunden
Freitag	19.381,70 EUR	839 Kunden
Samstag	11.436,90 EUR	354 Kunden

Für wie viel Euro hat ein Kunde im Wochendurchschnitt eingekauft?

Komma
EUR ↓ Ct.

---

57. Aufgabe

Die Forum Warenhaus KG wird Abteilungsweise umgebaut. In der Damenabteilung wurden dafür vier Aushilfskräfte für acht Tage benötigt. Das kostete 3.672,00 EUR. Zum Umbau Ihrer Abteilung sind sieben Aushilfskräfte für sechs Tage geplant.
Wie viel Euro betragen die Kosten?

Komma
EUR ↓ Ct.

---

58. Aufgabe

In Ihrer Abteilung wurde eine Werbeveranstaltung von einer Werbeagentur durchgeführt. Laut Kostenvoranschlag sollte die Veranstaltung 850,00 EUR kosten, tatsächlich sind es aber 977,50 EUR geworden.
Um wie viel Prozent fiel die Veranstaltung teurer aus?

% Komma ↓

---

59. Aufgabe

Ein Standardartikel in Ihrer Abteilung verkauft sich nicht wie geplant. Daher wird ein Nachlass von 15 % gegeben. Das sind 120,00 EUR.
Wie viel Euro betrug der ursprüngliche Preis?

EUR Komma ↓ Ct.

---

60. Aufgabe

In der Textilabteilung werden mit der abgebildeten Werbung Fleece-Decken angeboten. Ein Kundin kauft drei Fleece-Decken.
Wie viel Prozent spart die Kundin im Vergleich zum Einzelpreis?

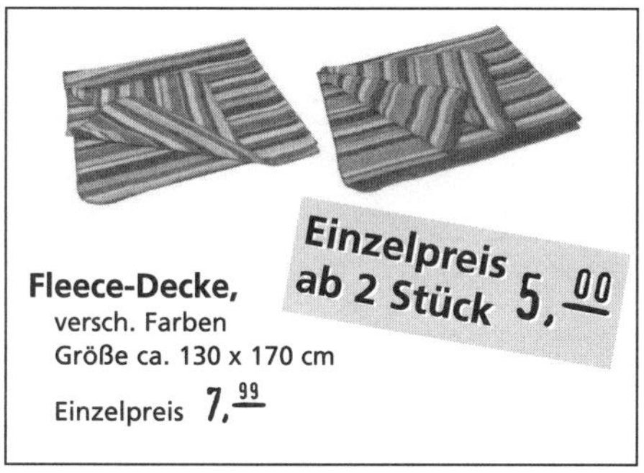

% Komma ↓

---

61. Aufgabe

Ein Kunde benötigt für sein Wohnzimmer einen neuen Bodenbelag und zeigt Ihnen den abgebildeten Grundriss. Er entscheidet sich für einen Bodenbelag zu 14,99 EUR/m^2.
Ermitteln Sie die Gesamtkosten für den Bodenbelag in Euro.

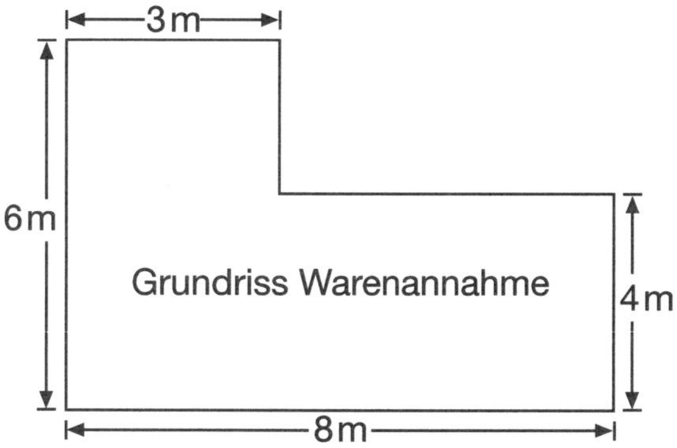

EUR Komma ↓ Ct.

Situation zur 62. und 63. Aufgabe

Umsatzstatistik August 2006

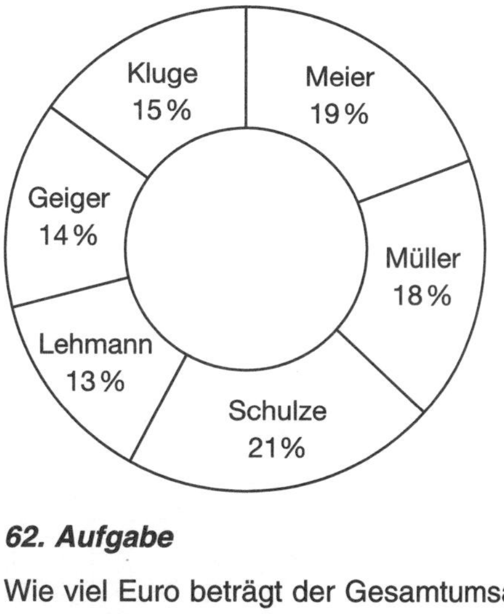

Aus der Fotoabteilung liegt Ihnen die abgebildete Umsatzstatistik vor. Der Umsatz des Mitarbeiters Lehmann betrug im August 7.605,00 EUR.

62. Aufgabe

Wie viel Euro beträgt der Gesamtumsatz der HiFi-Abteilung?

EUR Komma ↓ Ct.

---

63. Aufgabe

Um wie viel Euro liegt der Umsatz des Mitarbeiters Lehmann unter dem durchschnittlichen Umsatz je Mitarbeiter?

Komma
EUR ↓ Ct.

Situation zur 64. und 65. Aufgabe

Wegen eines Personalengpasses in der Foodabteilung wurde Frau Muster als Aushilfskraft zu einem Stundenlohn von 8,00 EUR eingestellt. Frau Muster arbeitet wie folgt:

Montag 7:00 bis 14:00 Uhr, davon 30 Minuten Pause,
Dienstag 7:00 bis 16:30 Uhr, davon 45 Minuten Pause,
Mittwoch 9:00 bis 17:30 Uhr, davon 45 Minuten Pause.

64. Aufgabe

Wie viele Stunden und Minuten reine Arbeitszeit ermitteln Sie für Frau Muster?

Std. Min.

---

65. Aufgabe

Wie viel Euro Bruttolohn errechnen Sie für Frau Muster?

Komma
EUR ↓ Ct.

---

66. Aufgabe

Über einen Artikel liegen Ihnen folgende Zahlen vor:
Bezugspreis 84,00 EUR
Handlungskosten 25 %
Nettoverkaufspreis 110,25 EUR
Bruttoverkaufspreis 131,20 EUR
Mit wie viel Euro Gewinn oder Verlust arbeitet der Betrieb?
Setzen Sie vor den Betrag in Euro
Die Kennziffer 1, wenn der Betrieb mit Gewinn arbeitet,
die Kennziffer 2, wenn der Betrieb mit Verlust arbeitet.

Kennziffer / Komma
EUR↓ Ct.

---

67. Aufgabe

Ein konkurrierender Einhandelsbetrieb führt eine Kundenzählung durch. Dabei wird festgestellt, dass im Laufe eines Tages 1.260 Kunden das Geschäft aufsuchten.

Geschäftszeit:
9:00 Uhr bis 13:00 Uhr und von
15:00 Uhr bis 18:30 Uhr.

Wie viele Kunden haben im Durchschnitt das Geschäft je Stunde betreten?

Kunden

---

68. Aufgabe

Aus der Kosmetikabteilung liegt Ihnen die abgebildete Kassenauswertung vor.

Kassenauswertung Montag, 26.09.2005	
Umsatz, brutto	1.661,84 EUR
Umsatzsteuer, 19 %	EUR
Umsatz, netto	EUR
Anzahl Artikel	
Anzahl Kunden	38
Artikelzahl pro Kunde	3
Umsatz, netto pro Kunde	EUR

Ermitteln Sie den Netto-Umsatz pro Kunde.

Komma
EUR ↓ Ct.

---

69. Aufgabe

Das Umlaufvermögen macht mit 296.400,00 EUR 65 % des Gesamtvermögens aus. Wie hoch ist das Fremdkapital, wenn es 40 % des Gesamtkapitals in der Bilanz ausmacht?

EUR	Komma ↓ Ct.

70. Aufgabe

Um wettbewerbsfähig zu bleiben, muss der Verkaufspreis eines Artikels um 15 % gesenkt werden. Nach einer weiteren Preisherabsetzung um 20 % wird der Artikel nun für 81,60 EUR verkauft.
Wie hoch war der ursprüngliche Verkaufspreis?

EUR	Komma ↓ Ct.

71. Aufgabe

Aufgrund einer Mängelrüge gewähren Sie einem Kunden 15 % Preisnachlass.
Er begleicht die Rechnung nach 3 % Skontoabzug mit 577,15 EUR.
Über wie viel Euro lautete ursprünglich die Rechnung?

EUR	Komma ↓ Ct.

72. Aufgabe

Die Miete für ein Einzelhandelsgeschäft wurde zuerst um 12 % und dann um 5 % heraufgesetzt. Sie beträgt nach der zweiten Erhöhung 7.350,00 EUR.
Wie hoch war die Miete vor den Erhöhungen?

EUR	Komma ↓ Ct.

73. Aufgabe

Wie ist die Zahllast beim Abschluss des Kontos Umsatzsteuer zu buchen?

74. Aufgabe

Wie lautet der Buchungssatz für den Abschluss des abgebildeten Kontos Warenaufwand?

S	Warenaufwand		H
Summe	360.000,00 EUR	Nachlässe	12.000,00 EUR
Bestandsminderung	5.000,00 EUR		
Bezugskosten	18.500,00 EUR		

75. Aufgabe

Wie buchen Sie die Zeile C des Kassenberichts?

KASSENBERICHT Monat Februar — Firma Einzelhandel GmbH, Finkenallee 15, Althausen

Tag	Text	Kto. Nr.	Eingang	Ausgang	Netto	Vorsteuer 19 %	USt. 19 %	
1.	Bezugsfracht 34			35,70	30,00	5,70		*Zeile A*
1.	Gehaltsvorschuss 9			500,00				*Zeile B*
2.	Lagermiete 87		200,00					*Zeile C*
2.	Dachreparatur 41			535,50	450,00		85,50	*Zeile D*

Situation zur 76.–78. Aufgabe

Ein langer Arbeitstag nähert sich dem Ende. Die Ladentür ist abgeschlossen, doch für Sie ist damit die Arbeit noch lange nicht erledigt. Sie sitzen in Ihrem Büro und kümmern sich um noch nicht erledigte Aufgaben.
Ihnen liegen für den heutigen Tag die Bonübersicht (für die Kasse 1) und ein Auszug aus der Artikelliste (nur für die Artikelgruppe Tee) vor.

Bonübersicht Kasse 1

Kasse	Bonart	Datum	Bonnummer	Verkaufssumme	USt.-Produktbuchungsgruppe
1	Normalbon	16.05.2006	1	0,00	07
1	Normalbon	16.05.2006	2	24,95	07
1	Normalbon	16.05.2006	3	25,10	07
1	Normalbon	16.05.2006	4	30,60	07
1	Normalbon	16.05.2006	5	7,10	07
1	Normalbon	16.05.2006	6	6,85	07
1	Normalbon	16.05.2006	7	0,00	07

Auszug aus der Artikelliste (Artikelgruppe Tee)

Art. Nr.	VK-Preis (brutto)	Einstands-preis (netto)	Verkaufs-zahlen in St.	USt.-Produkt-buchungsgruppe	Nettoum-satz (EUR)	Einstands-wert (EUR)
101002	3,59	2,83	10	07		
101006	7,03	5,67	5	07		
101001	7,03	5,54	1	07		
101014	7,08	5,67	5	07		
101023	4,31	3,00	1	07		

76. Aufgabe

Nehmen Sie die Buchung der Tageslosung für die Kasse 1 vor.

77. Aufgabe

Ermitteln Sie für die Artikelgruppe Tee den Netto-Rohgewinn in Euro und in Prozent.

Art. Nr.	Nettoumsatz (EUR)	Netto-Einstandswert (EUR)	Netto-Rohgewinn (EUR)	Netto-Rohgewinn (in %)
101002	?	?	?	?
101006	?	?	?	?
101001	?	?	?	?
101014	?	?	?	?
101023	?	?	?	?
Gesamt	?	?	?	?

78. Aufgabe

Berechnen Sie die Handelsspanne für die Artikelgruppe Tee in Euro und in Prozent.

Anlagen zur 79. und 80. Aufgabe

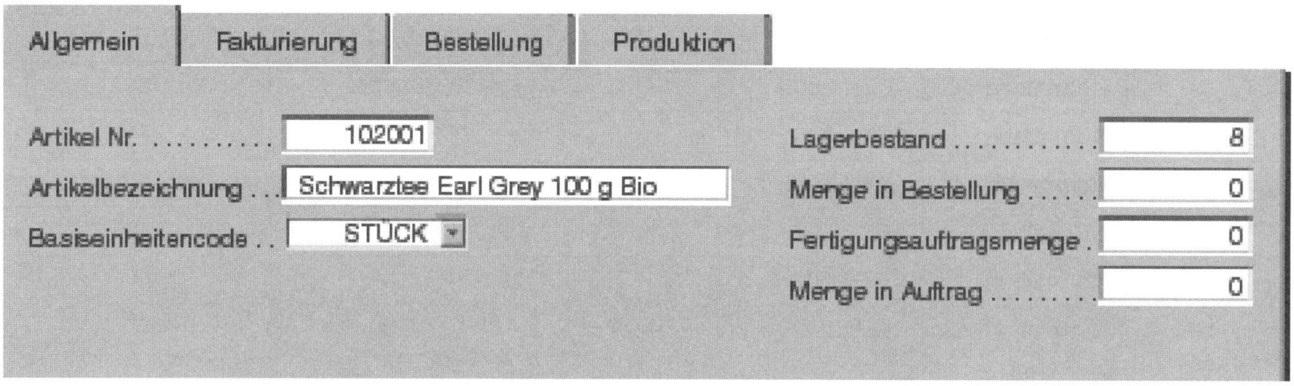

Allgemein | Fakturierung | Bestellung | Produktion

Artikel Nr.	102001	Lagerbestand	8
Artikelbezeichnung	Schwarztee Earl Grey 100 g Bio	Menge in Bestellung	0
Basiseinheitencode	STÜCK	Fertigungsauftragsmenge	0
		Menge in Auftrag	0

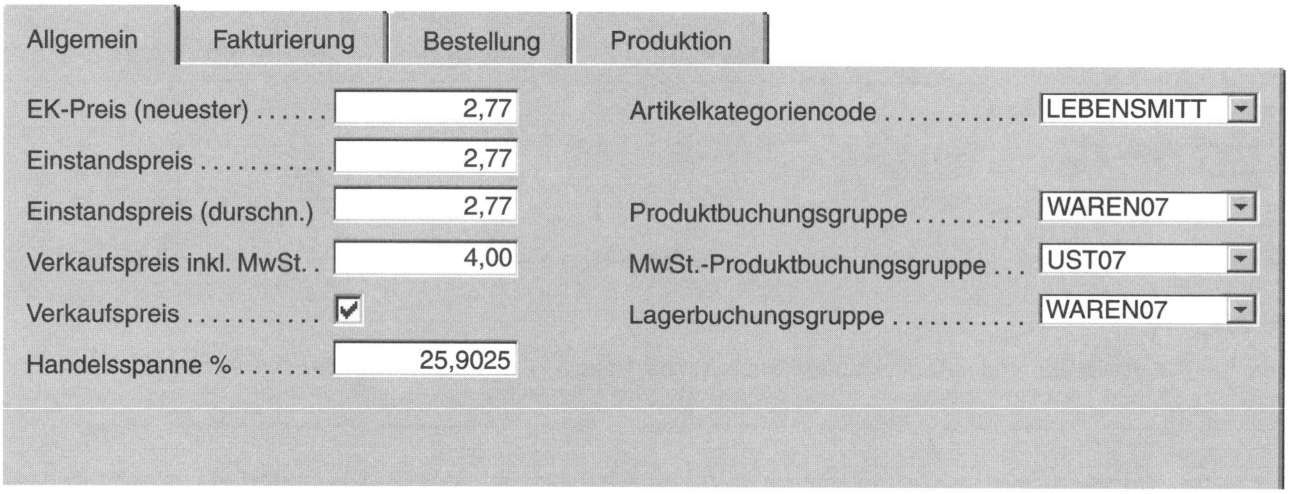

Allgemein | Fakturierung | Bestellung | Produktion

EK-Preis (neuester)	2,77	Artikelkategoriencode	LEBENSMITT
Einstandspreis	2,77		
Einstandspreis (durschn.)	2,77	Produktbuchungsgruppe	WAREN07
Verkaufspreis inkl. MwSt.	4,00	MwSt.-Produktbuchungsgruppe	UST07
Verkaufspreis	☑	Lagerbuchungsgruppe	WAREN07
Handelsspanne %	25,9025		

Sehr geehrte Damen und Herren,

aufgrund Ihrer Bestellung berechnen wir Ihnen folgende Artikel:

Artikel-Nr.	Ware	Anzahl (in Stück)	VK-Preis (in Euro pro Stück)	USt. (in %)	Betrag (in Euro)
101010	Kaffee Companero 500 g MEX Bohn	250	5,37	7	1.342,50
102024	Grüntee Bio Darjeeli Teebeutel	20	1,18	7	23,60
102040	Albanischer Bergtee	35	2,00	7	70,00
103004	Orangen- Mango Saft	160	0,95	19	152,00
103200	Sirup Mango Monkey 750 ml	20	2,94	7	58,80
			Gesamtbetrag ohne USt.		1.646,90
			USt.-Betrag		133,52
			Gesamtbetrag inkl. USt.		1.780,42

79. Aufgabe

Die gepa Bayern GmbH lieferte heute per Lkw verschiedene Artikel an. Noch am gleichen Tag erhalten Sie die Eingangsrechnung der gepa Bayern GmbH zur Bearbeitung.
Buchen Sie die Rechnung zum Zeitpunkt des Wareneingangs.

80. Aufgabe

In regelmäßigen Abständen analysieren Sie Ihre Produkte auf Ladenhüter. Dabei ist Ihnen aufgefallen, dass sich Schwarztee Earl Grey 100 g Bio sehr schlecht verkauft. Eine Marktrecherche ergab, dass Konkurrenzunternehmen ein vergleichbares Produkt zu 3,20 EUR brutto verkaufen. Bevor Sie den Tee endgültig aus dem Sortiment nehmen, gilt es zu überprüfen, ob sich die Verkaufszahlen für Schwarztee Earl Grey 100 g Bio bei entsprechendem Verkaufspreis verbessern. Dazu müsste mit dem Lieferanten ein neuer Einkaufspreis vereinbart werden, um weiterhin einen angemessenen Gewinn zu erzielen.
Um eine entsprechende Verhandlungsgrundlage zu haben, ermitteln Sie den höchstmöglichen Einstandspreis.

B Einzelhandelsprozesse

Aufgabenverteilung in der Abschlussprüfung (ungebundene Aufgaben)

Gebiet	Aufgabenteil ca. %
01 Aufgaben, Organisation und Leistungen; Handlungsmöglichkeiten an Schnittstellen	**30**
02 Kernprozesse des Einzelhandels; unterstützende Prozesse	**30**
03 Qualitätssichernde Maßnahmen; Prozessoptimierung	**30**
04 Aufgaben des Controllings	**10**
Gesamt	**100**

1 Aufgaben, Organisation und Leistungen; Handlungsmöglichkeiten an Schnittstellen

Situation

Als Mitarbeiter/in der Forum Warenhaus KG kennen Sie den Aufbau, die Organisation und die Leistungen der Einzelhandelsbetriebe. Sie handeln an den Schnittstellen zu Ihren Lieferanten und Kunden durch:

Markterschließung → Warenbeschaffung → Bereitstellung von Waren → Warenabsatz

1. Aufgabe

Bringen Sie die folgenden Aufgaben des Einzelhandels in die richtige Reihenfolge, indem Sie die Ziffern 1–7 in die Kästchen eintragen. Beginnen Sie mit der „Sortimentszusammenstellung“.

Werbung	☐
Kundenberatung	☐
Sortimentszusammenstellung	☐
Einkauf	☐
Lagerhaltung	☐
Kundendienst	☐
Verkauf	☐

2. Aufgabe

Die Forum Warenhaus KG erhält eine Warenlieferung mit nicht sogleich erkennbaren Qualitätsmängeln, sogenannten „versteckten Mängeln“.
Wann muss die Sendung beanstandet („gerügt“) werden?

1. Sofort nach Erhalt der Ware
2. Innerhalb eines Monats
3. Unverzüglich nach Entdeckung des Mangels und unabhängig vom Zeitpunkt
4. Unverzüglich nach Entdeckung des Mangels, jedoch innerhalb der zweijährigen Gewährleistungsfrist
5. Innerhalb von drei Jahren, denn dann sind die Ansprüche verjährt

▶ ☐

3. Aufgabe

Unter Kaufleuten müssen Mängel unverzüglich gerügt werden. Handelt es sich um einen Mangel, der bei der ersten ordnungsgemäßen Prüfung nicht feststellbar ist, spricht man von einem versteckten Mangel.
Ordnen Sie zu, indem Sie die Kennziffern der Mängel in die Kästchen bei den Erklärungen eintragen.

Mängel:

1. Offener Mangel
2. Versteckter Mangel
3. Zulässige Abweichung (kein Mangel)

Erklärungen:

Erklärungen	
Sie kaufen einen Posten Ski. Nach einiger Zeit stellt sich aufgrund von Kundenreklamationen heraus, dass offenbar minderwertiges Material verarbeitet wurde, was zu relativ häufigen Skibrüchen führt.	☐
Sie bestellen bei einem Weingut 50 Kisten „Pfaffenkopf, Riesling, Spätlese". Das Weingut liefert „Pfaffenkopf, Sylvaner, Kabinett".	☐
Sie beziehen – wie jedes Jahr – von einem Obstgut 2 t Äpfel aus ökologischem Landbau. Die Äpfel der diesjährigen Ernte sind zwar größer, aber saurer als die bisherigen Lieferungen.	☐
Sie bestellen 10 Kartons Edel-Dosenspargel. Die Dosen in einem Karton enthalten jedoch Erbsen, obwohl sie alle mit den Kennzeichnungsschildern „Spargel" versehen sind.	☐

4. Aufgabe

Ihre Mitarbeiter im Lager, Verkauf und Büro berichten von unliebsamen Vorgängen.
Ordnen Sie die folgenden Vorgänge der gestörten Erfüllung eines Kaufvertrages den zutreffenden Begriffen zu.

Begriffe:

1. Annahmeverzug
2. Nicht-Rechtzeitig-Lieferung (Lieferungsverzug)
3. Nicht-Rechtzeitig-Zahlung (Zahlungsverzug)
4. Mangelhafte Lieferung

Vorgänge eines Kaufvertrages:

Vorgänge eines Kaufvertrages	
Es werden Taschen aus Skai statt aus Leder geliefert.	☐
Der Kunde nimmt die rechtzeitig und richtig gelieferte Ware nicht an.	☐
Der Kunde hat die Rechnung 30 Tage nach Fälligkeit und Zugang der Rechnung nicht beglichen.	☐
Eine zum 1. März fest zugesagte Warenlieferung trifft nicht pünktlich ein.	☐

5. Aufgabe

Ein Verbraucher reklamiert bei der Forum Warenhaus KG berechtigt einen DVD-Player.

Wie klären Sie den Kunden über seine Rechte aufgrund der mangelhaften Lieferung (Schlechtleistung) richtig auf?

1. Wenn die Schlechtleistung zwar von der Forum Warenhaus KG verschuldet war, der Mangel aber nur geringfügig ist, besteht ein Nacherfüllungsanspruch, aber kein Schadenersatzanspruch.
2. Wenn die Schlechtleistung von der Forum Warenhaus KG nicht verschuldet war und der Mangel erheblich ist, besteht vorrangig ein Nacherfüllungsanspruch und nachrangig ein Minderungsrecht.
3. Unabhängig von der Verschuldensfrage der Forum Warenhaus KG besteht für den Kunden immer neben dem Leistungsanspruch auch noch ein Recht auf Schadenersatz.
4. Wenn der aufgetretene Mangel nur geringfügig ist, besteht nachrangig ein Recht auf Rücktritt vom Vertrag.
5. Wenn die Schlechtleistung von der Forum Warenhaus KG verschuldet war und der Mangel erheblich ist, besteht wahlweise ein Recht auf Nacherfüllung, Rücktritt vom Vertrag oder Minderung, aber nicht auf Schadenersatz.

▶ ☐

6. Aufgabe

Ordnen Sie zu, indem Sie die Kennziffern der bei einer Lieferung an die Forum Warenhaus KG möglichen Mängel in die Kästchen bei den zugehörigen Sachverhalten eintragen.

Mängel:

1. Mängel in der Güte und Beschaffenheit (Qualitätsmangel)
2. Mängel in der Menge (Quantitätsmangel)
3. Mängel in der Art (Gattungsmangel)

Sachverhalte:

Sachverhalte	
Für den Sanitätsraum der Forum Warenhaus KG wurden Handtücher gekauft, die farbecht und kochfest sein sollen. Beim Waschen färben die Handtücher ab.	☐
Ein Weingut liefert statt 500 Flaschen Rotwein 500 Flaschen Weißwein.	☐
Als wasserdicht angepriesene Uhren sind nicht wasserdicht.	☐
Statt drei Dutzend Hemden werden nur zwei Dutzend geliefert.	☐

BGB-Gesetzesauszug zur 7. Aufgabe

§ 439 Nacherfüllung. (1) Der Käufer kann als Nacherfüllung nach seiner Wahl die Beseitigung des Mangels oder die Lieferung einer mangelfreien Sache verlangen.

(2) Der Verkäufer hat die zum Zwecke der Nacherfüllung erforderlichen Aufwendungen, insbesondere Transport-, Wege-, Arbeits- und Materialkosten zu tragen.

(3) [1]Der Verkäufer kann die vom Käufer gewählte Art der Nacherfüllung unbeschadet des § 275 Abs. 2 und 3 verweigern, wenn sie nur mit unverhältnismäßigen Kosten möglich ist. [2]Dabei sind insbesondere der Wert der Sache in mangelfreiem Zustand, die Bedeutung des Mangels und die Frage zu berücksichtigen, ob auf die andere Art der Nacherfüllung ohne erhebliche Nachteile für den Käufer zurückgegriffen werden könnte. [3]Der Anspruch des Käufers beschränkt sich in diesem Fall auf die andere Art der Nacherfüllung; das Recht des Verkäufers, auch diese unter den Voraussetzungen des Satzes 1 zu verweigern, bleibt unberührt.

(4) Liefert der Verkäufer zum Zwecke der Nacherfüllung eine mangelfreie Sache, so kann er vom Käufer Rückgewähr der mangelhaften Sache nach Maßgabe der §§ 346 bis 348 verlangen.

7. Aufgabe

Ein Kunde hat eine berechtigte Reklamation: Die Knöpfe am erst neulich gekauften Mantel sind nicht fest angenäht. Der Kunde kann sich aber nicht zur Nachbesserung entschließen, obwohl dies möglich wäre. Wie ist die Rechtslage?

1. Der Kunde kann nur Nachbesserung verlangen.
2. Der Kunde kann nach seiner Wahl Nachbesserung oder Neulieferung verlangen.
3. Die Forum Warenhaus KG muss den Kaufpreis zurückzahlen, wenn der Kunde sich sofort zum Rücktritt vom Vertrag entscheidet.
4. Die Forum Warenhaus KG ist in jedem Fall auch zu Schadenersatz verpflichtet.
5. Die Forum Warenhaus KG kann die Neulieferung verweigern, wenn sie nur mit unverhältnismäßigen Kosten möglich ist.

▶ ☐

▶ ☐

8. Aufgabe

Eine Sendung mit Spielwaren sollte bis zum 15. November „fest" für das Weihnachtsgeschäft geliefert werden und trifft durch Verschulden des Lieferers nicht rechtzeitig ein.
Welche der folgenden Rechte hat die Forum Warenhaus KG, die die Waren bestellt hatte?

1. Sie kann nach erfolgter Mahnung auf der Lieferung bestehen und einen Preisnachlass von 20 % verlangen.
2. Sie kann ohne vorherige Vereinbarung die Zahlung einer Konventionalstrafe verlangen.
3. Sie hat keine Ansprüche, da sie nicht gemahnt und keine Nachfrist gesetzt hatte.
4. Sie kann auf die Lieferung verzichten und Schadenersatz wegen Nichterfüllung verlangen.
5. Sie kann vom Vertrag zurücktreten.
6. Sie kann Verzugszinsen verlangen.

▶ ☐

▶ ☐

9. Aufgabe

In Ihrem Ausbildungsbetrieb geht es um die Mängelrüge beim zweiseitigen Handelskauf.
Entscheiden Sie durch Eintragung der Kennziffern 1 oder 2 (1 = richtig; 2 = falsch) in die zugehörigen Kästchen, welche der folgenden Aussagen richtig oder falsch sind.

Die gesetzliche Gewährleistungsfrist (Garantiefrist) aus Kaufverträgen beträgt zwei Jahre. Sie kann jedoch vertraglich verlängert oder verkürzt werden.	☐
Die längste Gewährleistungsfrist beträgt zwei Jahre; sie kann auch nicht vertraglich verlängert werden.	☐
Mängelrügen müssen stets schriftlich erteilt werden.	☐
Mängelrügen sind formfrei, d. h., sie können auch mündlich erfolgen.	☐
Der Käufer muss die Ware unverzüglich untersuchen und dem Verkäufer den Mangel unverzüglich anzeigen.	☐
Bei versteckten Mängeln kann sich der Käufer auch nach der Entdeckung mit der Mängelrüge bis zum Ablauf der Gewährleistungsfrist Zeit lassen.	☐

10. Aufgabe

Ordnen Sie zu, indem Sie die Kennziffern 1 und 2 in die Kästchen bei den Sachverhalten eintragen.

Kennziffern:

1. Der Käufer hat rechtzeitig gerügt.
2. Der Käufer hat nicht rechtzeitig gerügt.

Sachverhalte:

Eine Hausfrau kauft in einem Kaufhaus drei Herrenhemden. Nach vier Wochen stellt sie fest, dass die Nähte an einem Hemd schlecht verarbeitet sind. Sie reklamiert aber erst nach sechs Wochen.	☐
Ein Lebensmittelhändler kauft 120 Dosen extrafeine Erbsen bei seinem Großhändler. Nach 14 Tagen reklamiert eine Kundin, weil die Dosen normale (billigere) Erbsen enthalten. Alle Dosen waren falsch etikettiert.	☐
Ein Kraftfahrzeughändler verkauft wider besseres Wissen einen Unfallwagen als unfallfreies Fahrzeug. Erst nach einem Jahr stellt sich heraus, dass der Wagen früher einen schweren Unfall hatte. Der Käufer reklamiert schriftlich bei dem Kraftfahrzeughändler.	☐
Ein Einzelhändler kauft bei einem Großhändler fünf Kartons Rindfleischkonserven zu Sonderpreisen, die er ohne nähere Überprüfung auf Lager nimmt. Nach einem Monat sollen die Ladenregale aufgefüllt werden. Dabei ergibt sich aus der Etikettierung, dass Schweinefleischkonserven geliefert wurden. Der Einzelhändler reklamiert zwei Wochen später.	☐

11. Aufgabe

Wann hat der Käufer aufgrund einer Mängelrüge mit erheblichem Mangel an der Ware das Recht auf Schadenersatz?
Lösen Sie die Aufgabe mithilfe der abgebildeten §§ 280, 281 und 440 BGB.

§ 280 Schadensersatz wegen Pflichtverletzung
(1) Verletzt der Schuldner eine Pflicht aus dem Schuldverhältnis, so kann der Gläubiger Ersatz des hierdurch entstehenden Schadens verlangen. Dies gilt nicht, wenn der Schuldner die Pflichtverletzung nicht zu vertreten hat.
(2) Schadensersatz wegen Verzögerung der Leistung kann der Gläubiger nur unter der zusätzlichen Voraussetzung des § 286 verlangen.
(3) Schadensersatz statt der Leistung kann der Gläubiger nur unter den zusätzlichen Voraussetzungen des § 281, des § 282 oder des § 283 verlangen.

§ 281 Schadensersatz statt der Leistung wegen nicht oder nicht wie geschuldet erbrachter Leistung
(1) Soweit der Schuldner die fällige Leistung nicht oder nicht wie geschuldet erbringt, kann der Gläubiger unter den Voraussetzungen des § 280 Abs. 1 Schadensersatz statt der Leistung verlangen, wenn er dem Schuldner erfolglos eine angemessene Frist zur Leistung oder Nacherfüllung bestimmt hat. Hat der Schuldner eine Teilleistung bewirkt, so kann der Gläubiger Schadensersatz statt der ganzen Leistung nur verlangen, wenn er an der Teilleistung kein Interesse hat. Hat der Schuldner die Leistung nicht wie geschuldet bewirkt, so kann der Gläubiger Schadensersatz statt der ganzen Leistung nicht verlangen, wenn die Pflichtverletzung unerheblich ist.
(2) Die Fristsetzung ist entbehrlich, wenn der Schuldner die Leistung ernsthaft und endgültig verweigert oder wenn besondere Umstände vorliegen, die unter Abwägung der beiderseitigen Interessen die sofortige Geltendmachung des Schadensersatzanspruchs rechtfertigen.
(3) Kommt nach der Art der Pflichtverletzung eine Fristsetzung nicht in Betracht, so tritt an deren Stelle eine Abmahnung.
(4) Der Anspruch auf die Leistung ist ausgeschlossen, sobald der Gläubiger statt der Leistung Schadensersatz verlangt hat.
(5) Verlangt der Gläubiger Schadensersatz statt der ganzen Leistung, so ist der Schuldner zur Rückforderung des Geleisteten nach den §§ 346 bis 348 berechtigt.

§ 440 Besondere Bestimmungen für Rücktritt und Schadensersatz
Außer in den Fällen des § 281 Abs. 2 und des § 323 Abs. 2 bedarf es der Fristsetzung auch dann nicht, wenn der Verkäufer beide Arten der Nacherfüllung gemäß § 439 Abs. 3 verweigert oder wenn die dem Käufer zustehende Art der Nacherfüllung fehlgeschlagen oder ihm unzumutbar ist. Eine Nachbesserung gilt nach dem erfolglosen zweiten Versuch als fehlgeschlagen, wenn sich nicht insbesondere aus der Art der Sache oder des Mangels oder den sonstigen Umständen etwas anderes ergibt.

1. Bei jeder falschen Lieferung zusätzlich zum Recht auf Nachbesserung
2. Wenn eine angemessene Nachfrist gesetzt wurde und zwei Nacherfüllungsversuche fehlgeschlagen sind
3. Sofort, wenn die Ware erhebliche Mängel aufweist
4. Wenn ein Nachbesserungsversuch des Verkäufers fehlgeschlagen ist und die Kosten dafür unverhältnismäßig hoch sind
5. Wenn falsche Ware geliefert wurde

▶ ☐

12. Aufgabe

Eine Verbraucherin beanstandet einen Mangel an einem vor vier Monaten gekauften Mantel. Prüfen Sie mithilfe des § 476 BGB, ob sie Rechte aus mangelhafter Lieferung geltend machen kann.

BGB-Gesetzesauszug zur 12. Aufgabe

§ 476 Beweislastumkehr. Zeigt sich innerhalb von sechs Monaten seit Gefahrübergang ein Sachmangel, so wird vermutet, dass die Sache bereits bei Gefahrübergang mangelhaft war, es sei denn, diese Vermutung ist mit der Art der Sache oder des Mangels unvereinbar.

1. Ja, aber sie muss beweisen, dass der Mangel schon beim Kauf bestand.
2. Ja, wenn der Verkäufer nicht beweisen kann, dass die Käuferin den Mantel beschädigt hat.
3. Nein, der Verkäufer kann wegen der Beweislastumkehr vermuten, dass der Mangel erst nach Gefahrenübergang entstanden ist.
4. Ja, beim einseitigen Handelskauf müssen Mängel innerhalb von sechs Monaten beanstandet werden.
5. Nein, wenn der Verkäufer innerhalb von zwei Jahren beweist, dass der Mantel von der Käuferin beschädigt wurde.

▶ ☐

13. Aufgabe

Die dringend benötigten Textilien sind zum vereinbarten Liefertermin nicht eingetroffen. In der Mahnung der Forum Warenhaus KG an den Lieferer heißt es u. a.: „... Wir setzen Ihnen eine Nachfrist bis zum 15. Juli ... Sollte die Ware bis dahin nicht bei uns eingetroffen sein, treten wir vom Vertrag zurück."
Wann ist eine solche Nachfrist angemessen?

1. Darüber gibt es keine Bestimmungen, das entscheidet der Kunde.
2. Wenn dem Lieferer genügend Zeit bleibt, einen anderen Großhändler oder Hersteller mit der Lieferung zu beauftragen
3. Wenn dem Lieferer Zeit bleibt, die Ware zu liefern, ohne sie erst beschaffen bzw. sie herstellen zu müssen
4. Wenn der Lieferer innerhalb dieser Frist die Ware herstellen kann
5. Wenn dem Lieferer Zeit bleibt, die Ware zu beschaffen

▶ ☐

---

14. Aufgabe

Ein Kunde der Forum Warenhaus KG bestellt Spielwaren per Fax. Es wird vereinbart, dass ihm die Ware zugesandt wird.
Welche Zahlungsbedingung sollte die Forum Warenhaus KG treffen, um den Rechnungsbetrag am sichersten zu erhalten?

1. Vereinbarung der Klausel „Die Ware bleibt bis zur vollständigen Bezahlung unser Eigentum".
2. Zahlung unter Abzug von 3 % Skonto bei Zahlung innerhalb von acht Tagen
3. Zahlung durch den Kunden persönlich bei seinem nächsten Einkauf bei der Forum Warenhaus KG
4. Zahlung gegen Nachnahme
5. Zahlung unmittelbar nach Erhalt der Rechnung

▶ ☐

---

15. Aufgabe

Die Zahlungsbedingungen eines Angebotes lauten: 30 Tage netto Kasse, bei Zahlung innerhalb von zehn Tagen 2 % Skonto.
Welchem Jahreszinssatz entsprechen 2 % Skonto?

1. 2 %
2. 12 %
3. 24 %
4. 36 %
5. 48 %
6. 72 %

▶ ☐

---

16. Aufgabe

Welches ist der oberste Grundsatz der „Allgemeinen Geschäftsbedingungen"?

1. Persönliche Absprachen in Verträgen haben keinen Vorrang vor den Allgemeinen Geschäftsbedingungen.
2. Der Verbraucher darf nicht unangemessen benachteiligt werden.
3. Allgemeine Geschäftsbedingungen werden automatisch Bestandteil des Vertrages.
4. Vereinbarungen von Vertragsstrafen bei Annahmeverweigerungen des Kunden sind möglich.
5. Dem Verbraucher obliegt grundsätzlich die Beweislast bei Prozessen über Vertragsvereinbarungen.

▶ ☐

---

17. Aufgabe

Ordnen Sie folgende Begriffe den Erläuterungen richtig zu.

Begriffe:	*Erläuterungen:*	
1. Markterschließung 2. Warenbeschaffung 3. Bereitstellung von Waren 4. Warenabsatz	Verkauf von kundenorientierten Sortimenten	☐
	Verbraucherwünsche erforschen	☐
	Wareneinkauf beim Großhändler und Hersteller	☐
	Lagerung und Präsentation von Waren in kundenorientierten Sortimenten	☐

18. Aufgabe

Erläutern Sie, was man unter „Kundenoriertierung" versteht.

19. Aufgabe

Welche wichtige Leistungen erwarten Tausende von Kunden, die täglich in die Forum Warenhaus KG kommen (mindestens sechs Nennungen)?

20. Aufgabe

Was geschieht, wenn Kunden mit den im Geschäft gebotenen Leistungen unzufrieden sind (drei Nennungen)?

21. Aufgabe

In der Forum Warenhaus KG wird täglich eine Menge von Arbeiten in den Bereichen Einkauf, Lager, Verkauf und Verwaltung erledigt. Geben Sie jeweils weitere drei Teilaufgaben bzw. Einzelaufgaben hierzu an.

22. Aufgabe

Zeigen Sie, dass das computergestützte Warenwirtschaftssystem ein unentbehrliches Instrument geworden ist, die Informations- und Warenströme in der Forum Warenhaus KG zu kontrollieren und zu steuern.

23. Aufgabe

Unterscheiden Sie zwischen Reklamation und Reklamationsmanagement.

24. Aufgabe

Durch die rechtlichen Regelungen des BGB in den §§305 bis 310 soll der Kunde vor unvorteilhaften Allgemeinen Geschäftsbedingungen (AGB) geschützt werden.

a) Warum führen Firmen Allgemeine Geschäftsbedingungen ein?

b) Unter welchen Voraussetzungen gelten die Allgemeinen Geschäftsbedingungen?

c) Nennen Sie Klauseln, die in Kaufverträgen mit Privatleuten verboten bzw. unwirksam sind.

2 Kernprozesse des Einzelhandels; unterstützende Prozesse

Situation

Sie sind Mitarbeiter/in in der Forum Warenhaus KG. Mit den Kernprozessen des Einzelhandels, von der Sortimentsgestaltung, den logistischen Prozessen des Einkaufs bis zum Verkauf sind Sie vertraut und gestalten diese Bereiche.

„Der erfolgreiche Einzelhändler hat stets den Markt im Blickfeld und sein Ohr am Kunden. Im Handel wird jeden Tag mit den Füßen abgestimmt. Allein der Kunde mit seinen individuellen Wünschen und Erwartungen entscheidet über den wirtschaftlichen Erfolg. Es gilt, den fortlaufenden Wandel der Kundenwünsche und neue Trends frühzeitig zu erspüren und darauf unmittelbar mit neuen Angeboten zu antworten.“

(http://www.metrogroup.de/Geschäftsbericht 2003)

Herzlich willkommen und viel Spaß beim Einkaufen in unseren attraktiven Warenwelten auf fünf Stockwerken:

4. OG:	Heimtex-Welt: Heimtextilien, Bettwaren und Gardinen
3. OG:	Kinder-Welt: Spielwaren, Sportbekleidung und Sportartikel
2. OG:	Herren-Welt: Bekleidung, Junge Mode, Schuhe
1. OG:	Damen-Welt: Bekleidung, Junge Mode, Dessous
EG:	Welt der schönen Dinge: Juwelierwaren, Uhren, Parfüms, Schreib- und Süßwaren
UG:	Haushalts-Welt: Haushaltswaren, Lebensmittel, Frischmarkt

1. Aufgabe

Beurteilen Sie die Sortimentsdimension der Forum Warenhaus KG anhand der gebotenen Warenwelten.

2. Aufgabe

„Es gilt, den fortlaufenden Wandel der Kundenwünsche und neue Trends frühzeitig zu erspüren und darauf unmittelbar mit neuen Angeboten zu antworten."
Erläutern Sie diesen Satz und geben Sie Beispiele für die Sortimentsgestaltung der Forum Warenhaus KG.

3. Aufgabe

Stellen Sie Produktgruppen aus dem Bereich der „Kinderwelt" zusammen.

4. Aufgabe

Welche Vorteile bringt es für Kunden und Geschäft, Sortimente nach „Bedarfsbündeln" zusammenzustellen?

5. Aufgabe

„Im Handel wird jeden Tag mit den Füßen abgestimmt". Was bedeutet dies in Bezug auf die Sortimentsgestaltung und -analyse?

6. Aufgabe

Liefern Sie Argumente, die zeigen, dass es sinnvoll ist, Feinschmeckern in der Forum Warenhaus KG Spitzenweine und höherwertige Käsesorten anzubieten.

7. Aufgabe

Jedes Einzelhandelsgeschäft betreibt Sortimentspflege und muss diesem Thema besondere Beachtung schenken. Erläutern Sie Maßnahmen zur Sortimentserweiterung, der -vertiefung und der -bereinigung. Bilden Sie jeweils ein Beispiel.

a)

b)

c)

Situation zur 8.–24. Aufgabe

Das computergestützte Warenwirtschaftssystem der Forum Warenhaus KG ist ein ideales Instrument zur Bedarfsermittlung, der Einkaufsplanung und der Bezugsquellenermittlung. Die Prozess-Schritte sind:

Verkaufsdaten	→	**Bedarfsermittlung**	→	**Planung der Bestellmenge**	→	**Bestellverfahren**	→	**Planung der Bezugsquellen**
Wie viele Produkte wurden verkauft?		Welche und wie viele Produkte werden benötigt?		Wie viel soll bestellt werden?		Wann soll bestellt werden?		Wo soll bestellt werden?

Sie wirken bei der Gestaltung der Prozessschritte mit.

8. Aufgabe

Es liegen die Verkaufsdaten aus dem Bereich „Welt der schönen Dinge" der Vorperiode vor.

a) Ermitteln Sie die Umsätze je Armbanduhr.

Verkaufsdaten Monat Y in der Forum Warenhaus KG:				
Artikel-Nr.	Artikel: Armbanduhren	Verkaufspreis EUR	Absatzmenge	Umsatz
300 001	Circular	39,00	50	
300 002	Silber Berlin	49,00	40	
300 003	Funkuhr	69,00	30	
300 004	Design Cleopatra, Gold	739,00	3	
300 005	Impression	59,00	35	
300 006	Faberini	229,00	5	

b) Welche jeweils zwei Artikel sind „Renner", welche „Penner" hinsichtlich
(1) des Absatzes,
(2) des Umsatzes?

(1) ______________________________

(2) ______________________________

c) Sollte die Design „Cleopatra, Gold" als „Penner" aus dem Sortiment genommen werden?

____

____

d) Warum sollte zur Bedarfsermittlung nicht nur die Verkaufsmenge der Vorperiode herangezogen werden?

____

____

e) In der Forum Warenhaus KG zeigt „die Welt der Textilien" hohe Umsatzanteile am Gesamtumsatz. Weshalb kaufen in diesem Bereich vor allem die Abteilungsleiter und Substituten der Verkaufsabteilungen ein?

____

____

9. Aufgabe

Welche Ziele verfolgt die Bedarfs- und Einkaufsplanung?

____

10. Aufgabe

Stellen Sie tabellarisch den Zielkonflikt dar, der sich bei großen und kleinen Bestellmengen ergibt.

Hohe Bestellmenge	**Kleine Bestellmenge**
Vorteil:	**Vorteil:**
Nachteil:	**Nachteil:**

11. Aufgabe

Die Kunden der Forum Warenhaus KG fragen in letzter Zeit verstärkt höherwertiges Kopierpapier nach. Dieses soll in das Sortiment aufgenommen werden. Schreiben Sie als Einkäufer/in eine Anfrage an:

Papiergroßhandlung Berg GmbH, Mainkai 287, 97070 Würzburg, mit heutigem Datum
(Bitte ein Extrablatt verwenden.)

12. Aufgabe

Erläutern Sie die rechtliche Wirkung

a) einer Anfrage,

b) eines Angebots.

13. Aufgabe

Neben der Berg GmbH hat auch die Nolte-Papier GmbH eine Anfrage von Ihnen erhalten. Inzwischen liegen folgende Angebote der Papiergroßhandlung Berg GmbH und der Nolte-Papier-GmbH vor. (siehe Seite 98 und 99)

Führen Sie einen tabellarischen Angebotsvergleich durch.

Artikel	**Kopierpapier**	
Lieferer	**Nolte-Papier GmbH**	**Papiergroßhandlung Berg GmbH**

Einzelhandelsprozesse

Papiergroßhandlung Berg GmbH
Mainkai 287 · 97070 Würzburg

Forum Warenhaus KG
Herrn Müller
Königstr. 20–22
97004 Nürnberg

Angebot

Ihr Zeichen/Nachricht vom	Unser Zeichen/Nachricht vom	Telefon/Name	Datum
Herr Müller	Re	0931 664391 Herr Reis	30.06.2006

Sehr geehrter Herr Müller,

wir danken für Ihre Anfrage und bieten an:

Kopierpapier, 80g, DIN A4, weiß
abgepackt in Kartons mit 5 x 500 Blatt — Preis je 1000 Blatt

ab	100 000 Blatt	11,20 EUR
ab	500 000 Blatt	10,15 EUR
ab	1 000 000 Blatt	9,50 EUR
ab	2 000 000 Blatt	8,90 EUR

Bei einem Warenwert von mindestens 5.000,00 EUR gewähren wir 10% Rabatt. Für die Lieferung mit eigenem Lkw berechnen wir eine Transportkostenpauschale von 75,00 EUR.

Die Lieferzeit beträgt 14 Tage.

Die Rechnungssumme ist binnen 4 Wochen ab Rechnungsdatum zu begleichen. Bei Zahlung innerhalb 8 Tagen gewähren wir 2% Skonto.

Die Ware bleibt bis zur vollständigen Bezahlung unser Eigentum. Im Übrigen gelten unsere Allgemeinen Geschäftbedingungen.

Mit freundlichem Gruß

Papiergroßhandlung Berg GmbH

i. A. Reis

Geschäftsführer:	Handelsregister:	Gerichtsstand und Erfüllungsort:	Bankverbindung:	Telefon:
Norbert Reis	HRB 86308 Amtsgericht Würzburg	Würzburg	Volksbank Würzburg Konto-Nr.: 6493049 BLZ: 390 856 18	0931 664-0 **Fax:** 0931 664888

Nolte-Papier Gmbh
Otto-Hahn-Str. 12
90441 Nürnberg

Forum Warenhaus KG
Herrn Müller
Königstr. 20–22
97004 Würzburg

Angebot

Ihr Zeichen/Nachricht vom	Unser Zeichen/Nachricht vom	Telefon/Name	Datum
Herr Müller	Kühn	0911 254-305 Kühn	04.04.2006

Sehr geehrter Herr Müller,

vielen Dank für Ihre Anfrage. Das gewünschte Papier haben wir vorrätig und bieten Ihnen an:
Kopierpapier, DIN A4, 80g

Artikel	Artikel-Nr.	Preis in EUR je 1000 Blatt bei Abnahme von			
		100 000	500 000	1 000 000	2 000 000
A4 weiß	5002	11,80	10,55	9,20	9,05
A4 gelb	7004	12,25	11,12	10,13	9,40

Die Lieferung erfolgt mit eigenem Lkw frei Haus. Bei einem Auftragswert von über 1.000,00 EUR gewähren wir 5 % Rabatt, ab 4.000,00 EUR 10 % Rabatt, über 8.000,00 EUR 15 % Rabatt.

Kurzfristige Lieferung innerhalb 8 Tagen ist möglich.

Wir gewähren Ihnen ein Zahlungsziel von 30 Tagen. Bei Zahlung innerhalb 8 Tagen können Sie 3% Skonto in Anspruch nehmen.

Auf Wunsch liefern wir das Papier auch in verschiedenen Farben. Wir würde uns freuen, Sie als Kunden gewinnen zu können.

Mit freundlichen Grüßen

Nolte-Papier GmbH
i. A. Kühn

Geschäftsführer:	Handelsregister:	Gerichtsstand und Erfüllungsort:	Bankverbindung:	Telefon:
Fritz Kühn	HRB 76531 Amtsgericht Nürnberg	Nürnberg	Sparkasse Nürnberg Konto-Nr.: 3846752 BLZ: 740 502 04	0911 254-0 Fax: 0911 254555

14. Aufgabe

Nachdem der Lieferant für das Kopierpapier feststeht, bestellt der Einkauf.
Welche grundsätzlichen Rechte und Pflichten ergeben sich aus diesem Kaufvertrag für den Käufer und für den Verkäufer?

15. Aufgabe

a) Welche Bedeutung hat die Bestellung für die Forum Warenhaus KG?

b) Ist die Bestellung an eine bestimmte Form gebunden?

c) Welche Form würden Sie als Einkäufer/in wählen?

16. Aufgabe

In welchen Fällen ist grundsätzlich eine Auftragsbestätigung notwendig?

17. Aufgabe

Erläutern Sie die Begriffe Höchstbestand, Meldebestand und Sicherheitsbestand.

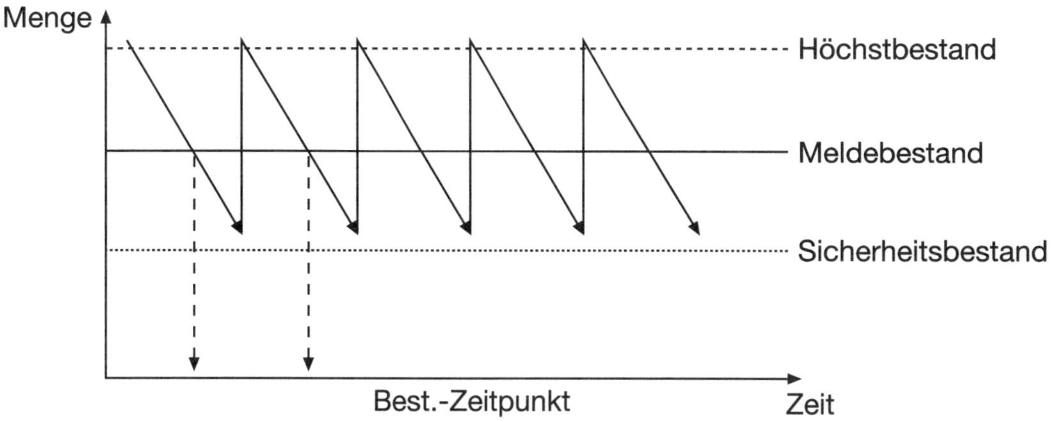

18. Aufgabe

Berechnen Sie lt. Artikeldatei den Meldebestand:
durchschnittl. Absatz pro Tag: 10 Stück
Lieferzeit: 20 Tage
Mindestbestand: 60 Stück

19. Aufgabe

Bei der Durchsicht der Warendatei „Heimtrainer“ aus der Sportabteilung wird festgestellt, dass dreimal jährlich jeweils 40 Stück bestellt werden.

Berechnen Sie mithilfe der nachfolgenden Tabelle die optimale Bestellmenge, wenn die Anzahl der Bestellung geändert wird: Beschaffungskosten je Bestellung 50,00 EUR, Lagerkosten je Stück 1,50 EUR, benötigte Gesamtzahl 120.

Anzahl der Bestellungen	Bestellmenge in Stück	Beschaffungskosten in EUR	Lagerkosten in EUR	Gesamtkosten in EUR
1				
2				
3	40			
4				

20. Aufgabe

Das Bestellen bei Erreichen des Meldebestands erforderte vor der Einführung des computergestützten Warenwirtschaftssystems einen hohen Verwaltungs- und Kontrollaufwand. Jetzt wird der Meldebestand „automatisch“ berechnet und ein Bestellvorschlag ausgelöst.
Tragen Sie folgende Daten richtig in das Datenfeld ein und weisen Sie rechnerisch die Höhe des Meldebestands nach.

Sicherheitsbestand: 15 Heimtrainer   Tagesumsatz: 3   Lieferzeit: 10 Tage

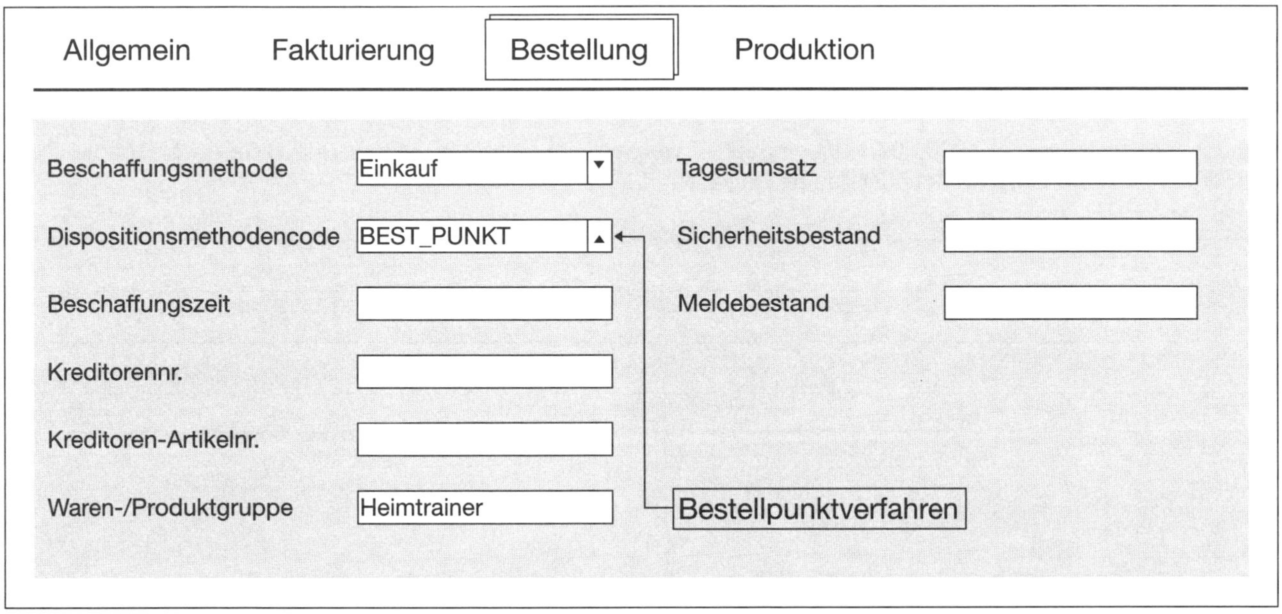

21. Aufgabe

Sie erstellen bei der Einkaufsplanung für die Abteilung „Junge Mode" für die kommende Einkaufsperiode eine Limitrechnung. Sie gehen aus von einem/einer geplanten:

Nettoumsatz	840.000,00 EUR
Handelsspanne	45 %
Lagerumschlagshäufigkeit	3,0
vorhandener Lagerbestand:	170.000,00 EUR

a) Wie hoch ist der geplante Wareneinsatz bei einer Handelsspanne von 45 %?

b) Berechnen Sie den Soll-Lagerbestand (= geplanter Wareneinsatz) bei einer Umschlagshäufigkeit (= LUG) von 3.

c) Der tatsächliche Lagerbestand hat einen Wert von 170.000,00 EUR. Ermitteln Sie, welcher Mehrbestand an Waren vorliegt.

d) Berechnen Sie das Gesamtlimit.

e) An Limitreserven sollen 90.000,00 EUR eingeplant werden, um Mittel für aktuelle und stark nachgefragte Produkte einzuplanen. Wie hoch ist das freigegebene Limit?

22. Aufgabe

a) Die Forum Warenhaus KG möchte bei günstigen Lieferanten einkaufen nach dem Motto: „Im Einkauf liegt der Gewinn". Welche Möglichkeiten haben Einzelhändler, um neue Bezugsquellen ausfindig zu machen?

b) Intern greifen Mitarbeiter des Einkaufs auf die Lieferanten- und die Artikeldatei zurück. Welchen Vorteil bringt die Verknüpfung der Lieferanten- mit der Artikeldatei?

Schematisierter Aufbau einer Lieferanten- und Artikeldatei

Lieferantendatei						
LiefNr.	Lieferantenname und Ansprechpartner		Straße	PLZ	Ort	Umsatz zum EK

Artikeldatei					
Artikelnummer	Artikelbezeichnung	Einstandpreis	Lagerbestand	Mindestbestand	Sonstiges

23. Aufgabe

Der Abteilungsleiter diskutiert mit der Geschäftsführung der Forum Warenhaus KG, ob Rack-Jobbing eine geeignete Maßnahme für den Warenabsatz darstellt.

a) Erläutern Sie die Art dieser Vertriebsform.

b) Liefern Sie Argumente für dieses System.

24. Aufgabe

In der Juwelierwarenabteilung, in der Sie tätig sind, werden Überlegungen angestellt, besonders exklusiven Schmuck für hohe Ansprüche ins Weihnachtssortiment aufzunehmen. Ein Schmuckgroßhändler aus Amsterdam bietet solche Produkte als Kommissionsware an.
Geben Sie Entscheidungshilfen, Kommissionswaren ins Sortiment aufzunehmen.

Situation zur 25.–38. Aufgabe

Sie sind Mitarbeiter/in in der Forum Warenhaus KG und sind mit dem Rechnungswesen, speziell mit dem Kostenrechnungssystem vertraut. Um die Kosten exakt zurechnen zu können, sollen die Einzelkosten getrennt erfasst werden. Ferner möchte die Forum Warenhaus KG die fixen Kosten genauer analysieren.

25. Aufgabe

Welche nachstehend aufgeführten Posten sind Einzelkosten?

1. Skontoaufwendungen
2. Zinsaufwendungen
3. Fracht
4. Verpackung
5. Instandsetzungen
6. Autoreparatur
7. Aushilfslöhne

▶ ☐

▶ ☐

26. Aufgabe

Was versteht man unter „fixen Kosten“?

1. Kosten, die sich mit steigendem Beschäftigungsgrad erhöhen
2. Kosten, die sich niemals verändern oder verändern lassen
3. Kosten, die mit steigendem Beschäftigungsgrad absolut sinken
4. Kosten, die sich zwar entsprechend dem Beschäftigungsgrad verändern, jedoch stets in gleicher Höhe Bestandteil der Kalkulation sind
5. Kosten, die unabhängig vom Beschäftigungsgrad sind
6. Kosten, die in einem festen Verhältnis an den Beschäftigungsgrad gebunden sind

▶ ☐

27. Aufgabe

Unterscheiden Sie in fixe und variable Kosten der Forum Warenhaus KG.
Ordnen Sie zu, indem Sie die Kennziffern 1 und 2 in die Kästchen bei den Kosten eintragen.

Kennziffern

1. Fixe Kosten
2. Variable Kosten

Kosten	
Verpackungskosten	☐
Bezugskosten	☐
Miete	☐
Gehälter	☐
Portokosten	☐
Kosten des Warenversands	☐

28. Aufgabe

Bei welchen der folgenden Kosten handelt es sich nicht um Handlungskosten?

1. Gehälter
2. Verpackungskosten
3. Gewerbesteuer
4. Bezugskosten
5. Miete
6. Abschreibungen
7. Versicherungen
8. Kosten der Werbung

▶ ☐

▶ ☐

29. Aufgabe

Sie sollen den Bezugspreis einer Ware berechnen.
Welche Aufstellung zur Ermittlung des Bezugspreises ist richtig?

1. Bezugspreis = Listenpreis − Rabatt − Skonto + Bezugskosten
2. Bezugspreis = Listenpreis − Skonto − Rabatt + Bezugskosten
3. Bezugspreis = Listenpreis + Bezugskosten − Rabatt − Skonto
4. Bezugspreis = Listenpreis − Rabatt − Skonto
5. Bezugspreis = Einstandspreis + Bezugskosten

▶ ☐

---

30. Aufgabe

Der Unterschied zwischen dem Bezugspreis und dem Selbstkostenpreis einer Ware, ausgedrückt in Prozenten des Bezugspreises, ist/sind

1. die Bezugskosten
2. der Gewinn
3. der Handlungskostenzuschlag
4. der Kalkulationszuschlag
5. die Handlungskosten
6. die Handelsspanne

▶ ☐

---

31. Aufgabe

Die Handlungskosten der Forum Warenhaus KG betragen in einem Sortimentsbereich:

Personalkosten	245.000,00 EUR
Raumkosten	98.000,00 EUR
Werbung	27.000,00 EUR
Kfz-Kosten	12.000,00 EUR
Zinsen	8.000,00 EUR
Abschreibungen	14.000,00 EUR
Sonstige Kosten	36.000,00 EUR
Der Einstandspreis der verkauften Waren betrug	965.000,00 EUR

Ermitteln Sie den Handlungskostenzuschlag (auf volle Prozent aufrunden).

% ☐

---

32. Aufgabe

Die Differenz zwischen dem Selbstkostenpreis und dem Nettoverkaufspreis einer Ware, ausgedrückt in Prozenten des Selbstkostenpreises, ist/sind

1. die Bezugskosten.
2. der Gewinnzuschlag.
3. der Kalkulationssatz.
4. der Kalkulationszuschlag.
5. der Handlungskostenzuschlag.
6. die Handelsspanne.

▶ ☐

---

33. Aufgabe

Nach Abzug von 12,5 % Rabatt und 2,5 % Skonto überweisen Sie an Ihren Lieferer 7.166,25 EUR.
Über welchen Betrag lautet der Listenpreis?

EUR Komma ↓ Ct. ☐

---

34. Aufgabe

Die Einzelhandel GmbH liefert Ihnen folgende Waren, für die insgesamt 142,50 EUR Transportversicherung gezahlt werden:

Warengruppe X	100 kg zu je 6,00 EUR
Warengruppe Y	300 kg zu je 7,00 EUR
Warengruppe Z	600 kg zu je 5,00 EUR

Wie viel Euro Transportversicherung entfallen auf die Warengruppe Z?

EUR Komma ↓ Ct. ☐

---

35. Aufgabe

Bringen Sie die einzelnen Positionen des Kalkulationsschemas in die richtige Reihenfolge, indem Sie die Ziffern 1–13 in die Kästchen eintragen.

+ Umsatzsteuer (Mehrwertsteuer)	☐
+ Bezugskosten	☐
– Liefererrabatt	☐
Listeneinkaufspreis	☐
Zieleinkaufspreis (Rechnungspreis)	☐
Bezugspreis (Einstandspreis)	☐
– Liefererskonto	☐
+ Gewinn	☐
+ Geschäftskosten (Handlungskosten)	☐
Selbstkostenpreis	☐
Bareinkaufspreis	☐
Bruttoverkaufspreis	☐
Nettoverkaufspreis	☐

36. Aufgabe

Ein Fernsehgroßhändler bietet ein Gerät mit 12 % Wiederverkäuferrabatt an, das entspricht 204,60 EUR.
Ermitteln Sie den Zieleinkaufspreis des Gerätes.

Komma
EUR ↓ Ct.

37. Aufgabe

Ein Einzelhändler kann von einem Rechnungsbetrag 14,35 EUR Skonto abziehen.
Wie viel Euro beträgt der Bareinkaufspreis, wenn 2,5 % Skonto gewährt wurden?

Komma
EUR ↓ Ct.

38. Aufgabe

Die Buchhaltung ermittelt für die Kosmetikabteilung 22.344,00 EUR Umsatzsteuer (19 %).
Wie viel Euro betrug der Umsatz in dieser Abteilung?

Komma
EUR ↓ Ct.

Situation:

(Fast) jede Werbung „kostet (viel) Geld". Als Mitarbeiter/in der Forum Warenhaus KG versuchen Sie, mit den Geldmitteln eine möglichst große Werbewirkung zu erzielen. Doch wie kommen die Werbemaßnahmen beim Verbraucher an? Bringen sie die Kassen der Einzelhandelsgeschäfte auch zum Klingeln? Dazu bedarf es einer durchdachten Werbeplanung.

39. Aufgabe

Bringen Sie folgende Schritte einer Werbeplanung in die richtige Reihenfolge, indem Sie die Ziffern 1–5 in die Kästchen eintragen.

Werbeerfolgskontrolle vornehmen	☐
Zielgruppen ermitteln	☐
Werbebotschaften verbreiten	☐
Werbeziele und -objekte festlegen	☐
Werbeetat planen	☐

40. Aufgabe

Die Forum Warenhaus KG gehört nicht zu den größten Werbetreibenden und wird auch das Fernsehen nicht als Werbeträger einsetzen. Welche beiden Werbeträger halten Sie laut Grafik für die Forum Warenhaus KG für

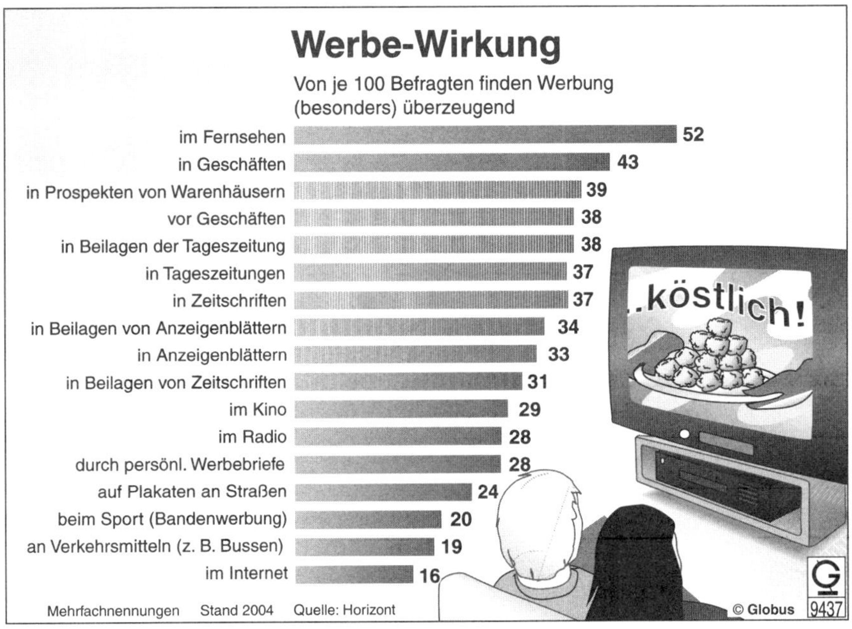

a) sehr wichtig,

____

b) unwichtig?

____

41. Aufgabe

Welche ökonomischen und außerökonomischen Werbeziele könnte die Forum Warenhaus KG verfolgen?

____

____

42. Aufgabe

Welche Werbeziele überwiegen wahrscheinlich in der Forum Warenhaus KG (mit Begründung)?

43. Aufgabe

Grundsätze kundenorientierter Werbung sind z. B., dass die Werbung den „Grundsätzen der Wahrheit, der Klarheit, der sozialen Verantwortung, der Stetigkeit und der Wirtschaftlichkeit dient". Geben Sie zu lediglich drei Grundsätzen je ein Beispiel.

44. Aufgabe

Schauen Sie sich nochmals die Kurzbeschreibung der Forum Warenhaus KG auf Seite 13 an. Schließen Sie vom Sortiment auf die Zielgruppen. An welchen Zielgruppen sollten sich Werbemaßnahmen verstärkt wenden?

45. Aufgabe

Ermitteln Sie aus folgenden Zahlenangaben die geplanten Werbekosten.

Ist-Umsatz Vorjahr	25 Mio. EUR
Werbekosten	3% vom Umsatz
Planumsatz	2% Steigerung
Werbekosten Planjahr in Prozent des Umsatzes	3,25%

Werbeetat der Forum Warenhaus KG : Planung für das nächste Jahr

Ist-Umsatz Vorjahr:	.... EUR	Planumsatz:	.... EUR
Werbekosten Vorjahr:	.... EUR	Werbekosten Planjahr:	.... EUR
Werbekosten Vorjahr in % des Umsatzes:	.... EUR	Werbekosten Planjahr in % des Umsatzes:	.... EUR

46. Aufgabe

Die Lebensmittelabteilung der Forum Warenhaus KG überdenkt die Werbemaßnahmen.
Empfehlen Sie entsprechen der Grafik wirksame Werbeträger.

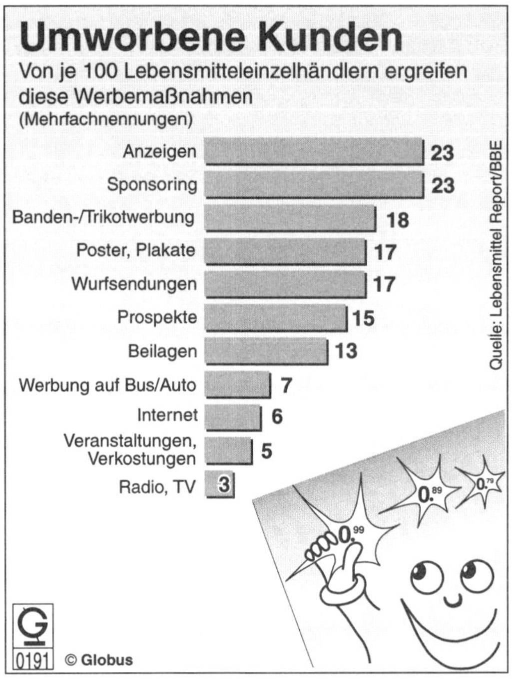

47. Aufgabe

Was halten Sie von der Werbung an Bussen, Radio- und TV-Werbung für die Lebensmittelabteilung der Forum Warenhaus KG? Vergleichen Sie hierzu die Grafik aus der 46. Aufgabe.

48. Aufgabe

Unterscheiden Sie Werbeträger und Werbemittel.

49. Aufgabe

In der Forum Warenhaus KG taucht die Frage auf, ob nicht auch eine „Gemeinschaftswerbung" sinnvoll wäre. Nehmen Sie dazu Stellung.

50. Aufgabe

„Der Werbeerfolg lässt sich durch eine Werbeerfolgskontrolle feststellen."
Welche Maßnahmen der Werbeerfolgskontrolle lassen auf eine erfolgreiche Werbemaßnahme schließen?

51. Aufgabe

Welches praktische Problem entsteht bei der Werbeerfolgskontrolle?

52. Aufgabe

Sie lesen am Schwarzen Brett der Forum Warenhaus KG: „Die Forum Warenhaus KG betreibt bewusst Marketingpolitik."

a) Erläutern Sie den Begriff „Marketing".

b) Was versteht man unter „Marketingpolitik"?

c) Welche Bereiche umfasst die „Marketingpolitik"?

d) Geben Sie aus jedem Bereich der Marketingpolitk je ein Beispiel.

53. Aufgabe

Von einem mit der Forum Warenhaus KG befreundeten Textilfachgeschäft liegen folgende Zahlen für die Umsatzentwicklung vor:

	2003	2004	2005
Damenoberbekleidung	640.000,00 EUR	650.000,00 EUR	640.000,00 EUR
Junge Mode	220.000,00 EUR	230.000,00 EUR	250.000,00 EUR
Kinderbekleidung	80.000,00 EUR	70.000,00 EUR	40.000,00 EUR
Herrenoberbekleidung	300.000,00 EUR	295.000,00 EUR	290.000,00 EUR

a) Erläutern Sie Maßnahmen, die einen schnellen Abverkauf der Kinderbekleidung ermöglichen.

b) Durch verstärkte Werbeaktivität möchte die Geschäftsleitung bisherige Kunden des Damenoberbekleidungsbereichs stärker an das Einzelhandelsgeschäft binden. Dabei wird eine deutliche Umsatzsteigerung angestrebt. Zwei Vorschläge stehen zur Auswahl: Prospektverteilung an alle Haushalte oder eine Werbebriefsendung an die Kunden. Beschreiben Sie jeweils zwei Vorteile der genannten Vorschläge.

c) Nennen Sie zwei zusätzliche Möglichkeiten eines Einzelhandelsgeschäfts zur Kundenbindung.

d) Die Geschäftsleitung möchte für das Warensortiment eine attraktivere Preisgestaltung erreichen. Diese soll über eine Mischkalkulation umgesetzt werden. Erläutern Sie an einem Beispiel, was unter einer Mischkalkulation zu verstehen ist.

e) Nach einem Umbau der Abteilungen soll durch „Sales Promotion" den Kunden das neue Verkaufskonzept vorgestellt werden. Nennen Sie dazu vier Möglichkeiten.

Situation zur 54.–60. Aufgabe

In der Forum Warenhaus KG wurde im vergangenen Jahr eine größere Renovierung durchgeführt, die zu einer wesentlichen Verbesserung der Warenpräsentation, zu größerer Kundenattraktivität und Kundenfrequenz führte. Daher beschäftigen Sie sich mit Thema Abschreibung (Bereich des Rechnungswesen). Hier die AfA-Tabelle:

Art	Bezeichnung	steuerliche Nutzungsdauer
Fahrzeuge	Pkw	6 Jahre
Betriebs- und Geschäftsausstattung	Ladeneinrichtung Personalcomputer DV-Großrechner	8 Jahre 3 Jahre 7 Jahre

54. Aufgabe

Weshalb wird die Geschäftsausstattung abgeschrieben (zwei Nennungen)?

55. Aufgabe

Weshalb weisen verschiedene Anlageobjekte unterschiedliche Zeiten der Nutzungsdauer auf?

56. Aufgabe

Die steuerliche Nutzungsdauer für Ladeneinrichtung beträgt acht Jahre.
Welchem linearen Abschreibungs-Prozentsatz entspricht die Nutzungsdauer?

Komma
% ↓

57. Aufgabe

Wie hoch war der Anschaffungspreis der Geschäftsausstattung, wenn im ersten Jahr 32.500,00 EUR linear abgeschrieben wurden und der Abschreibungssatz 12,5 % beträgt?

Komma
EUR ↓ Ct.

58. Aufgabe

Erstellen Sie eine kurze Tabelle für die Restwerte der Ladeneinrichtung für die ersten drei Jahre: Anschaffungswert 260.000,00 EUR, Abschreibungssatz 12,5 %, linear.

Anschaffungswert ./. AfA 1. Jahr	

59. Aufgabe

Bei der degressiven Abschreibung ist maximal das Doppelte des linearen Satzes, höchstens 20 % möglich.
Um welchen Betrag könnte die Forum Warenhaus KG im ersten Jahr bei der degressiven Abschreibungsmethode für die Geschäftsausstattung in Höhe von 260.000,00 EUR mehr abschreiben als bei der linearen AfA?

Komma
EUR ↓ Ct.

---

60. Aufgabe

Wie hoch ist der Restwert der Ladeneinrichtung bei der degressiven Methode am Ende des dritten Nutzungsjahres unter Ausnutzung des Höchstsatzes von 20 %?

Situation zur 60.–68. Aufgabe

Sie sind für den Bereich Marketing/Werbung zuständig und bringen Ihre Gedanken und Ideen ein. Hier ein Beispiel eines Ausschnitts einer Prospektbeilage einer örtlichen Tageszeitung:

61. Aufgabe

Beurteilen Sie den Ausschnitt aus der Werbung hinsichtlich

a) der Gestaltung von Bild, Schriftart, -größe,

b) der Textmenge,

c) der emotionalen „Elemente“,

d) der rationalen „Elemente“,

e) Ihrer vermuteten Wirkung auf den Leser.

62. Aufgabe

Nehmen Sie Stellung zu der These „Werbung manipuliert den Verbraucher“.

63. Aufgabe

Werbung kostet viel Geld. Wie kontrollieren Sie als Werbetreibender die Wirksamkeit einer Werbemaßnahme?

64. Aufgabe

Hier die Werbemaßnahme eines Drogerie-Discounters,
die in allen Tageszeitungen deutschlandweit geschaltet wurde

Beurteilen Sie den Ausschnitt aus der Werbung hinsichtlich

a) der Gestaltung von Bild, Schriftart, -größe,

b) der Textmenge,

c) der emotionalen „Elemente“,

d) der rationalen „Elemente“,

e) Ihrer vermuteten Wirkung auf den Leser.

65. Aufgabe

Welche Marketinginstrumente setzten Einzelhandelsgeschäfte allgemein ein?
Erläutern Sie kurz die jeweiligen Begriffe.

66. Aufgabe

Der Einzelhandel ist um „Kundenorientierung" bemüht, gleichgültig, in welcher Betriebsform das Geschäft geführt wird.
Welche Leistungen des Einzelhandels sind besonders wichtig bei

a) Warenhäusern,

b) Lebensmitteldiscountern?

67. Aufgabe

Hier liegt Sales Promotion am Point of Sale vor.

a) Erläutern Sie beide Begriffe.

b) Worin besteht das Ziel von Sales Promotion?

c) Welche Verkaufsförderungsmaßnahmen halten Sie in der Forum Warenhaus KG für besonders wirkungsvoll? Begründung!

68. Aufgabe

Sie überlegen folgende PR-Maßnahme, die die Forum Warenhaus KG sponsern möchte: „Wir statten die Mannschaft des erfolgreichen örtlichen Basketballvereins und des Tennisclubs mit Trikots aus, die u. a. das Logo der Forum Warenhaus KG mit unserer Firmenbezeichnung tragen."
Was bringt uns eine solche PR-Maßnahme?

3 Qualitätssichernde Maßnahmen; Prozessoptimierung

Situation zur 1.–15. Aufgabe

Sie sind Mitarbeiter/in in der Forum Warenhaus KG und verkaufen in „der Welt der schönen Dinge“ Uhren und Schmuck. Zu Ihren Aufgaben gehören wirtschaftliche Überlegungen zum profitablen Sortiment, zum Bestellbestand, zum Lagerbestand und den Lagerkosten.
Ihnen liegt ein Auszug aus dem computergestützten Warenwirtschaftssystem Ihres Sortiments vor:

Artikelnummer (EAN)	Bezeichnung	Verkaufspreis EUR	Bestellmenge	Bestand	Monatsabsatz	Monatsumsatz EUR	Rohgewinn EUR
4123456789123	**Armbanduhr Junior 12**	29,90	100	42	60	1.794,00	588,00
2467907812121	**Armbanduhr Fossil 53**	69,90	160	20	90	6.291,00	2.709,00
1754378091323	**Armbanduhr White Titan 55**	59,00	100	36	60	3.540,00	1.290,00
76986510321123	**Swatch Chronograph 11**	110,00	50	38	40	4.400,00	1.540,00
90197686053231	**Esprit-Damenuhr Timewear 50**	110,00	50	40	30	3.300,00	1.260,00
3057452213445	**Funk-Solaruhr Chronograph 95**	199,00	25	32	10	1.990,00	930,00
1978765013241	**Funkuhr Gold Superior 100**	439,00	5	2	3	1.317,00	630,00
9877645102343	**Funkwecker Typ 13**	9,90	200	95	100	990,00	200,00

1. Aufgabe

Welche zwei Produkte sind die mengenmäßigen

a) „Renner“,

b) „Penner“?

2. Aufgabe

Welche zwei Produkte sind hinsichtlich des Monatsumsatzes

a) „Renner“,

b) „Penner“?

3. Aufgabe

Welche zwei Produkte sind hinsichtlich des Rohgewinns

a) „Renner“,

b) „Penner“?

4. Aufgabe

Unterscheiden Sie Reingewinn und Rohgewinn.

5. Aufgabe

Eine Kollegin meint, den Funkwecker Typ 13 sollte man aus dem Sortiment nehmen? Was meinen Sie?

6. Aufgabe

Welche zwei Artikel sollten dringend nachbestellt werden, damit es zu keinen Umsatzeinbußen kommt?

7. Aufgabe

Berechnen Sie den Meldebestand für den Artikel Armbanduhr Fossil 53:

Sicherheitsbestand:	15 Stück
Tagesumsatz:	3 Stück
Lieferzeit	14 Tage

8. Aufgabe

Bei welchem Produkt reicht der Vorrat für mindestens drei Monate?

9. Aufgabe

Wie wird der Höchstbestand bestimmt?

10. Aufgabe

Welche Sortimentsstrategie liegt vor, auch Artikel wie Funkuhr Gold Superior 100 für 439,00 EUR im Sortiment beizubehalten?

11. Aufgabe

Das Produkt Armbanduhr Junior wird für 20,10 EUR eingekauft, die Armbanduhr Fossil 53 für 39,80 EUR. Berechnen Sie für beide Produkte mit zwei Stellen nach dem Komma

a) den Kalkulationszuschlag,

	Armbanduhr Junior 12	Armbanduhr Fossil 53
Bruttoverkaufspreis		
Einstandspreis		
Rohgewinn		

b) die Handelsspanne.

	Armbanduhr Junior 12	Armbanduhr Fossil 53
Bruttoverkaufspreis 19 % USt. NettoVerkaufspreis		
Einstandspreis		
Rohgewinn ./. USt.		

12. Aufgabe

Sie erhalten von einem Schmuckwaren-Großhändler ein Angebot über modische Herren-Armbanduhren. Zu welchem Preis können Sie solche Uhren anbieten, die Sie für 20,50 EUR einkaufen können, wenn Sie mit einem Kalkulationsaufschlag von 55 % rechnen und auf volle Euro aufgerundet wird?

13. Aufgabe

Erläutern Sie: „Die Welt der schönen Dinge" in der Forum Warenhaus KG betreibt eine Mischkalkulation.

14. Aufgabe

Wie können Sie die Sortimentspflege bei Armbanduhren gestalten?

15. Aufgabe

Geben Sie jeweils zwei Beispiele für

a) Sortimentserweiterung bei Armbanduhren,

b) Sortimentsbeschränkung bei Schmuckartikel.

Situation zur 16.–19. Aufgabe

Sie sind Mitarbeiter/in in der Forum Warenhaus KG und mitverantwortlich für qualifizierte Maßnahmen und Prozessoptimierung im Lager.

16. Aufgabe

In welchen Fällen greifen Sie zurück auf das

a) Verkaufslager,

b) Zentrallager?

17. Aufgabe

Sie achten bei der Lagerhaltung auf

a) rationellen Warenfluss,
b) „Just-in-time".

Erläutern Sie, was unter diesen Begriffen zu verstehen ist und geben Sie ein Beispiel.

18. Aufgabe

Zeigen Sie drei Nachteile eines hohen Lagerbestands auf.

19. Aufgabe

Im Rahmen der permanenten Inventur mithilfe von MDE-Geräten werdem Inventurdifferenzen festgestellt. Nennen Sie drei Ursachen hierfür.

Situation zur 20.–30. Aufgabe

In der Hemdenabteilung finden neue Kollektionen an Freizeit-, City- und eleganten Partyhemden guten Absatz. Die Qualitäten bestehen überwiegend aus „reiner Baumwolle“.

20. Aufgabe

Ermitteln Sie die optimale Bestellmenge aus folgenden Angaben.

Jahresbedarf 1.000 Stück; Bestellkosten: 40,00 EUR pro Bestellung; Einstandspreis des betreffenden Artikels: 12,50 EUR; Lagerhaltungskosten 2,00 EUR pro Stück.

Bestellmenge	Bestellhäufigkeit im Jahr	∅ Lagerbestand = 1/2 Bestellmenge	Lagerkosten in EUR	Bestellkosten in EUR	Gesamtkosten in EUR
1.000					
500					
250					
200					
125					
100					

---

21. Aufgabe

Disponieren Sie die Bestellmenge anhand folgender Angaben:

Verkaufmenge des Vorjahres + 10 % Planungsreserve	2.600 Stück Stück
= geplante Verkaufsmenge vorhandener Lagerbestand bereits laufende Bestellungen	Stück 1.900 Stück 400 Stück
= **Bestellmenge**	

---

22. Aufgabe

Beschreiben Sie das Dilemma der Beschaffungsplanung.

---

23. Aufgabe

Begründen Sie die Notwendigkeit der Wareneingangskontrolle.

24. Aufgabe

Beschreiben Sie den Ablauf der Wareneingangskontrolle und achten Sie auf die richtige Reihenfolge.

25. Aufgabe

Weshalb ist die angelieferte Ware unverzüglich zu prüfen?

26. Aufgabe

a) In der Hemdenabteilung soll das Sortiment an eleganten Smokinghemden erweitert werden. Welche vorhandenen betrieblichen Karteien/Dateien könnten Aufschluss über mögliche Bezugsquellen geben (Kurzbeschreibung der Unterschiede)?

b) Wo könnten Sie unbekannte Lieferanten für diese Artikel in Erfahrung bringen (vier verschiedene Möglichkeiten)?

27. Aufgabe

Die bestellten Hemden treffen ein. Begründen Sie, warum die Sendung nicht nur mit dem Packzettel und Lieferschein verglichen werden darf.

28. Aufgabe

Bei der Warenbestellung hat der Einkäufer falsche Stückzahlen errechnet. Wie kann es dazu gekommen sein?

29. Aufgabe

Die Neulieferung wird ins Lager gebracht.

a) Welche Bedingungen soll ein optimaler Lagerbestand erfüllen?

b) Warum ist es schwierig, das Ziel „optimaler Lagerbestand" zu verwirklichen?

c) Lagerbestände stellen auch „totes Kapital" dar. Erläutern Sie die Aussage.

30. Aufgabe

Der Abteilungsleiter hat für einen bestimmten Hemdentyp einen Höchstbestand von 60 Stück festgelegt.

a) Was soll mit dieser Festlegung erreicht werden?

b) Es werden täglich vier Hemden dieses Typs verkauft, die Lieferzeit beträgt sechs Tage. Berechnen Sie den Meldebestand bei einer Sicherheitsreserve von zehn Stück.

Situation zur 31.–45. Aufgabe

Sie sind Mitarbeiter/in in der Sportabteilung der Forum Warenhaus KG und stellen wirtschaftliche Überlegungen im Zusammenhang mit der Warenbeschaffung, der Lagerhaltung mithilfe des computergestützten Warenwirtschaftssystems an. Die Warengruppe Bergstiefel soll erweitert werden. Sie schauen sich zunächst die Lieferanten- und die Artikeldatei (Warendatei) an.

Lieferantendatei						
LiefNr.	Lieferantenname und Ansprechpartner		Straße	PLZ	Ort	Umsatz zum EK

Artikeldatei					
Artikelnummer	Artikelbezeichnung	Einstandpreis	Lagerbestand	Mindestbestand	Sonstiges

31. Aufgabe

Erklären Sie den Unterschied zwischen Lieferanten- und Artikeldatei.

32. Aufgabe

Welche Informationen liefern Lieferanten- und Artikeldatei (jeweils drei Nennungen)?

33. Aufgabe

Geben Sie fünf externe Bezugsquellen für neue Lieferanten an.

34. Aufgabe

Die internationale Sportartikelmesse in München bietet das umfassendste Sortiment an Sportartikeln. Welche Vorteile ergeben sich für Sie, dort zur Messe einzukaufen (drei Nennungen)?

35. Aufgabe

Sie bereiten den Einkauf sehr sorgfältig vor, indem Sie sich auf das Warenwirtschaftssystem und seine Statistiken stützen. Welche Statistiken bzw. Auswertungen sollten herangezogen werden?

36. Aufgabe

Sie erhalten im Januar von einem neuen Lieferanten auf der Messe in München ein Angebot über:
25 Bergschuhe, alpin, Nr. 4832
Bezugspreis statt 189,60 EUR/Paar 169,00 EUR/Paar
Lieferung innerhalb acht Tagen, Zahlung bis 15. Februar
Die Bergschuhe werden erst Mitte Mai benötigt.

a) Welche Vorteile bietet Ihnen das Angebot?

b) Welche Nachteile ergeben sich aus dem Angebot?

37. Aufgabe

Welche zwei wichtigen Aufgaben hat in diesem Falle (siehe Aufgabe 36) das Lager?

38. Aufgabe

Zu neuen Bergschuhen gehören auch die entsprechenden funktionellen und hochwertigen Socken. Wie viel Paar Socken würden Sie für diese 25 Paar Bergschuhe bestellen?

39. Aufgabe

Die Warengruppe Sportsocken kann für vielerlei Sportarten eingesetzt werden. Sie zeigt folgendes Bild (Ausschnitt):

Artikelnummer	Artikelbezeichnung	Jahresabsatz/ Paare	durchschnittlischer Lagerbestand	Umschlagshäufigkeit	durchschnittliche Lagerdauer
4236524190671	Filke spezial	800	50		
4236524011981	Adis, exklusiv	600	60		
4236524984211	Bergo, premium	460	40		

Berechnen Sie

a) die Umschlagshäufigkeit und

b) die durchschnittliche Lagerdauer.

40. Aufgabe

Berechnen Sie die Jahresrohgewinne für die einzelnen Produkte bei folgenden Angaben:

Artikelnummer	Artikelbezeichnung	Jahresabsatz/ Paare	Bezugspreis/ EUR	Verkaufspreis/ EUR	Jahresrohgewinn/EUR
4236524190671	Filke spezial	800	9,95	17,90	
4236524011981	Adis, exklusiv	600	8,95	17,90	
4236524984211	Bergo, premium	460	12,00	24,90	

Rohgewinn/Artikel

Rohgewinn/Artikelgruppe

41. Aufgabe

Welches Produkt aus Aufgabe 39 und 40 ist der

a) mengenmäßige „Penner",

b) „Renner" in Bezug auf den Jahresrohgewinn?

42. Aufgabe

Berechnen Sie den Kalkulationszuschlag für das Produkt „Bergo premium".

Heinrich Löwe KG
Sportartikelgroßhandel

Heinrich Löwe KG, Sportartikelgroßhandel, Postfach 2987, 89250 Senden/Iller

Forum Warenhaus KG
Königstraße 20–22
97005 Würzburg

Angebot

Ihre Zeichen	Ihre Nachricht vom	Unsere Zeichen, unsere Nachricht vom	Telefon, Name	Datum
Bi/Kr	12.10. ..	Ry	07307 540-32 Herr Rau	15. 10. ..

Sehr geehrte Damen und Herren

Wir danken für Ihre Anfrage vom 12.10. .. und können Ihnen anbieten:

5 Heimtrainer, Typ Exklusiv DG 2010, Preis netto 1.275,00 EUR
Bei Abnahme von 5 Heimtrainern gewähren wir Ihnen 15 % Rabatt.
Fracht und Rollgeld 200,00 EUR
Zahlungsbedingungen: innerhalb 14 Tagen abzüglich 3 % Skonto
nach 30 Tagen rein netto.

Wir würden uns über Ihren Auftrag freuen.

Mit freundlichen Grüßen
Heinrich Löwe KG

Heinrich Löwe KG, Sportartikelgroßhandel,
Postfach 2987, 89250 Senden/Iller

Bankverbindungen:
Dresdner Bank , BLZ 790 500 04; Konto 54 002
Sparkasse Ulm, BLZ 730 500 02; Konto 49 992

43. Aufgabe

Ermitteln Sie den Bezugspreis für einen Spezial-Heimtrainer aus vorhergenden Angebot (S. 126), auf volle Euro aufgerundet.

44. Aufgabe

Zu welchem Verkaufspreis können Sie diesen Heimtrainer anbieten, wenn die Forum Warenhaus KG mit einem Kalkulationsfaktor von 1,8 rechnet (auf volle Euro aufgerundet)?

45. Aufgabe

Wie beurteilen Sie die „Traiding-Up“-Maßnahme, teure Heimtrainer ins Sortiment aufzunehmen?

4 Aufgaben des Controllings

Situation zur 1. Aufgabe

Sie ermitteln Kennzahlen des Controllings als Informations- und Steuerungsinstrument. Sie nutzen die Daten aus dem computergestützten Warenwirtschaftssystem, aus Bilanz und Gewinn- und Verlustkonto und lösen folgende Aufgabe. Für das vergangene Geschäftsjahr liegen für die Forum Warenhaus KG folgende Zahlen vor:

Aktiva	Eröffnungsbilanz		Passiva
I. Anlagevermögen		I. Eigenkapital	10.491.000,00 EUR
1. Grundstücke und Bauten	7.100.000,00 EUR	II. Fremdkapital	
2. Betriebs- und Geschäftsausstattg	3.300.000,00 EUR	1. Verblk. gg. Kreditinstituten	2.700.000,00 EUR
II. Umlaufvermögen		2. Verblk. aus Lieferg. u. Leistg.	1.160.000,00 EUR
1. Waren	2.190.000,00 EUR	3. Sonstige Verbindlichkeiten	40.000,00 EUR
2. Ford. aus Lieferg. u. Leistg.	760.000,00 EUR		
3. Bankguthaben	970.000,00 EUR		
4. Kassenbestand	71.000,00 EUR		
	14.391.000,00 EUR		14.391.000,00 EUR

Soll	Gewinn- und Verlustkonto		Haben
1. Aufwendungen f. Waren	13.320.000,00 EUR	10. Umsatzerlöse	2.500 000,00 EUR
2. Aufw. f. Recycl. u. Entsorg.	75.000,00 EUR	11. Zinserträge	38 000,00 EUR
3. Instandhaltung u. Reparatur	2.120.000,00 EUR		
4. Gehälter	4.200.000,00 EUR		
5. Abschreibg. a. Sachanlagen	801.000,00 EUR		
6. Büromaterial	382.000,00 EUR		
7. Werbung und Dekoration	1.695.000,00 EUR		
8. Zinsaufwand f. Bankkredit	257.000,00 EUR		
9. Gewinn	2.188.000,00 EUR		
	25.038.000,00 EUR		25.038.000,00 EUR

Als kalkulatorischer Unternehmerlohn werden 480.000,00 EUR angesetzt.

1. Aufgabe

Berechnen Sie auf zwei Stellen nach dem Komma gerundet

a) die Eigenkapitalrentabilität,

b) die Gesamtkapitalrentabilität,

c) die Umsatzrentabilität.

d) Erläutern Sie, warum kalkulatorischer Unternehmerlohn zu berücksichtigen ist.

e) Im vergangenen Geschäftsjahr betrug die Umsatzrentabilität 8,8 %. Erläutern Sie zwei Gründe, für die veränderte Umsatzrentabilität im laufenden Jahr.

f) Die Forum Warenhaus KG hat bisher mit einem Handlungskostenzuschlag von 75 % gearbeitet. Ermitteln Sie anhand des Gewinn- und Verlustkontos, ob mit diesem Zuschlag weiterhin gerechnet werden kann. Begründen Sie Ihre Entscheidung.

g) Berechnen Sie die Personalproduktivität bei 150 Mitarbeitern.

h) Ermitteln Sie die Umsätze pro Quadratmeter bei einer Verkaufsfläche von 10 000 m^2.

2. Aufgabe

Sie sind Mitarbeiter/in in der Forum Warenhaus KG. Geschäftsführer/Komplementär ist laut Gesellschaftsvertrag Herr Hans-Jörg Heine, Kommanditist ist Herr Fritz Müller. Eine weitere Komplementärin, Frau Annette Schuhmann, soll mit aufgenommen werden. Sie möchte sich mit 100.000,00 EUR an der KG beteiligen.

a) Erläutern Sie das Haftungsrisiko der Komplementärin, Frau Schuhmann in Bezug auf ihre Beteiligung von 100.000 EUR an der Forum Warenhaus KG und des Kommanditisten, Herrn Fritz Müller.

____

____

b) Frau Annette Schuhmann bestellt bei einem Lieferanten Schuhe im Wert von 20.000 EUR. Als die Rechung für die Sendung eingeht, verweigert Herr Heine die Bezahlung mit der Begründung, der Vertrag sei ungültig, denn laut Gesellschaftsvertrag darf Frau Schuhmann Verträge über 15.000 EUR nur nach Rücksprache mit Herrn Heine abschließen. Wie ist die Rechtslage?

____

____

c) Die Umsätze in der Schuhabteilung der Forum Warenhaus KG zeigen folgendes Bild:

	Jahr 2004 EUR	2005 EUR
Bruttoumsatz inkl. 19 % Ust. Wareneinsatz Handlungskosten	755.650,00 370.000,00 240.000,00	689.010,00 320.000,00 234.000,00

Ermitteln Sie die Handelsspanne für die Jahre 2004 und 2005.

Einzelhandelsprozesse

d) Berechnen Sie die Wirtschaftlichkeit für beide Jahre.

e) Sie besorgen sich die Branchenzahlen der Handelsspanne für die Schuhabteilung aus einer Fachzeitschrift des Schuhhandels. Dort finden Sie folgende Kennziffern vor:

	Handelsspanne 2004	Handelsspanne 2005	Veränderung
Schuhbranche insgesamt	39,9	42,00	+ 2,1

Beurteilen Sie die Entwicklung der Handelsspanne in der Forum Warenhaus KG im Vergleich zur Branche.

____

____

f) Erklären Sie, wie die Personalproduktivität berechnet wird.

g) Beurteilen Sie die Personalproduktivität der Forum Warenhaus KG und der Schuhbranche, wenn Ihnen folgende Zahlen vorliegen.

	Produktivität in EUR 2004	Produktivität in EUR 2005
Branche insgesamt Forum Warenhaus KG	132.000 145.000	137.900 149.700

h) Berechnen Sie mit den Zahlen aus Aufgabe g) die Veränderungen gegenüber dem Vorjahr in der Branche und in der Forum Warenhaus KG, jeweils in %.

i) Welche Maßnahmen schlagen Sie vor, um eventuell abnehmenden Umsätzen entgegenzusteuern?

3. Aufgabe

Die Mitschülerin Tanja arbeitet in einem benachbarten exklusiven Modegeschäft für Damen und Herren gleich neben der Forum Warenhaus KG.

Folgende Zahlen liegen vor:

Aktiva	Eröffnungsbilanz		Passiva
Anlagevermögen	430.500,00 EUR	Eigenkapital	600.000,00 EUR
Umlaufvermögen	613.250,00 EUR	Fremdkapital	443.750,00 EUR

Soll	Gewinn- und Verlustkonto		Haben
Aufwendungen für Waren	2.625.000,00 EUR	Umsatzerlöse	3.812.500,00 EUR
Gehälter	511.500,00 EUR		
weitere Aufwendungen	301.750,00 EUR		
Gewinn	374.250,00 EUR		
	3.812.500,00 EUR		3.812.500,00 EUR

Weitere Angaben:
kalkulatorischer Unternehmerlohn: 152 000 EUR
Anzahl der Mitarbeiter: 45
Verkaufsfläche 400 m^2
Zinsen für Fremdkapital 7,5%

Berechnen Sie folgende Kennziffern und geben Sie den Lösungsweg an:

a) den Unternehmergewinn und die Zinsen für das Fremdkapital,

b) die Eigenkapitalrentabilität,

c) die Gesamtkapitalrentabilität,

d) die Wirtschaftlichkeit,

e) die Raumproduktivität,

f) die Arbeitsproduktivität.

g) Da die Geschäftsentwicklung in den vergangenen zwei Jahren positiv verlaufen ist, denkt der Geschäftsinhaber über eine Geschäftserweiterung nach.

(1) Erläutern Sie das Franchisingsystem kurz.

(2) Welche Vorteile bietet dieses System dem Franchise-Nehmer?

4. Aufgabe

Sie sind Mitarbeiter/in in der Forum Warenhaus KG und berechnen für den Sortimentsbereich Haushaltsgeräte, wozu z. B. Espresso-Maschinen, Kaffeeautomaten, Küchenmaschinen, Boden- und Handstaubsauger, Bügeleisen u. Ä. gehören, diverse Kennziffern. Sie sind mit dem Warenwirtschaftssystem vertraut.
Für das Jahr 2005 lagen für diesen Sortimentsbereich folgende Zahlen vor:

Warenanfangsbestand:	70.000 EUR
Umsatzerlöse netto:	700.000 EUR
Summe Wareneinkäufe	385.000 EUR
Waren-Endbestand lt. Inventur	35.000 EUR

Berechnen Sie

a) den Wareneinsatz,

b) den durchschnittlichen Lagerbestand,

c) die Umschlagshäufigkeit,

d) die durchschnittliche Lagerdauer,

e) den Lagerzins bei einem Bank-Jahreszinssatz von 8,75 %.

f) Was versteht man unter der Umschlagshäufigkeit?

g) Welcher Zusammenhang besteht zwischen der Umschlagshäufigkeit und der Lagerdauer?

h) Mit welcher Handelsspanne für das obige Sortiment rechnet die Forum Warenhaus KG?

i) Welchem Kalkulationszuschlag entspricht eine Handelsspanne von 40 %?

k) Zu welchem Preis können Sie einen Espresso-Automaten anbieten, dessen Bezugspreis bei 125,55 EUR liegt und bei dem Sie mit einen Kalkulationszuschlag von 98 % rechnen (aufgerundet auf volle Euro)?

l) Nennen Sie fünf wichtige Aufgaben, die ein computergestütztes Warenwirtschaftssystem hat.

m) Zählen Sie jeweils zwei Vorteile auf, die für
- den Unternehmer,
- die Mitarbeiter von großer Bedeutung sind.

Einzelhandelsprozesse

C Wirtschafts- und Sozialkunde

Aufgabenverteilung in der Abschlussprüfung (überwiegend gebundene Aufgaben)

Gebiet	Aufgabenteil ca. %
01 Grundlagen des Wirtschaftens	**15**
02 Rechtliche Rahmenbedingungen des Wirtschaftens	**40**
03 Menschliche Arbeit im Betrieb	**30**
04 Arbeitssicherheit, Umweltschutz	**15**
Gesamt	100

1 Grundlagen des Wirtschaftens

1. Aufgabe

Die Forum Warenhaus KG gehört zu den Handelsbetrieben.
Welche der folgenden betriebswirtschaftlichen Funktionen entfällt in einem Handelsbetrieb?

1. Beschaffung
2. Produktion
3. Absatz
4. Finanzierung
5. Leitung

▶ ☐

---

2. Aufgabe

Wie alle Handelsbetriebe erfüllt auch die Forum Warenhaus KG wichtige Funktionen in der Gesamtwirtschaft.
Welche Beschreibung trifft auf die Hauptaufgaben des Handels in der Gesamtwirtschaft zu?

1. Import von Rohstoffen und anschließende Weiterverarbeitung
2. Haltung eines breiten Sortiments zur Bedienung der Kunden
3. Vermietung von Gegenständen im Leasing
4. Veredelung von Vorprodukten
5. Umarbeiten von angelieferten Gegenständen

▶ ☐

---

3. Aufgabe

Der Komplementär und Geschäftsführer der Forum Warenhaus KG überlegt, wie er seine Stellung gegenüber den Großbetrieben seiner Branche behaupten und verbessern kann, ohne seine Selbstständigkeit zu verlieren.
Was könnte er tun?

1. Sich einer Einkaufsgenossenschaft oder einer freiwilligen Kette anschließen
2. Sich einem Konzern anschließen
3. Sich einem Kartell anschließen
4. Mit einem Partner eine OHG gründen
5. Mehrere Filialen errichten

▶ ☐

---

4. Aufgabe

Viele Betriebe sind in der Standortwahl eingeschränkt, andere können den Standort frei wählen.
Für welchen Betrieb kann der Standort im Allgemeinen frei gewählt werden?

1. Bergwerk
2. Modehaus
3. Hochseereederei
4. Kleiderfabrik
5. Schiffswerft
6. Produktionsbetrieb der Großchemie

▶ ☐

---

5. Aufgabe

Was versteht man unter „Freiwilligen Ketten"?

1. Absatzgenossenschaften
2. Zusammenschluss selbstständiger Großhändler mit mehreren Einzelhändlern zur gemeinsamen Beschaffung und Werbung sowie Schaffung eigener Handelsmarken
3. Warenabsatz über Verkaufsautomaten des Großhändlers, die vom Einzelhändler betreut werden, wofür er eine Umsatzprovision erhält
4. Der Einzelhändler vermietet dem Großhändler einen Teil seiner „Waren-Stellfläche" im Ladengeschäft, die der Großhändler auf eigenes Verkaufsrisiko mit seinen Waren ausstattet.

▶ ☐

---

6. Aufgabe

Wie ist bei dem in der unten stehenden Abbildung dargestellten Verlauf von Angebots- und Nachfragekurve der richtige Zusammenhang zwischen Preis und Menge?

1. Je niedriger der Angebotspreis, umso größer die Angebotsmenge
2. Je höher der Angebotspreis, umso höher die Nachfragemenge
3. Je höher die Angebotsmenge, umso niedriger der Angebotspreis
4. Bei niedrigem Preis steigt die Nachfragemenge und die Angebotsmenge.
5. Bei hohem Preis steigt die Angebotsmenge und sinkt die Nachfragemenge.

▶ ☐

Abbildung zur 6. Aufgabe

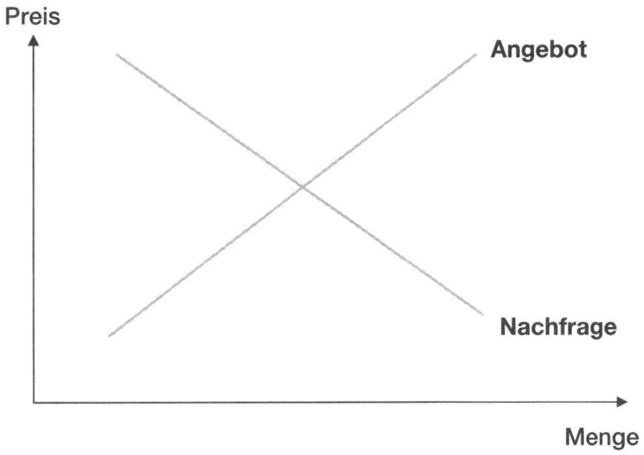

---

7. Aufgabe

Wie wirkt sich eine Preissteigerung auf das Modell von Angebot und Nachfrage in einer freien Marktwirtschaft aus?

1. Das Angebot steigt, die Nachfrage steigt im gleichen Maße.
2. Das Angebot steigt, die Nachfrage steigt erheblich stärker.
3. Die Nachfrage steigt, das Angebot bleibt gleich.
4. Die Nachfrage sinkt, das Angebot sinkt erheblich stärker.
5. Die Nachfrage steigt sehr stark, das Angebot steigt nur geringfügig.
6. Das Angebot steigt, die Nachfrage sinkt.

▶ ☐

---

8. Aufgabe

Ordnen Sie zu, indem Sie die Kennziffern der drei Preistendenzen in die Kästchen bei den zugehörigen wirtschaftlichen Tatbeständen eintragen. Gehen Sie dabei vom Modell der freien Marktwirtschaft aus.

Preistendenzen in der Marktwirtschaft:

1. Steigen
2. Fallen
3. Gleichbleiben

Wirtschaftliche Tatbestände:

Die Transportkosten für Heizöl sind stark angestiegen.	☐
In einer Kleinstadt eröffnet noch ein Supermarkt.	☐
Die Hersteller von Stahl verknappen bewusst das Angebot.	☐
Nach den Osterfeiertagen steigt das Angebot von Eiern.	☐
In der Vorweihnachtszeit steigt das Angebot von Nüssen, die Nachfrage nimmt im gleichen Maße zu.	☐

9. Aufgabe

Welche der genannten Funktionen hat der Preis in der Marktwirtschaft bei vollständiger Konkurrenz?

1. Er gibt den objektiven Wert eines Gutes an.
2. Er lenkt die Nachfrage zu den qualitativ besten Produkten.
3. Er sorgt für den Ausgleich zwischen Angebot und Nachfrage.
4. Er ist der Ausgleich für die Kosten, die bei der Herstellung eines Gutes entstehen.
5. Er gibt die Marktstellung eines Anbieters an.

▶ ☐

10. Aufgabe

Welchen Einfluss auf den Preis hat eine starke Marktstellung eines Anbieters?

1. Er kann jeden beliebigen Preis verlangen.
2. Es ist ihm möglich, den Preis zu verlangen, bei dem er den größten Gewinn erzielt.
3. Er kann nur einen staatlich festgelegten Preis verlangen.
4. Er kann nur den Gleichgewichtspreis verlangen, der sich bei vollkommener Konkurrenz bildet.
5. Er kann seinen Preis festsetzen, ohne auf die Konkurrenz Rücksicht nehmen zu müssen.

▶ ☐

11. Aufgabe

In den vergangenen Jahrzehnten hat sich ein Wandel vom Verkäufermarkt zum Käufermarkt vollzogen. Wodurch ist der Käufermarkt gekennzeichnet?

1. Am Käufermarkt ist das Angebot größer als die Nachfrage.
2. Am Käufermarkt ist die Nachfrage größer als das Angebot.
3. Am Käufermarkt sind Angebot und Nachfrage ausgewogen.
4. Am Käufermarkt ist nur Nachfrage vorhanden.
5. Am Käufermarkt steigen die Preise besonders stark.

▶ ☐

12. Aufgabe

Was sind Konsumgüter?

1. Alle Güter, die man über einen längeren Zeitraum verwenden kann, z. B. Möbel oder Autos
2. Nur Güter, die nach kurzer Zeit (bis zu zwei Monaten) verbraucht werden, z. B. Lebensmittel und Getränke
3. Alle Güter, die gebraucht oder verbraucht werden, um dadurch die Bedürfnisse des Verbrauchers zu befriedigen, z. B. Lebensmittel oder Autos
4. Alle Waren, die man kaufen kann; Dienstleistungen gehören nicht dazu
5. Alle Waren, die man kaufen kann; Dienstleistungen gehören ebenfalls dazu

▶ ☐

13. Aufgabe

In welchem der folgenden Beispiele wird das angegebene Gut als Produktionsmittel (Investitionsgut) verwendet?

1. Eine Flasche Sekt wird auf einer Geburtstagsparty getrunken.
2. Ein junges Ehepaar kauft sich Möbel für das Wohnzimmer.
3. Eine Fluggesellschaft kauft ein Düsenflugzeug.
4. Ein Auszubildender kauft sich ein Moped.
5. Eine Friseurin kauft sich eine Pizza.

▶ ☐

14. Aufgabe

Man unterscheidet in der Volkswirtschaft Bedürfnisse und Bedarf.
Welche der nachfolgenden Behauptungen ist richtig?

1. Jedes Bedürfnis löst einen volkswirtschaftlichen Bedarf aus.
2. Bedürfnis ist der Wunsch nach dem Besitz eines Gutes. Bedarf ist die kaufkräftige Nachfrage nach Art und Menge eines Gutes.
3. Bedürfnisse erstrecken sich nur auf Luxusgüter, der Bedarf bezieht sich nur auf lebensnotwendige Güter.
4. Bedürfnisse gibt es nur bei Konsumgütern, Bedarf bei Konsum- und Investitionsgütern.
5. Bedürfnisse können durch Werbung nicht wachgerufen werden, der Bedarf wird durch Werbung erst hervorgerufen.

▶ ☐

15. Aufgabe

Ordnen Sie zu, indem Sie die Kennziffern von fünf der insgesamt neun Begriffe aus der Systematik der Güter in die Kästchen bei den zugehörigen Stellen des abgebildeten Schemas eintragen.

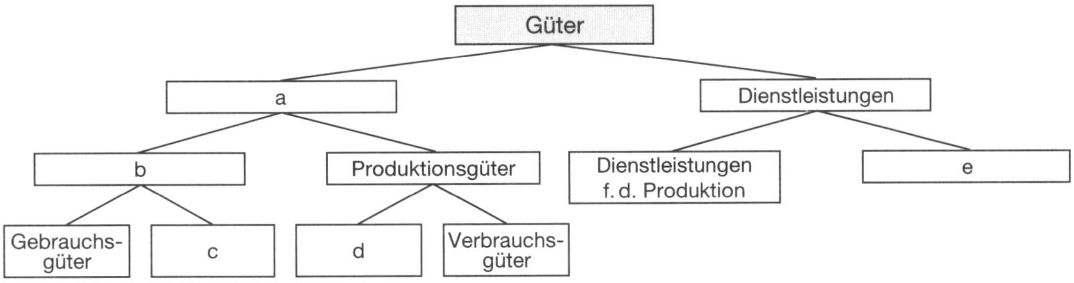

Begriffe aus der Systematik der Güter:

1. Sachgüter
2. Dienstleistungen
3. Konsumgüter
4. Immaterielle Güter
5. Verbrauchsgüter
6. Produktionsgüter
7. Gebrauchsgüter
8. Dienstleistungen für den Konsum
9. Freie Güter

Zugehörige Stellen des Schemas:

a	☐
b	☐
c	☐
d	☐
e	☐

Wirtschafts- und Sozialkunde

16. Aufgabe

Was versteht man unter den volkswirtschaftlichen Produktionsfaktoren?

1. Rohstoffgewinnung, Weiterverarbeitung, Verteilung
2. Produktion, Handel, Dienstleistungen
3. Kapital, dispositiver Faktor, Rohstoffe
4. Arbeit, Kapital, Boden
5. Grundstoffindustrie, Investitionsgüterindustrie, Konsumgüterindustrie

▶ ☐

---

17. Aufgabe

Welche Feststellung über Dienstleistungsbetriebe ist zutreffend?

1. Die Zahl der Dienstleistungsbetriebe in der Bundesrepublik Deutschland wird in Zukunft eher ab- als zunehmen.
2. Dienstleistungsbetriebe spielen in den hoch entwickelten Industriestaaten eine geringe Rolle.
3. Dienstleistungsbetriebe sind in allen Wirtschaftsbereichen zu finden.
4. Dienstleistungsbetriebe gehören zum Bereich der Weiterverarbeitung.
5. Die Zahl der Dienstleistungsbetriebe in der Bundesrepublik Deutschland hat in der Vergangenheit überdurchschnittlich zugenommen.

▶ ☐

---

18. Aufgabe

Ordnen Sie zu, indem Sie die Kennziffern von drei der insgesamt sechs Tätigkeiten in die Kästchen bei den dazugehörigen Wirtschaftsbereichen eintragen.

Tätigkeiten:

1. Ein Landwirt erntet ein Maisfeld ab
2. Die Kreditbank berät einen Existenzgründer
3. Der Waldbesitzer rodet einen Fichtenwald
4. Ein Bäcker stellt Backwaren her
5. Ein Konzern fördert Erdgas
6. Die Sportabteilung verkauft Snowboards

Wirtschaftsbereiche:

Verteilung	☐
Dienstleistung	☐
Verarbeitung	☐

---

19. Aufgabe

Prüfen Sie, mit welcher Zielsetzung ein Unternehmer nach dem ökonomischen Prinzip handelt!

1. Das Personal soll bei steigenden Umsätzen eine Umsatzbeteiligung erhalten.
2. Die Kundenbedürfnisse sollen mit kostendeckenden Preisen befriedigt werden.
3. Mit Fremdkapitalaufnahme sollen Finanzierungslücken geschlossen werden.
4. Der maximale Werbeerfolg soll mit einem minimalen Werbeaufwand erzielt werden.
5. Das eingesetzte Eigenkapital soll sich möglichst gut verzinsen.

▶ ☐

BGB Gesetzesauszüge zur 20. Aufgabe

§ 312 Widerrufsrecht bei Haustürgeschäften. (1) [1]Bei einem Vertrag zwischen einem Unternehmen und einem Verbraucher, der eine entgeltliche Leistung zum Gegenstand hat und zu dessen Abschluss der Verbraucher

1. durch mündliche Verhandlungen an seinem Arbeitsplatz oder im Bereich einer Privatwohnung,
2. anlässlich einer vom Unternehmer oder von einem Dritten zumindest auch im Interesse des Unternehmers durchgeführte Freizeitveranstaltung oder
3. im Anschluss an ein überraschendes Ansprechen in Verkehrsmitteln oder im Bereich öffentlich zugänglicher Verkehrsflächen

bestimmt worden ist (Haustürgeschäft), steht dem Verbraucher ein Widerrufsrecht gemäß § 355 zu. [2]Dem Verbraucher kann anstelle des Widerrufsrechts ein Rückgaberecht nach § 356 eingeräumt werden, wenn zwischen dem Verbraucher und dem Unternehmer im Zusammenhang mit diesem oder einem späteren Geschäft auch eine ständige Verbindung aufrechterhalten werden soll.

(2) Die erforderliche Belehrung über das Widerrufs- oder Rückgaberecht muss auf die Rechtsfolgen des § 357 Abs. 1 und 3 hinweisen.

(3) Das Widerrufs- oder Rückgaberecht besteht unbeschadet anderer Vorschriften nicht bei Versicherungsverträgen oder wenn

1. im Fall von Absatz 1 Nr. 1 die mündlichen Verhandlungen, auf denen der Abschluss des Vertrages beruht, auf vorhergehende Bestellung des Verbrauchers geführt worden sind oder
2. die Leistung bei Abschluss der Verhandlungen sofort erbracht und bezahlt wird und das Entgelt 40 Euro nicht übersteigt oder
3. die Willenserklärung des Verbrauchers von einem Notar beurkundet worden ist.

§ 355 Widerrufsrecht bei Verbraucherverträgen. (1) [1]Wird einem Verbraucher durch Gesetz ein Widerrufsrecht nach dieser Vorschrift eingeräumt, so ist er an seine auf den Abschluss des Vertrags gerichtete Willenserklärung nicht mehr gebunden, wenn er sie fristgerecht widerrufen hat. [2]Der Widerruf muss keine Begründung enthalten und ist in Textform oder durch Rücksendung der Sache innerhalb von zwei Wochen gegenüber dem Unternehmer zu erklären; zur Fristwahrung genügt die rechtzeitige Absendung.

(2) [1]Die Frist beginnt mit dem Zeitpunkt, zu dem dem Verbraucher eine deutlich gestaltete Belehrung über sein Widerrufsrecht, die ihm entsprechend den Erfordernissen des eingesetzten Kommunikationsmittels seine Rechte deutlich macht, in Textform mitgeteilt worden ist, die auch Namen und Anschrift desjenigen, gegenüber dem der Widerruf zu erklären ist, und einen Hinweis auf den Fristbeginn und die Regelung des Absatzes 1 Satz 2 enthält. [2]Sie ist vom Verbraucher bei anderen als notariell beurkundeten Verträgen gesondert zu unterschreiben oder mit einer qualifizierten elektronischen Signatur zu versehen. [3]Ist der Vertrag schriftlich abzuschließen, so beginnt die Frist nicht zu laufen, bevor dem Verbraucher auch eine Vertragsurkunde, der schriftliche Antrag des Verbrauchers oder eine Abschrift der Vertragsurkunde oder des Antrags zur Verfügung gestellt werden. [4]Ist der Fristbeginn streitig, so trifft die Beweislast den Unternehmer.

(3) [1]Das Widerrufsrecht erlischt spätestens sechs Monate nach Vertragsschluss. [2]Bei der Lieferung von Waren beginnt die Frist nicht vor dem Tag ihres Eingangs beim Empfänger.

20. Aufgabe

Wann kann ein Käufer, der einen Kaufvertrag abgeschlossen hat, trotz Unterschrift vom Vertrag zurücktreten? Lösen Sie die Aufgabe mithilfe der abgebildeten Paragrafen.

1. Wenn er sich über die Art der Zahlungsbedingungen geirrt hat
2. Wenn es sich um einen Betrag von über 1.000,00 EUR handelt
3. Wenn er feststellt, dass die Ware im Laden ungleich preiswerter zu haben ist
4. Wenn der Kauf durch einen Vertreter abgeschlossen oder angebahnt wurde, der den Käufer in der Wohnung aufsuchte
5. Wenn es sich um preisgebundene Waren handelt
6. Wenn der Widerruf schriftlich innerhalb von zwei Wochen erfolgt

▶ ☐

▶ ☐

21. Aufgabe

Wählen Sie die Handlungsweise aus, bei der das ökonomische Prinzip in Form des Maximalprinzips angewendet wird.

1. Ein Möbelhändler will durch verstärkten Werbeaufwand den Umsatz steigern.
2. Ein Sportartikelmarkt will durch erhebliche Preissenkungen im Bereich der Sportbekleidung den Umsatz steigern.
3. Ein Spediteur setzt seine Fahrzeuge so ein, dass an einem Tag möglichst viele Kunden angefahren werden können.
4. Eine Supermarktkette will in ihren Märkten die Kühlanlagen erneuern und ermittelt per Angebotsvergleich den günstigsten Anbieter.
5. Ein Busunternehmen will durch Streckenänderung die Treibstoffkosten senken und so die Auslastung der Fahrzeuge verbessern.

▶ ☐

22. Aufgabe

Welche Feststellung über das Maximalprinzip ist zutreffend?

1. Wer mit maximalem Mitteleinsatz den größtmöglichen Erfolg anstrebt
2. Wer mit einem Minimum an Aufwand einen bestimmten Ertrag erwirtschaftet
3. Wenn ein Wirtschaftsbürger mit seinem zur Verfügung stehenden Einkommen versucht, möglichst viele seiner Bedürfnisse zu befriedigen
4. Wer ein vorgegebenes Produktionsergebnis mit den geringsten Einsätzen an Mitteln anstrebt
5. Wenn ein Schreiner versucht, einen Stuhl mit möglichst wenig Holz zu produzieren

▶ ☐

---

23. Aufgabe

Ergänzen Sie den fehlenden Begriff im nachstehenden einfachen Wirtschaftskreislauf, indem Sie die Kennziffer des Begriffes in das Lösungskästchen eintragen.

1. Produktionsfaktoren
2. Investitionen
3. Zinszahlungen
4. Geldstrom
5. Produktionsgüter

▶ ☐

Kreislaufschema zur 23. Aufgabe

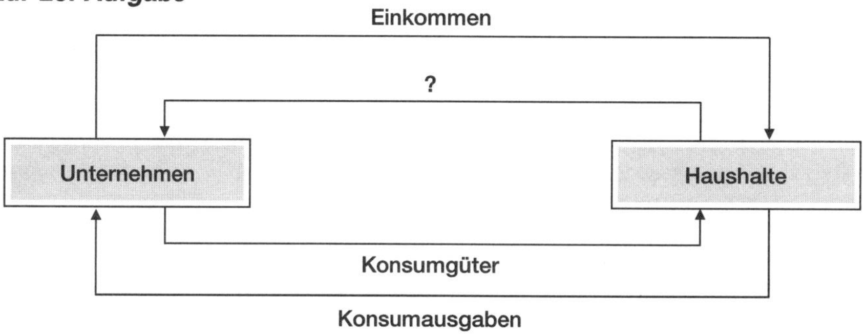

---

24. Aufgabe

Auf einem Markt mit vollkommenem Wettbewerb ist die Nachfrage kleiner geworden als das vorhandene Angebot. Wie ist die zu erwartende Reaktion der Anbieter im Modell von Angebot und Nachfrage?

1. Die Anbieter werden die Werbung einschränken.
2. Die Anbieter werden die Preise erhöhen.
3. Die Anbieter werden die Produktion senken und die Preise erhöhen.
4. Die Anbieter werden die Preise senken.
5. Die Anbieter werden verstärkt Erweiterungsinvestitionen tätigen.

▶ ☐

---

25. Aufgabe

Nennen und erklären Sie die Hauptaufgaben, die dem Einzelhandel innerhalb der Wirtschaft zukommen.

26. Aufgabe

Erklären Sie die Beratungsfunktion des Einzelhandels für den Verbraucher am Beispiel der Produkte:

a) Wäschetrockner

b) Damenkleid

c) Käse

Situation zur 27.–29. Aufgabe

Sie sind Mitglied im Kreativteam zur Entwicklung eines Unternehmensleitbildes für die Forum Warenhaus KG. Das Ergebnis der ersten Sitzung wurde auf folgender Metaplantafel festgehalten:

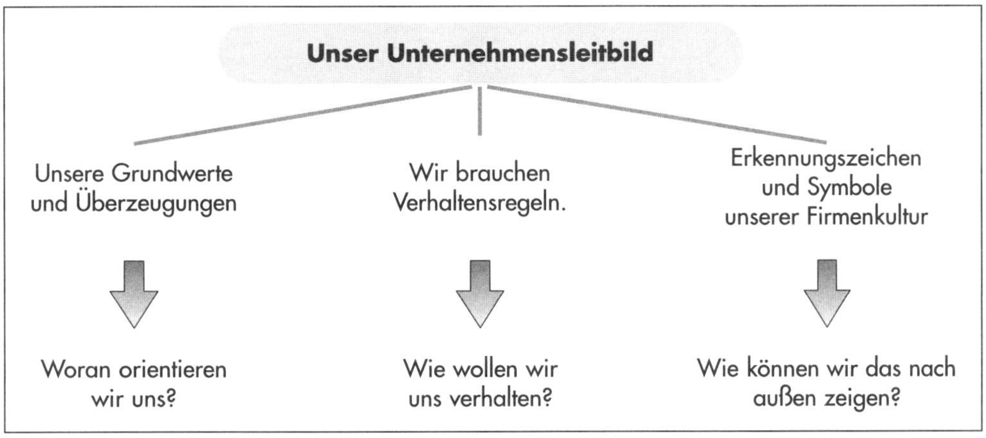
Unser Unternehmensleitbild
Unsere Grundwerte und Überzeugungen
Wir brauchen Verhaltensregeln.
Erkennungszeichen und Symbole unserer Firmenkultur
Woran orientieren wir uns?
Wie wollen wir uns verhalten?
Wie können wir das nach außen zeigen?

27. Aufgabe

Formulieren Sie vier Grundwerte bzw. Überzeugungen, die in diesem Unternehmen gelten sollen.

28. Aufgabe

Stellen Sie vier Verhaltensregeln auf, wie sich das Verkaufspersonal gegenüber den Kunden Ihres Unternehmens verhalten sollte.

29. Aufgabe

Zeigen Sie an drei Beispielen, wie sich das Unternehmen nach außen positiv und unverwechselbar darstellen kann.

Situation zur 30. und 31. Aufgabe

Die Grundwerte und Überzeugungen, die in einem Unternehmen gelten sollen, orientieren sich u.a. auch an den Zielen, die das Unternehmen verfolgt. Solche Ziele können in ökonomische Ziele, ökologische Ziele und soziale Ziele eingeteilt werden

30. Aufgabe

Beschreiben Sie je zwei dieser Ziele.

31. Aufgabe

Es kommt vor, dass das Verfolgen unterschiedlicher Ziele zu einem Zielkonflikt führt. Stellen Sie einen solchen Zielkonflikt dar und bieten Sie eine Lösungsmöglichkeit an.

2 Rechtliche Rahmenbedingungen des Wirtschaftens

1. Aufgabe

In welchem Fall kann der beschränkt Geschäftsfähige nur mit Zustimmung des gesetzlichen Vertreters Geschäfte abschließen?

1. Der Jugendliche will die Schenkung annehmen, die ihn zu nichts verpflichtet.
2. Der Jugendliche kauft sich vom Taschengeld ein Buch.
3. Der Jugendliche verkauft im Geschäft, in dem er ausgebildet wird, Waren im Wert von 1.500,00 EUR.
4. Der Jugendliche will an einer Tanzstunde teilnehmen. Die Gebühr will er von seinem Taschengeld bezahlen.
5. Der Jugendliche will einen Kredit aufnehmen, um eine Stereoanlage zu kaufen.

▶ ☐

2. Aufgabe

Welche der nachfolgenden Behauptungen über Eigentum und Besitz ist richtig?

1. Wer sein Kraftfahrzeug zur Sicherung von Krediten übereignet, bleibt Eigentümer.
2. Wer sein Kraftfahrzeug zur Sicherung von Krediten verpfändet, verliert sein Eigentum.
3. Eigentum und Besitz sind zwar im Sprachgebrauch verschieden, rechtlich aber ohne Unterschied.
4. Der Besitz eines Grundstücks wird im Grundbuch eingetragen.
5. Eine Hypothek wird zulasten des Besitzers eingetragen.
6. Das Eigentum an einem Grundstück wird im Grundbuch eingetragen.

▶ ☐

3. Aufgabe

Welches der folgenden Rechtsgeschäfte zählt zu den einseitigen Rechtsgeschäften?

1. Der Pachtvertrag
2. Die Schenkung
3. Der Leihvertrag
4. Der Werklieferungsvertrag[1]
5. Die Kündigung

▶ ☐

4. Aufgabe

Ordnen Sie zu, indem Sie die Kennziffern von drei der insgesamt sieben Vertragsinhalte in die Kästchen bei den Arten des Vertrags eintragen.

Vertragsinhalte:

1. Herstellung einer Sache gegen Vergütung
2. Unentgeltliche Überlassung von Sachen zum Gebrauch
3. Veräußerung von Sachen oder Rechten gegen Geld
4. Herstellung einer Sache, zu der der Hersteller selbst den Werkstoff beschafft hat
5. Entgeltliche Überlassung von Sachen zum Gebrauch
6. Unentgeltliche Zuwendung von Sachen oder Rechten
7. Entgeltliche Vertragsvermittlung

Arten des Vertrags:

Kaufvertrag	☐
Schenkungsvertrag	☐
Mietvertrag	☐

5. Aufgabe

Worum geht es in einem Werkvertrag?

1. Um Vereinbarungen über die Zusammenarbeit mehrerer Unternehmen
2. Um die Arbeitsverteilung zwischen den Gesellschaftern einer OHG
3. Um die Leistung von Diensten gegen Entgelt
4. Um die Übereignung von Sachen gegen Geld
5. Um die Herstellung oder Veränderung eines individuellen Werkes

▶ ☐

[1] Lieferung herzustellender beweglicher Sachen

6. Aufgabe

Die Rechtsfähigkeit ist im § 1 BGB geregelt. Welche der folgenden Feststellungen sind richtig?

1. Wer rechtsfähig ist, kann Verträge abschließen.
2. Wer rechtsfähig ist, kann Schuldner sein.
3. Wer rechtsfähig ist, kann bestraft werden.
4. Wer rechtsfähig ist, kann Vermögen besitzen.
5. Wer rechtsfähig ist, kann zum Schadenersatz verurteilt werden.
6. Wer rechtsfähig ist, hat einen gesetzlichen Vertreter.
7. Wer rechtsfähig ist, ist Träger von Rechten und Pflichten.

▶ ☐

▶ ☐

▶ ☐

---

7. Aufgabe

Wer ist eine juristische Person?

1. Der Richter
2. Der Polizeibeamte
3. Der Gesangverein „Harmonie e. V."
4. Der Gerichtsvollzieher
5. Der Handlungsreisende

▶ ☐

---

8. Aufgabe

Es stellt sich heraus, dass ein von der Forum Warenhaus KG abgeschlossener Vertrag äußerst ungünstig ist. Man sucht daher nach Möglichkeiten, aus dem Vertrag „auszusteigen".
In welchem Fall ist der Vertrag anfechtbar?

1. Wenn der Vertrag im Scherz abgeschlossen wurde
2. Wenn eine falsche Übermittlung durch technischen Fehler des Faxgerätes vorliegt
3. Wenn der Vertrag gegen ein Gesetz verstößt
4. Wenn der Vertrag nicht die vom Gesetz vorgeschriebene Form hat
5. Wenn die Stoffe wegen der Marktsituation nicht mehr benötigt werden

▶ ☐

---

9. Aufgabe

In welchem der folgenden Fälle ist ein Rechtsgeschäft nichtig?

1. Durch einen Schreibfehler wird in einem Angebot als Preis 50,00 EUR anstatt 500,00 EUR angegeben.
2. Ein Techniker erreicht eine Anstellung als Ingenieur durch Vorlage eines gefälschten Zeugnisses.
3. Ein Zwölfjähriger kauft ein Fahrrad für 900,00 EUR, obwohl sein Vater nicht einverstanden ist.
4. Ein Kaufmann kauft Aktien in der irrigen Annahme, dass der Kurs steigen werde.
5. Durch Androhung von Gewalttätigkeiten wird eine Unterschrift erzwungen.

▶ ☐

---

10. Aufgabe

Ordnen Sie die folgenden Vorgänge der gestörten Erfüllung eines Kaufvertrages den zutreffenden Begriffen zu.

Begriffe

1. Annahmeverzug
2. Nicht-Rechtzeitig-Lieferung (Lieferungsverzug)
3. Nicht-Rechtzeitig-Zahlung (Zahlungsverzug)
4. Mangelhafte Lieferung

Vorgänge eines Kaufvertrages	
Es werden Taschen aus Skai statt aus Leder geliefert.	☐
Der Kunde nimmt die rechtzeitig und richtig gelieferte Ware nicht an.	☐
Der Kunde hat die Rechnung 30 Tage nach Fälligkeit und Zugang der Rechnung nicht beglichen.	☐
Eine zum 1. März fest zugesagte Warenlieferung trifft nicht pünktlich ein.	☐

11. Aufgabe

Der Abschluss von Verträgen bzw. Kaufverträgen ist grundsätzlich an keine bestimmte Form gebunden. Davon gibt es einige gesetzlich geregelte Ausnahmen.
Entscheiden Sie in den folgenden Fällen durch Eintragen der Kennziffern.

Vertrag:

1. Es ist ein formgerechter Vertrag zustande gekommen.
2. Es ist kein Vertrag zustande gekommen.

Fälle:

Fall	
Der Kaufmann Fritz Günstig erhält ein Grundstück zum Kauf angeboten. Günstig schließt mit dem Anbieter einen schriftlichen Kaufvertrag ab, den beide unterschreiben.	☐
Karl Mai nimmt bei seiner Bank einen Kredit auf. In einem Schriftstück werden Betrag, Zinssatz und Rückzahlungstermin festgelegt.	☐
Der Baustoffgroßhändler Klein bestellt telefonisch 5000 Ziegel. Ein Angestellter in der Verkaufsabteilung der Ziegelei sagt die Lieferung innerhalb einer Woche zu.	☐
In einem verbindlichen Angebot vom 10. August steht u. a.: „Das Angebot gilt bis zum 30. August. Lieferzeit mindestens 14 Tage." Ein Kunde bestellt aufgrund dieses Angebotes am 25. August schriftlich und bittet um Lieferung bis zum 30. August.	☐
Der Kaufmann Karl Richter bestellt telefonisch bei der Großhandel GmbH 1000 Stück Artikel Nr. 4712. Das verbindliche schriftliche Angebot ist soeben per Post eingetroffen. Es folgt keine schriftliche Bestätigung der telefonischen Bestellung.	☐

12. Aufgabe

Welches ist der oberste Grundsatz der „Allgemeinen Geschäftsbedingungen" (AGB-Recht)?

1. Persönliche Absprachen in Verträgen haben keinen Vorrang vor den Allgemeinen Geschäftsbedingungen.
2. Der Verbraucher darf nicht unangemessen benachteiligt werden.
3. Allgemeine Geschäftsbedingungen werden automatisch Bestandteil des Vertrages.
4. Vereinbarungen von Vertragsstrafen bei Annahmeverweigerungen des Kunden sind möglich.
5. Dem Verbraucher obliegt grundsätzlich die Beweislast bei Prozessen über Vertragsvereinbarungen.

▶ ☐

13. Aufgabe

In einem Kaufvertrag wird vereinbart: „Lieferung Deutsche Bahn AG. Der Lieferer trägt alle Kosten für Verpackung und Transport der Ware bis zum Lager des Kunden."
Welche Behauptung ist daher richtig?

1. Der Lieferer trägt das Transportrisiko bis Empfangsstation.
2. Der Lieferer trägt kein Transportrisiko.
3. Der Kunde trägt das Transportrisiko ab Übernahme der Ware durch den Frachtführer.
4. Der Kunde trägt das Transportrisiko ab Werk des Lieferers.
5. Der Kunde trägt kein Transportrisiko.

▶ ☐

14. Aufgabe

Ordnen Sie zu, indem Sie die Kennziffern in die Kästchen bei den zugehörigen Fällen eintragen.

Angebote:

1. Es liegt ein Angebot vor.
2. Es liegt kein Angebot vor.

Fälle:	
Die Großhandel GmbH schickt dem Kaufhaus Kunde & Co KG den neuen Frühjahrskatalog.	☐
Die Großhandel GmbH hat den Alleinvertrieb eines Artikels übernommen und gibt dies durch Infobrief dem Einzelhandel bekannt.	☐
Die Großhandel GmbH ruft bei der Abteilung Einkauf des Kaufhauses Kunde e. K. an, weist auf die besonders günstige Einkaufsmöglichkeit für den Artikel Nr. 345 hin, nennt Preise und Lieferbedingungen.	☐
Eine Ware ist im Schaufenster ausgestellt.	☐
Postwurfsendung mit genauer Preisangabe	☐
Übersendung einer Preisliste an unseren Kunden Otto Müller persönlich	☐
Zeitungsinserat mit genauer Preisangabe und dem Hinweis auf sofortige Lieferungsmöglichkeit	☐
Vorlage einer Musterkollektion durch einen Reisenden zwecks sofortiger Bestellung	☐

15. Aufgabe

Ist der Lieferer an sein per E-Mail gegebenes Eilangebot gebunden, wenn Ihr Betrieb nach drei Tagen schriftlich bestellt und die Preise inzwischen so gestiegen sind, dass der Lieferer nichts mehr an der Ware verdient?

1. Ja, denn für ein Angebot gelten keine Formvorschriften
2. Nein, denn verbindliche Angebote können nicht per E-Mail abgegeben werden
3. Ja, denn ein Widerruf hätte gleichzeitig mit dem Angebot eintreffen müssen
4. Nein, denn Ihr Betrieb hätte innerhalb 24 Stunden per E-Mail oder Fax bestellen müssen
5. Ja, denn er hätte bei Ihrem Betrieb widerrufen müssen
6. Nein, denn bei Preissteigerungen erlischt das Angebot

▶ ☐

16. Aufgabe

Auf Wunsch eines Kunden gibt ein Kaufmann am 18. März .. ein schriftliches verbindliches Angebot ab. Wann ist er an dieses Angebot nicht mehr gebunden, d. h., wann erlischt dieses Angebot?

1. Wenn die Preise plötzlich gestiegen sind
2. Wenn er merkt, dass er nicht liefern kann.
3. Wenn er rechtzeitig widerruft
4. Wenn er feststellt, dass der Kunde eine frühere Lieferung verspätet zahlte.
5. Wenn der Kunde bis zum 27. März .. nicht bestellt hat
6. Wenn der Kunde unter abgeänderten Bedingungen rechtzeitig bestellt
7. Wenn der Kunde sofort per Fax bestellt

▶ ☐
▶ ☐
▶ ☐

17. Aufgabe

Die Großhandel GmbH gibt gegenüber der Forum Warenhaus KG ein verbindliches Angebot ab.
In welchem Fall ist sie nicht mehr daran gebunden?

1. Das schriftliche Angebot trägt als Datum 27. Juni, Sie bestellen telefonisch am 2. Juli.
2. Das Angebot erfolgt telefonisch am 27. Juni, die schriftliche Bestellung trifft am 29. Juni ein.
3. Das schriftliche Angebot stammt vom 17. Mai, am 20. Mai merkt die Großhandel GmbH, dass sie falsch kalkuliert hat, und widerruft telefonisch am selben Tag; die schriftliche Bestellung trifft am 21. Mai ein.
4. Der Lieferer der Großhandel GmbH teilt mit, dass er nicht mehr zu den alten Preisen liefern könne und diese um 15% erhöhen müsse.
5. Das schriftliche Angebot wird am 18. Mai abgegeben, am 19. Mai erfährt die Großhandel GmbH, dass der Kunde einer Lastschrift widersprochen hat.

▶ ☐

---

18. Aufgabe

Ein Vertrag kommt durch Antrag und Annahme zustande, dabei kann der erste Schritt vom Käufer oder Verkäufer ausgehen.
Welche der folgenden Handlungen ist kein verbindlicher Antrag auf Abschluss eines Kaufvertrages?

1. Ein Textileinzelhändler stellt in sein Schaufenster einen Mantel, der mit 350,00 EUR ausgezeichnet ist.
2. Ein Versandhaus schickt seinen Kunden ein Sonderangebot über Videokameras, das nur bis zum 30. Juni .. gilt.
3. In einer Boutique mit Selbstbedienung spricht die Verkäuferin eine Kundin mit den Worten an: „Sie können diese Markenjeans zum Sonderpreis von 99,00 EUR kaufen".
4. Ein Kunde bittet einen Weinhändler telefonisch um Lieferung einer Kiste Weißwein; die Bestellangaben entnimmt er einer Preisliste mit Begleitschreiben, in dem es heißt: „... auch von den Sonderangeboten können wir jedem Kunden bis zu drei Kisten liefern".
5. Ein Vertreter bietet einer Hausfrau an der Wohnungstür eine Küchenmaschine an.

▶ ☐

---

19. Aufgabe

Wann ist eine Auftragsbestätigung notwendig, damit ein Kaufvertrag zustande kommt?

1. Wenn der Bestellung kein Angebot vorausging
2. Wenn auf ein Angebot eine Bestellung mit abgeänderten Bedingungen folgt
3. Immer, denn ohne Auftragsbestätigung kommt kein Kaufvertrag zustande.
4. Nie, der Kaufvertrag kommt stets ohne Bestätigung zustande.
5. Wenn aufgrund eines freibleibenden Angebotes bestellt wird
6. Wenn die Bestellung auf ein verbindliches Angebot folgt

▶ ☐

▶ ☐

▶ ☐

---

20. Aufgabe

In einem Angebot heißt es u. a.: „... brutto für netto ...". Was bedeutet das?

1. Der Lieferer trägt die Frachtkosten nur für das Nettogewicht
2. Die Verpackung wird zum Selbstkostenpreis berechnet
3. Die Effektivtara (= die wirkliche Tara) wird berechnet
4. Die Verpackungskosten gehen zulasten des Lieferers
5. Für die Verpackung wird der gleiche Preis wie für die Ware berechnet
6. Die Verpackung muss frachtfrei zurückgeschickt werden

▶ ☐

---

21. Aufgabe

Der Lieferer räumt der Forum Warenhaus KG ein Zahlungsziel ein. Was bedeutet das?

1. Die Ware braucht erst eine bestimmte Zeit nach der Lieferung bezahlt zu werden.
2. Sie muss nach Erhalt der Rechnung bezahlt werden.
3. Ein Teil des Kaufbetrages muss beim Kaufabschluss, der Rest später bezahlt werden.
4. Es muss sofort nach Erhalt der Ware ohne Abzug bezahlt werden.
5. Die Ware muss im Voraus bezahlt werden.

▶ ☐

---

22. Aufgabe

In einem Kaufvertrag findet sich die Klausel: „Der Eigentumsvorbehalt an der Ware nach § 449 BGB gilt als vereinbart."
Ordnen Sie zu, indem Sie die Kennziffern der zwei Entscheidungen in die Kästchen bei den Klauseln eintragen.

Entscheidungen:

1. Zutreffend
2. Nicht zutreffend

Klauseln:

Erst nach Entrichtung des vollen Kaufpreises wird der Kunde Besitzer der Ware.	☐
Der Kunde wird erst nach vollständiger Bezahlung des Kaufpreises Eigentümer der Ware.	☐
Bei einem Kauf auf Ratenzahlung wird der Kunde so lange Eigentümer der Ware, wie er die fälligen Raten fristgerecht begleicht.	☐
Der Lieferer bleibt bis zur Entrichtung des vollen Kaufpreises Besitzer der Ware.	☐
Der Eigentumsvorbehalt erlischt, wenn der Kunde Insolvenz anmeldet.	☐
Der Eigentumsvorbehalt erlischt, wenn die Ware weiterveräußert wird, obwohl der Käufer von dem Eigentumsvorbehalt weiß.	☐
Der Lieferer bleibt bis zur Entrichtung des vollen Kaufpreises Eigentümer der Ware.	☐

23. Aufgabe

Im Kaufvertrag ist keine Vereinbarung über Verpackungs- und Transportkosten enthalten.
Ordnen Sie zu, indem Sie die Kennziffern 1 und 2 in die Kästchen bei den Kosten eintragen.

Kennziffern:

1. Der Käufer
2. Der Verkäufer

Kosten:

Verpackungskosten (Versandpackung)	☐
Anfuhrkosten (zur Versandstation)	☐
Fracht	☐
Abfuhrkosten (von der Empfangsstation)	☐

24. Aufgabe

Der Listenpreis einer Maschine beträgt 390,00 EUR. Beim Versand entstehen noch folgende Kosten:

Versandverpackung (drei Kisten) 28,00 EUR, Anfuhr zur Versandstation 15,00 EUR,
Fracht 35,00 EUR, Zufuhr 12,50 EUR.

Wie viel Euro muss der Käufer ohne Berücksichtigung der Umsatzsteuer insgesamt zahlen, wenn beim Abschluss des Kaufvertrages über die Transport- und Verpackungskosten keine Vereinbarungen getroffen wurden?

EUR	Komma ↓ Ct.

25. Aufgabe

Sie bestellen bei einem Lieferer nach einem vorliegenden Muster. Welche besondere Form des Kaufvertrages liegt vor?

1. Kauf auf Probe
2. Kauf nach Probe
3. Kauf zur Probe
4. Bestimmungskauf
5. Kauf auf Abruf

▶ ☐

26. Aufgabe

Was ist ein Bestimmungskauf (Spezifikationskauf)?

1. Ein Kauf mit Rückgaberecht
2. Ein Kauf einer nicht vertretbaren Sache
3. Ein Kauf, bei dem die Menge festliegt, aber nicht z. B. die Farbe der Ware
4. Ein Kauf, bei dem der Käufer vor Vertragsabschluss die Ware besichtigt
5. Ein Kauf, bei dem keine bestimmte Qualität zugesichert wird
6. Ein Kauf einer kleinen Menge, um die Qualität zu prüfen

▶ ☐

27. Aufgabe

Die Forum Warenhaus KG hat die aufgeführten besonderen Kaufverträge mit ihren Lieferanten vereinbart. Ordnen Sie zu, indem Sie die Kennziffern der fünf Kaufarten in die Kästchen bei den Texten eintragen.

Kaufarten:

1. Kauf auf Abruf
2. Fixkauf
3. Kauf zur Probe
4. Kauf auf Probe
5. Kauf nach Probe

Texte:

Ein Vertreter hat ein Muster vorgelegt, danach erfolgt die Bestellung.	☐
Ein Hochdruckreiniger wird mit dem Recht auf Rückgabe innerhalb von acht Tagen gekauft.	☐
Es werden 20 Stück einer Ware mit der Absicht gekauft, eine größere Menge zu bestellen, wenn sie beim Kunden gut ankommt.	☐
Es wird ein größerer Warenposten bestellt, der aber wegen knappen Lagerraums in mehreren Teillieferungen bezogen wird.	☐
Eine Ware soll an einem ganz bestimmten Tag fest geliefert werden.	☐

28. Aufgabe

Es wird eine große Warenmenge gekauft, die vereinbarungsgemäß in bestimmten Zeitabständen zur Anlieferung abgerufen wird.
Was kann der Grund für diesen Kauf auf Abruf sein?

1. Bei jedem Abruf kann entschieden werden, welche spezielle Warensorte (z. B. Hemdengröße) geliefert werden soll.
2. Es kann ein höherer Skonto abgezogen werden.
3. Rücktritt vom Kaufvertrag ist nach jeder Teillieferung möglich.
4. Schutz vor zu erwartenden Preissteigerungen
5. Nach den gesetzlichen Bestimmungen muss „frei Lager" geliefert werden.

▶ ☐

29. Aufgabe

Ordnen Sie zu, indem Sie die Kennziffern 1 und 2 in die Kästchen bei den Sachverhalten eintragen.

Kennziffern:

1. Der Käufer hat rechtzeitig gerügt.
2. Der Käufer hat nicht rechtzeitig gerügt.

Sachverhalte:

Eine Hausfrau kauft in einem Kaufhaus drei Herrenhemden. Nach vier Wochen stellt sie fest, dass die Nähte an einem Hemd schlecht verarbeitet sind. Sie reklamiert aber erst nach sechs Wochen.	☐
Ein Lebensmittelhändler kauft 120 Dosen extrafeine Erbsen bei seinem Großhändler. Nach 14 Tagen reklamiert eine Kundin, weil die Dosen normale (billigere) Erbsen enthalten. Alle Dosen waren falsch etikettiert.	☐
Ein Kraftfahrzeughändler verkauft wider besseres Wissen einen Unfallwagen als unfallfreies Fahrzeug. Erst nach einem Jahr stellt sich heraus, dass der Wagen früher einen schweren Unfall hatte. Der Käufer reklamiert schriftlich bei dem Kraftfahrzeughändler.	☐
Ein Einzelhändler kauft bei einem Großhändler fünf Kartons Rindfleischkonserven zu Sonderpreisen, die er ohne nähere Überprüfung auf Lager nimmt. Nach einem Monat sollen die Ladenregale aufgefüllt werden. Dabei ergibt sich aus der Etikettierung, dass Schweinefleischkonserven geliefert wurden. Der Einzelhändler reklamiert zwei Wochen später.	☐

30. Aufgabe

Ordnen Sie zu, indem Sie die Kennziffern 1–3 in die Kästchen bei den folgenden Fällen eines Vertrages eintragen.

Kennziffern:

1. Der Vertrag ist anfechtbar.
2. Der Vertrag ist nichtig.
3. Der Vertrag ist weder nichtig noch anfechtbar.

Fälle eines Vertrages:

Fall	
Die Willenserklärung wurde durch widerrechtliche Drohung erzwungen.	☐
Der Vertrag verstößt gegen ein Gesetz.	☐
Der Vertrag hat nicht die vom Gesetz vorgeschriebene Form. (z.B. notarielle Beurkundung beim Grundstückskauf.)	☐
Der Vertrag war nicht ernst gemeint (Scherzgeschäft).	☐
Es liegt eine falsche Übermittlung durch Telefon oder Telegramm vor.	☐
Der Käufer hat sich im Kaufgrund geirrt, er hat angenommen, dass die Preise steigen, das war jedoch ein Irrtum.	☐
Der Verkäufer hat den Käufer arglistig getäuscht.	☐
Im Vertrag ist keine Lieferzeit angegeben.	☐

31. Aufgabe

Ab wann rechnet die Skonto-Frist?

1. Mit dem Tag der Lieferung laut Lieferschein
2. Mit dem Tag des Wareneingangs
3. Ohne besondere Vereinbarung stets ab Rechnungsdatum
4. Ab dem auf der Rechnung vermerkten „Datum der Lieferung“
5. Mit dem Tag des Rechnungseingangs
6. Ab Rechnungsdatum nur bei Vermerk, z.B. 30 Tage Ziel, 3% Skonto bei Zahlung innerhalb zehn Tagen

▶ ☐

---

32. Aufgabe

Ein Rechnungsbetrag steht trotz Verzugs des Kunden seit längerer Zeit aus. Schließlich begleicht der Kunde die Rechnung. Am gleichen Tag wird ihm ein vom Gläubiger erwirkter Mahnbescheid zugestellt.
Was muss der Kunde tun?

1. Mahnbescheid zunächst einlösen, dann die Rückzahlung des Betrages vom Gläubiger verlangen
2. Widerspruch gegen den Mahnbescheid einlegen
3. Einspruch gegen den Mahnbescheid einlegen
4. Beim zuständigen Amtsgericht gegen Vorlage der Zahlungsquittung den Widerruf des Mahnbescheids verlangen
5. Nichts unternehmen, weil der Mahnbescheid aufgrund des Rechnungsausgleichs rechtsunwirksam geworden ist

▶ ☐

---

33. Aufgabe

Ein Schuldner hat gegen den Mahnbescheid Widerspruch eingelegt.
Wie ist die rechtliche Situation?

1. Wenn der Schuldner gegen den Mahnbescheid keinen Widerspruch einlegt, kann der Gläubiger ohne Gerichtstermin die Vollstreckung beantragen.
2. Wenn der Schuldner Widerspruch einlegt, kann nur aufgrund eines Urteils vollstreckt werden.
3. Der Schuldner, der gegen den Mahnbescheid keinen Widerspruch einlegt, kann gegen die Vollstreckung auch keinen Einspruch mehr erheben.
4. Auch wenn der Schuldner den Widerspruch gegen den Mahnbescheid versäumt hat, kann er gegen die Vollstreckung Einspruch einlegen und eine mündliche Verhandlung bewirken.

▶ ☐

▶ ☐

▶ ☐

---

34. Aufgabe

Nach einer fruchtlosen Pfändung bei dem Schuldner Karl Weber beantragt der Gläubiger die „eidesstattliche Versicherung“.
Was bedeutet das?

1. Es bedeutet, dass er kein Vermögen außer den in einem Verzeichnis angegebenen Vermögensteilen hat.
2. Es bedeutet, dass innerhalb der letzten fünf Jahre kein Vergleichsverfahren über sein Vermögen eröffnet wurde.
3. Es bedeutet, dass er keine weiteren Schulden hat.
4. Es bedeutet, dass er noch keine Insolvenz angemeldet hat.
5. Es bedeutet, dass er die Forderung anerkennt.
6. Es bedeutet, dass er zur Zahlung bereit ist, sofern ihm Ratenzahlung eingeräumt wird.

▶ ☐

---

35. Aufgabe

Sie erhalten auf Ihre Anfragen ein Angebot, dessen wesentliche Teile hier wiedergegeben sind.
Wie kommt bei diesem Angebot ein Kaufvertrag zustande?

> Angebot der Baubedarfsgroßhandlung AG, Remscheid:
>
> ______________ Datum: 28. Okt. ..
>
> **Angebot von Hobby-Werkzeug**
> Wir bieten Ihnen freibleibend an:
> Art. 234 Werkzeugkasten, Größe 1 56,00 EUR
> Art. 301 Werkzeugkasten, Größe 2 88,00 EUR
>
> ______________
>
> **Lieferbedingungen:** frachtfrei
> **Zahlungsbedingungen:** 30 Tage Ziel, bei Zahlung innerhalb acht Tagen gewähren wir 3% Skonto
> **Erfüllungsort und Gerichtsstand ist Remscheid.**
> Bis zur vollständigen Bezahlung der Ware gilt unser **Eigentumsvorbehalt**.

1. Der Kaufvertrag kommt durch schriftliche Bestellung innerhalb von acht Tagen zustande
2. Durch schriftliche Bestellung oder Bestellung per Telefax
3. Durch Bestellung und Bestellungsannahme der Großhandlung
4. Durch Bestellung mittels beigefügter Bestellformulare
5. Durch den Zusatz bei der Bestellung: „Wir bestellen hiermit verbindlich …"

▶ ☐

---

36. Aufgabe

Was entspricht den gesetzlichen Regelungen, sofern in einem Kaufvertrag darüber besondere Vereinbarungen fehlen?

1. Die Kosten des Messens und Wiegens trägt der Käufer.
2. Die Kosten der Schutz- und Versandverpackung trägt der Käufer.
3. Der Lieferer trägt das Transportrisiko.
4. Der Versand der Ware muss „frachtfrei Empfangsstation" erfolgen.
5. Bei frachtfreier Rücksendung der Verpackung wird die Hälfte des für die Verpackung berechneten Betrages gutgeschrieben.

▶ ☐

---

37. Aufgabe

Ordnen Sie zu, indem Sie die Kennziffern der Kaufvertragsarten in die Kästchen bei den zugehörigen Sachverhalten eintragen.

Kaufvertragsarten:

1. Kauf auf Probe
2. Kauf zur Probe
3. Fixkauf
4. Kauf nach Probe
5. Spezifikationskauf

Sachverhalte:

Sie brauchen einen Anrufbeantworter; der Lieferer schließt das Gerät an und sagt: „Prüfen Sie zunächst dieses Modell für die Dauer von 14 Tagen. Sollte es nicht zusagen, nehme ich es wieder zurück …"	☐
Sie verhandeln mit einem Großhändler: „Ich kaufte bei Ihnen vor längerer Zeit eine größere Stückzahl dieser Feuerzeuge. Liefern Sie mir bitte möglichst umgehend weitere 200 Stück. Das Muster lasse ich Ihnen hier …"	☐
Sie bestellen mit folgendem Hinweis: „Der Preis ist wirklich günstig, hoffentlich trifft das auch auf die Qualität zu. Ich nehme zunächst nur ein Stück; wenn es hält, was es verspricht, werde ich weitere 100 Stück kaufen …"	☐
Sie bestellen zum 25-jährigen Geschäftsjubiläum am 26. Juni: „1 000 Werbegeschenke, Lieferung fest am 25. Juni".	☐

38. Aufgabe

Sie haben den Auftrag, beim Amtsgericht Informationen über den Mitbewerber Topfit e. K. einzuholen. Wie beurteilen Sie die abgebildeten Handelsregisterinformationen richtig?

1. Da keine Einschränkungen vermerkt sind, ist das Unternehmen als kapitalkräftig einzustufen.
2. Der Zusatz e. K. deutet auf einen weiteren Kapitalgeber hin.
3. Mit der Eintragung als Kaufmann kann Herr Hohenbild automatisch ausbilden.
4. Herr Hohenbild haftet als Inhaber des Unternehmens unbeschränkt.
5. Herr Hohenbild darf keine stillen Gesellschafter aufnehmen.

Abbildung zur 13. Aufgabe

HR A 8697 – 14.12.20..
Topfit e.K. in 50765 Köln
(Wollinstraße 47, 50765 Köln), Gegenstand des Unternehmens: Einzelhandel mit Sport- und Freizeitbedarf, Sporttextilien
Geschäftsinhaber ist:
Ingo Hohenbild, geb. 12.03.1975

39. Aufgabe

Welche Aussage kennzeichnet den „Werkvertrag"?

1. Herstellung eines Werkes gegen Entgelt
2. Reparatur eines Fernsehgerätes
3. Vermietung einer Garage
4. Veräußerung von Sachen und Rechten
5. Dienstleistung gegen Vergütung

40. Aufgabe

In welchem Fall ist ein Kaufvertrag durch zwei übereinstimmende Willenserklärungen zustande gekommen?

1. Herr A. bestellt schriftlich auf ein unverbindliches telefonisches Angebot.
2. Herr C. fragt bei einem Hersteller an, ob ihm eine bestimmte Ware zum Höchstpreis von 60,00 EUR geliefert werden könne. In dem folgenden schriftlichen Angebot erfährt er, dass die Ware sogleich für 55,00 EUR geliefert werden kann.
3. Herr B. bestellt am 15. Juni nach einem schriftlichen Angebot Waren, die spätestens am 30. Juni geliefert werden sollen. In dem Angebot vom 12. Juni heißt es u. a.: „Lieferzeit vier Wochen".
4. Frau D. sieht im Schaufenster eines Textilgeschäfts einen Bademantel, geht in das Geschäft und sagt zu der Verkäuferin: „Ich möchte den Bademantel für 80,00 EUR, den Sie in Ihrem Schaufenster ausgestellt haben".
5. Herr E. bestellt aufgrund eines schriftlichen Angebotes zwölf Stück zu je 17,50 EUR. In dem Angebot hieß es u. a.: „Preis je Stück 20,00 EUR; bei Abnahme von mindestens zehn Stück 17,50 EUR je Stück".

41. Aufgabe

Die Sven Hausmann GmbH erhält nicht bestellte Waren von einem Großhändler, mit dem sie bisher noch keine Geschäftsverbindung hatte. Sie unternimmt daraufhin nichts. Nach vier Wochen kommt ein Postzusteller und will den Rechnungsbetrag durch Nachnahme einziehen.
Muss die Sven Hausmann GmbH zahlen?

1. Ja, Schweigen gilt als Annahme des Angebotes.
2. Ja, weil sie die Ware länger als acht Tage im Besitz hatte
3. Ja, weil sie die Ware nicht sofort auf Kosten und Gefahr des Großhändlers zurückgeschickt hat
4. Nein, da keine Geschäftsverbindung besteht, gilt Schweigen als Ablehnung des Angebotes.
5. Nein, Schweigen gilt als Ablehnung des Angebotes.

42. Aufgabe

Ordnen Sie zu, indem Sie die Kennziffern 1–3 in die Kästchen bei den praktischen Fällen eines Kaufvertrages eintragen.

Kennziffern:

1 Der Kaufvertrag ist nichtig.
2 Der Kaufvertrag ist anfechtbar.
3 Der Kaufvertrag ist nicht anfechtbar.

Praktische Fälle:

In der Annahme, dass der Goldpreis in nächster Zeit erheblich steigen wird, kauft ein Juwelier Gold. Der Goldpreis steigt jedoch nicht, sondern geht sogar zurück. ☐

Ein Kunde bestellt bei einem Versandhaus einen Ring mit künstlichen Diamanten. Versehentlich wird ihm zum gleichen Preis ein Ring mit echten Diamanten geliefert. ☐

Ein Gebrauchtwarenhändler verkauft einen Wagen als unfallfrei, obwohl er weiß, dass es sich um einen Unfallwagen handelt. ☐

Der Eigentümer eines Grundstücks verkauft es an einen Interessenten. Der Vertrag wird sofort von beiden schriftlich abgeschlossen und unterschrieben. ☐

43. Aufgabe

Eine Vereinbarung über den Gerichtsstand ist im Kaufvertrag nicht enthalten.
Wo müsste der Großhändler Bartels, Bielefeld, klagen, wenn der Einzelhändler Meyer, Hannover, die Warenannahme verweigert (Rechnungsbetrag 3.100,00 EUR)?

1. Amtsgericht Hannover
2. Landgericht Bielefeld
3. Amtsgericht Bielefeld
4. Landgericht Hannover
5. Weil der Kaufvertrag keine Vereinbarung enthält, kann überhaupt nicht geklagt werden.

▶ ☐

44. Aufgabe

Wodurch wird das gerichtliche Mahnverfahren ausgelöst?

1. Zustellung einer schriftlichen Mahnung mit Angabe des letzten Termins für die Zahlung
2. Zustellung einer Postnachnahme über den geschuldeten Betrag zuzüglich Verzugszinsen
3. Letzte schriftliche Mahnung mit Androhung gerichtlicher Schritte
4. Androhung der Zahlungsklage durch den Rechtsanwalt des Gläubigers
5. Antrag auf Erlass eines gerichtlichen Mahnbescheides
6. Antrag auf Erlass eines Vollstreckungsbescheides

▶ ☐

45. Aufgabe

Wann erlischt der Eigentumsvorbehalt?

1. Wenn die Ware gestohlen wird
2. Wenn die Ware vor der Bezahlung verarbeitet wird
3. Wenn die Ware vor der Bezahlung an einen gutgläubigen Dritten verkauft wird
4. Eigentumsvorbehalt erlischt überhaupt nicht.
5. Wenn die Ware dem Käufer übergeben wird
6. Wenn die Ware vollständig bezahlt ist

▶ ☐
▶ ☐
▶ ☐

46. Aufgabe

Aus dem HGB lassen sich allgemeine Firmengrundsätze erkennen. In welchem Fall ist der Firmengrundsatz richtig dargestellt?

1. Firmenwahrheit: Jede Firma muss sich schon von allen an demselben Ort bereits bestehenden und schon in das Handelsregister eingetragenen Firmen unterscheiden.
2. Firmenklarheit: Beim Wechsel in der Person des Inhabers kann die bisherige Firma beibehalten werden.
3. Firmenausschließlichkeit: Die Firma kann nicht ohne das Handelsgeschäft, für das sie geführt wird, veräußert werden. Dadurch sollen Irreführungen vermieden werden.
4. Firmenöffentlichkeit: Jeder Kaufmann muss seine Firma beim zuständigen Amtsgericht in das Handelsregister eintragen lassen.
5. Firmenbeständigkeit: Es dürfen keine unrichtigen Angaben über Art und Umfang der Unternehmung enthalten sein. Ein kleines Geschäft darf sich z. B. nicht „Textilzentrale" nennen.

▶ ☐

---

47. Aufgabe

Welche der Erklärungen zum Begriff „Firma" ist richtig?

1. Die „Firma" eines Kaufmanns ist sein Betrieb.
2. Die „Firma" eines Kaufmanns ist sein Warenzeichen.
3. Die „Firma" eines Kaufmanns ist sein Familienname, unter dem er Verträge abschließt.
4. Die „Firma" eines Kaufmanns ist der Name, unter dem er seine Handelsgeschäfte betreibt.
5. Die „Firma" eines Kaufmanns ist sein Geschäftsbereich.

▶ ☐

---

48. Aufgabe

Kann ein Gläubiger in das Handelsregister Einsicht nehmen?

1. Nein, nur beauftragte Auskunfteien
2. Nein, nur Notare
3. Ja, aber nur bei Nachweis eines berechtigten Interesses
4. Ja, jeder Gläubiger
5. Nein, nur Kreditinstitute, um die Kreditwürdigkeit von Kunden zu überprüfen

▶ ☐

---

49. Aufgabe

Kathrin und Sascha Merck wollen einen Computershop eröffnen. Sie verfügen über 60.000,00 EUR Eigenkapital und haben ein Einfamilienhaus geerbt. Der Techniker Faulstich hat 80.000,00 EUR eigene Mittel und möchte sich an dem Unternehmen beteiligen.
Wählen Sie die geeignete Gesellschaftsform für Herrn und Frau Merck, wenn sie nicht mit ihrem Familienhaus haften wollen.

1. Offene Handelsgesellschaft
2. Gesellschaft mit beschränkter Haftung
3. Kommanditgesellschaft
4. Aktiengesellschaft
5. Einzelunternehmen

▶ ☐

---

50. Aufgabe

In der Forum Warenhaus KG ist Herr H. J. Heine Komplementär.
Was versteht man unter einem Komplementär?

1. Den Vollhafter einer KG
2. Den stillen Gesellschafter einer KG
3. Den Teilhafter einer KG
4. Den Prokuristen einer KG
5. Den Handlungsbevollmächtigten einer KG

▶ ☐

---

51. Aufgabe

Ein neuer Auszubildender erkundigt sich bei Ihnen über die Rechtsverhältnisse in der Forum Warenhaus KG. Wie klären Sie ihn richtig auf?

1. Das Unternehmen ist eine Kapitalgesellschaft.
2. Das Unternehmen ist eine Personengesellschaft mit mindestens zwei Vollhaftern (Komplementären).
3. Das Unternehmen ist eine juristische Person des privaten Rechts.
4. Das Unternehmen hat mindestens einen Vollhafter (Komplementär) und einen Teilhafter (Kommanditist).
5. Das Unternehmen ist eine Personengesellschaft mit mindestens zwei natürlichen Personen, die Teilhafter (Kommanditisten) sind.

▶ ☐

---

52. Aufgabe

Die Forum Warenhaus KG stellt mit Zustimmung der Eltern die 17-jährige Ramona Hübsch als Verkaufshilfe ein. Frau Hübsch will von Ihnen wissen, welche Rechtsgeschäfte sie ohne Zustimmung ihres gesetzlichen Vertreters rechtswirksam abschließen kann.

1. Kauf eines gebrauchten Pkw auf Raten
2. Abschluss eines Bausparvertrages
3. Eröffnung eines Girokontos zur Abwicklung der Gehaltszahlung
4. Miete einer eigenen Wohnung am bisherigen Wohnort
5. Kauf eines Computers auf Kredit

▶ ☐

---

53. Aufgabe

Die Forum Warenhaus KG benötigt zur Erweiterung ihres Filialnetzes zusätzliches Kapital. Prüfen Sie, welche der Maßnahmen der Eigenfinanzierung zuzurechnen ist.

1. Mit den Großhändlern wird vereinbart, die Rechnungen erst mit einem Zahlungsziel von 90 Tagen zu bezahlen.
2. Die Hausbank der Forum Warenhaus KG erhöht das bestehende Kontokorrentlimit um 100.000,00 EUR.
3. Die drei Kommanditisten erhöhen ihre Einlagen um jeweils 50.000,00 EUR.
4. Die Kreditanstalt für Wiederaufbau gewährt ein Existenzgründerdarlehen zu günstigen Konditionen.
5. Auf das firmeneigene Grundstück wird eine Grundschuld eingetragen.

▶ ☐

---

54. Aufgabe

Was ist nach dem Bürgerlichen Gesetzbuch (BGB) eine vertretbare Sache?

1. Ein Patent
2. Ein Ölgemälde
3. Ein bebautes Grundstück
4. Ein Warenzeichen
5. Eine 50,00-EUR-Banknote

▶ ☐

BGB Gesetzesauszüge zur 334. Aufgabe

§ 286 Verzug des Schuldners. (1) [1]Leistet der Schuldner auf eine Mahnung des Gläubigers nicht, die nach dem Eintritt der Fälligkeit erfolgt, so kommt er durch die Mahnung in Verzug. [2]Der Mahnung stehen die Erhebung der Klage auf die Leistung sowie die Zustellung eines Mahnbescheids im Mahnverfahren gleich.

(2) Der Mahnung bedarf es nicht, wenn

1. für die Leistung eine Zeit nach dem Kalender bestimmt ist,
2. der Leistung ein Ereignis vorauszugehen hat und eine angemessene Zeit für die Leistung in der Weise bestimmt ist, dass sie sich von dem Ereignis an nach dem Kalender berechnen lässt,
3. der Schuldner die Leistung ernsthaft und endgültig verweigert,
4. aus besonderen Gründen unter Abwägung der beiderseitigen Interessen der sofortige Eintritt des Verzugs gerechtfertigt ist.

(3) [1]Der Schuldner einer Entgeltforderung kommt spätestens in Verzug, wenn er nicht innerhalb von 30 Tagen nach Fälligkeit und Zugang einer Rechnung oder gleichwertigen Zahlungsaufstellung leistet; dies gilt gegenüber einem Schuldner, der Verbraucher ist, nur, wenn auf diese Folgen in der Rechnung oder Zahlungsaufstellung besonders hingewiesen worden ist. [2]Wenn der Zeitpunkt des Zugangs der Rechnung oder Zahlungsaufstellung unsicher ist, kommt der Schuldner, der nicht Verbraucher ist, spätestens 30 Tage nach Fälligkeit und Empfang der Gegenleistung in Verzug.

(4) Der Schuldner kommt nicht in Verzug, solange die Leistung infolge eines Umstandes unterbleibt, den er nicht zu vertreten hat.

§ 288 Verzugszinsen. (1) [1]Eine Geldschuld ist während des Verzugs zu verzinsen. [2]Der Verzugszinssatz beträgt für das Jahr fünf Prozentpunkte über dem Basiszinssatz.

(2) Bei Rechtsgeschäften, an denen ein Verbraucher nicht beteiligt ist, beträgt der Zinssatz für Entgeltforderungen acht Prozentpunkte über dem Basiszinssatz.

(3) Der Gläubiger kann aus einem anderen Rechtsgrund höhere Zinsen verlangen.

(4) Die Geltendmachung eines weiteren Schadens ist nicht ausgeschlossen.

55. Aufgabe

Die Forum Warenhaus KG verkaufte Ende März ein Schlemmerbuffet an die Kundin Sylvia Sommer. Es wurde vereinbart, dass die Zahlung „bei Lieferung" fällig wird. Am 6. April erhielt die Kundin anlässlich ihrer Verlobung das Buffet und die Rechnung. Da bis Ende April immer noch keine Zahlung erfolgte, sollen Verzugszinsen berechnet werden.
Prüfen Sie mithilfe der Auszüge aus dem BGB, ob und in welcher Höhe Verzugszinsen verlangt werden können.

1. Zinsen könnten in Höhe von 5 % über dem Basiszinssatz verlangt werden, wenn dies zwischen der Forum Warenhaus KG und der Kundin vereinbart worden wäre.
2. Da keine Vereinbarung getroffen wurde, könnten Verzugszinsen in Höhe eines durch die Forum Warenhaus KG aufgenommenen Kredites ab 1. Mai verlangt werden.
3. Da am 6. April aufgrund der Lieferung und der Vereinbarung die Zahlung fällig war, kann die Forum Warenhaus KG ab 7. Mai Verzugszinsen in Höhe von 5 % + Basiszinssatz verlangen.
4. Zinsen könnten nur verlangt werden, wenn die Voraussetzungen für den Zahlungsverzug gegeben wären. Dazu müsste die Kundin gemahnt werden.
5. Die Forum Warenhaus KG könnte ab 6. April Verzugszinsen in Höhe des ihr entstandenen Schadens verlangen.

▶ ☐

---

56. Aufgabe

Die Forum Warenhaus KG liefert an ein Brautpaar am 28. April mit beiliegender Rechnung Anzug und Brautkleid. Auf der Rechnung steht der Vermerk „Zahlung bis spätestens 25. Mai".
Ab wann können Rechte wegen Nicht-Rechtzeitig-Zahlung (Zahlungsverzug) geltend gemacht werden? Lösen Sie die Aufgabe mithilfe des abgebildeten § 286 BGB.

1. Ab 26. Mai, da der Zahlungszeitpunkt kalendermäßig bestimmt ist
2. Es ist eine Mahnung erforderlich, mit deren Termin die Nicht-Rechtzeitig-Zahlung eintritt.
3. Die Nicht-Rechtzeitig-Zahlung tritt spätestens 30 Tage nach Zugang der Rechnung ein, also am 28. Mai ...
4. Die Nicht-Rechtzeitig-Zahlung tritt am 26. Mai .. ein, wenn die Käufer auf diese Folge in der Rechnung hingewiesen werden.
5. Die Nicht-Rechtzeitig-Zahlung tritt nach Mahnung und Ablauf einer angemessenen Nachfrist ein.

▶ ☐

---

57. Aufgabe

Bei welchem Kauf kann die Ware innerhalb einer vereinbarten Frist zurückgegeben werden?

1. Beim Kauf auf Probe
2. Beim Kauf nach Probe
3. Bei Kauf zur Probe
4. Beim Kauf in Bausch und Bogen
5. Beim Kauf auf Abruf

▶ ☐

58. Aufgabe

Ordnen Sie zu, indem Sie die Kennziffern der vier Aussagen in die Kästchen bei den richtigen Begriffen eintragen.

Aussagen:

1. Verkäufer und Käufer teilen sich die Kosten: Der Verkäufer übernimmt die Kosten für Anfahrt, Verladung und Fracht bis zum Bestimmungsbahnhof, der Käufer die Kosten für die Abfuhr.
2. Verkäufer und Käufer teilen sich die Kosten: Der Verkäufer trägt die Anfuhrkosten bis zum Abgangsbahnhof, der Käufer trägt die Fracht und Abfuhrkosten.
3. Der Verkäufer übernimmt alle Kosten: Sie sind bereits im Angebotspreis einkalkuliert.
4. Der Käufer trägt alle Kosten für die Anfuhr bis zum Abgangsbahnhof, die Fracht und die Abfuhr vom Empfangsbahnhof.

Begriffe:

Ab Lager	☐
Frei Haus	☐
Ab Bahnhof hier (unfrei)	☐
Frei dort (frachtfrei)	☐

59. Aufgabe

Ihr Ausbildungsbetrieb erhält nicht bestellte Ware von einem Großhändler, mit dem er bisher noch keine Geschäftsverbindung hatte. Er unternimmt daraufhin nichts. Nach vier Wochen kommt ein Postbote und will den Rechnungsbetrag durch Nachnahme einziehen.
Muss die Forum Warenhaus KG zahlen?

1. Nein, sie kann auch eine andere Form der Bezahlung wählen.
2. Ja, Schweigen gilt als Annahme des Angebotes.
3. Nein, Schweigen gilt als Ablehnung des Angebotes.
4. Ja, weil sie die Ware länger als acht Tage im Besitz hatte
5. Ja, weil sie sie nicht sofort zurückgeschickt hat

▶ ☐

60. Aufgabe

Verteilung eines Gewinnes von 14.820,00 EUR an die Gesellschafter einer KG. Gesellschafter A erhält 3.000,00 EUR aus dem Gewinn vorweg für Sonderleistungen. Der Restgewinn wird nach Kapitalanteilen verteilt.

Beteiligungen: A = 21.000,00 EUR
B = 27.000,00 EUR
C = 42.000,00 EUR

Wie viel Euro erhält A insgesamt?

EUR | Komma ↓ | Ct.

61. Aufgabe

Am 21. Mai hat ein Kaufmann von seiner Bank ein Darlehen über 4.800,00 EUR zu 5,5 % aufgenommen. Es soll am 31. Dezember einschließlich Zinsen zurückgezahlt werden.
Wie viel Euro betragen die Zinsen?

EUR | Komma ↓ | Ct.

62. Aufgabe

Ein Kaufmann hat bei seiner Bank einen Kredit am 31. März aufgenommen und ihn am 30. Juni einschließlich 6 % Zinsen mit 40.600,00 EUR zurückgezahlt.
Wie hoch war das Kapital?

EUR | Komma ↓ | Ct.

63. Aufgabe

Ein Kunde bezahlt bei 5 % Verzugszinsen für eine Warenschuld von 4.000,00 EUR einen Zinsbetrag von 60,00 EUR.
Wie viele Tage Zielüberschreitung haben Sie ermittelt?

Tage

64. Aufgabe

Die Forum Warenhaus KG hat am 19. Mai ein Bankdarlehen in Höhe von 25.000,00 EUR zu 9,5 % aufgenommen. Es soll am 31. Dezember gleichen Jahres einschließlich Zinsen zurückgezahlt werden.
Wie hoch war der Rückzahlungsbetrag?

EUR Komma ↓ Ct.

65. Aufgabe

Die Zinsen für ein Darlehen von 6.000,00 EUR, das am 15. Februar aufgenommen wurde, betragen bis zum 31. Dezember 420,00 EUR.
Wie viel Prozent beträgt der Zinssatz?

%

66. Aufgabe

Auf einem Geschäftshaus im Wert von 250.000,00 EUR ruht eine 6%ige Hypothek von 70.000,00 EUR. Die jährlichen Kosten mit Ausnahme der Hypothekenzinsen betragen 3.000,00 EUR.
Wie viel Miete muss der Eigentümer monatlich für das Haus einnehmen, wenn sich sein Eigenkapital mit 8 % verzinsen soll?

EUR Komma ↓ Ct.

67. Aufgabe

Ein Hypothekendarlehen ist mit 7 % p. a. zu verzinsen. Die Zinsbelastung für den Grundstückseigentümer beträgt vierteljährlich 2.450,00 EUR.
Wie hoch ist das aufgenommene Darlehen?

EUR Komma ↓ Ct.

68. Aufgabe

Ein Geschäftsgrundstück ist mit einer Hypothek von 80.000,00 EUR zu 7 % belastet.
Die sonstigen Kosten betragen halbjährlich 2.130,00 EUR. Die monatlichen Mieteinnahmen belaufen sich auf 1.280,00 EUR.
Wie viel Euro beträgt der Reinertrag für ein Jahr?

EUR Komma ↓ Ct.

69. Aufgabe

Ordnen Sie zu, indem Sie die Kennziffern 1 und 2 in die Kästchen bei den Finanzierungsvorgängen eintragen.

Kennziffern:

1. Es handelt sich um Eigenfinanzierung.
2. Es handelt sich um Fremdfinanzierung.

Finanzierungsvorgänge:

Eine Kaufhaus-AG gibt neue Aktien aus.	☐
Aufnahme eines weiteren Kommanditisten in eine KG	☐
Ein Einzelunternehmen wird durch Aufnahme eines Gesellschafters zur OHG.	☐
Ein Einzelhändler nimmt auf das Geschäftshaus eine Hypothek auf.	☐
Ein Einzelhändler belässt die Hälfte des Jahresgewinns im Betrieb.	☐
Eine Kaufhaus-AG gibt 7,5%ige Schuldverschreibungen mit einer Laufzeit von zehn Jahren aus.	☐

70. Aufgabe

LEASING
Wir beraten Sie gern!

Welches Geschäft betreibt dieser Inserent?

1. Er gewährt Kredite.
2. Er vermietet Anlagen.
3. Er produziert elektronische Anlagen, die auf Kredit verkauft werden.
4. Es ist eine Teilzahlungsbank.
5. Es ist ein Reisebüro.
6. Es ist eine Versicherungsgesellschaft.

---

71. Aufgabe

Was versteht man unter Sicherungsübereignung?

1. Der Schuldner übergibt eine bewegliche Sache dem Gläubiger, der diese nach Begleichen der Schuld dem Schuldner wieder aushändigt.
2. Der Schuldner überträgt dem Gläubiger die Eigentumsrechte an einem Grundstück, wobei dieser Sachverhalt im Grundbuch eingetragen wird.
3. Auf den Gläubiger wird der Besitz einer beweglichen Sache übertragen, mit der er nach Belieben verfahren kann.
4. Der Gläubiger behält sich das Eigentumsrecht an gelieferten Waren vor, bis die Rechnung vollständig beglichen ist.
5. Auf den Gläubiger wird das Eigentum an einem Gegenstand übertragen, der jedoch dem Schuldner weiterhin zur betrieblichen Nutzung belassen wird.
6. Der Schuldner übereignet dem Gläubiger Wertpapiere, die er jedoch weiter in Verwahrung behält.

---

72. Aufgabe

Die Laufzeit eines aufgenommenen Kredits (5.000,00 EUR) beträgt 120 Tage.
Es werden 9 % Zinsen p. a. berechnet; außerdem werden 100,00 EUR Kosten in Rechnung gestellt.
Welchem Zinssatz entspricht die Gesamtbelastung?

%

---

73. Aufgabe

Die Handelsbank eG berechnet der Forum Warenhaus KG für einen Kredit in Höhe von 72.000,00 EUR, der vom 10. März .. bis 25. Juli .. in Anspruch genommen wird, 7 % Zinsen, 1/6 % Provision und 26,00 EUR Bearbeitungsgebühren.

Was kostet die Forum Warenhaus KG der Kredit?

Komma
EUR ↓ Ct.

---

74. Aufgabe

Welchem Zinssatz der Handelsbank eG entspricht die gesamte Belastung?

Komma
% ↓

---

75. Aufgabe

Die Zahlungsbedingungen für eine Rechnung über 2.800,00 EUR lauten: 30 Tage netto oder bei Zahlung innerhalb zehn Tagen 3 % Skonto. Um Skonto ausnützen zu können, müsste die Forum Warenhaus KG einen Kredit zu 8 % Zinsen aufnehmen.
Wie viel Euro ist die Ersparnis der Forum Warenhaus KG, wenn sie die Skontozahlung ausnutzt?

Komma
EUR ↓ Ct.

---

76. Aufgabe

Zur Absicherung eines Bankkredites wird eine Sicherungsübereignung erwogen.
Welche der folgenden Merkmale gelten für die Sicherungsübereignung?

1. Sache ist während der Laufzeit des Kredits im Eigentum des Gläubigers
2. Wird gewöhnlich bei Sachen von kleinem Umfang und großem Wert angewendet, z. B. Edelmetallbarren
3. Sache ist während der Laufzeit des Kredits im Besitz des Schuldners
4. Sache ist während der Laufzeit des Kredits im Eigentum des Schuldners
5. Wird gewöhnlich bei Sachen von großem Umfang und großem Wert angewendet, z. B. Kraftfahrzeug
6. Sache ist während der Laufzeit des Kredits im Besitz des Gläubigers

▶ ☐

▶ ☐

▶ ☐

---

77. Aufgabe

Ordnen Sie zu, indem Sie drei der insgesamt sechs Vertragsinhalte in die Kästchen bei den Vertragsarten eintragen.

Vertragsinhalte:

1. Übereignung einer Sache gegen Entgelt
2. Unentgeltliche Überlassung von Verpackungsmaterial, das später zurückgegeben werden muss
3. Entgeltliche Überlassung von Sachen zum Gebrauch und Fruchtgenuss
4. Benutzung einer Lagerhalle gegen Entgelt
5. Übereignung einer Sache ohne Gegenleistung
6. Überlassung einer Geldsumme gegen spätere Rückzahlung

Vertragsarten:

Mietvertrag	☐
Leihvertrag	☐
Pachtvertrag	☐

---

78. Aufgabe

Über einen Gesamtverkaufspreis in Höhe von 4.680,00 EUR wird ein Ratenvertrag abgeschlossen, wobei der Kunde 1.080,00 EUR anzahlt; der Rest soll in zwölf gleichen Monatsraten von 300,00 EUR beglichen werden. Der Verkäufer hat sich das Eigentum an den Waren bis zur endgültigen Bezahlung des Kaufpreises vorbehalten. Bei Rückstand einer Rate wird der gesamte Restbetrag fällig. Nach fünf Raten können Rechte gegen den Kunden wegen Nicht-Rechtzeitig-Zahlung (Zahlungsverzug) geltend gemacht werden.
Welche Ansprüche hat der Lieferer?

1. Er kann den Käufer nur auf Zahlung der Restsumme verklagen, weil die Waren bereits überwiegend bezahlt sind.
2. Er kann nach Abholen der Waren einen Teil des bereits gezahlten Kaufpreises für Wertminderung der Waren und andere Kosten einbehalten.
3. Er kann nur die Zahlung der fälligen Rate verlangen, weil die restlichen Raten ja noch nicht fällig sind.
4. Er kann erst gegen den Zahlungsschuldner gerichtlich vorgehen, wenn die letzte Rate fällig ist und bis dahin nicht gezahlt wurde.
5. Er muss in jedem Fall eine Klage auf Herausgabe der Waren anstrengen.

▶ ☐

---

79. Aufgabe

Nach einer fruchtlosen Pfändung bei dem Schuldner Karl Weber beantragt die Forum Warenhaus KG beim Amtsgericht die „eidesstattliche Versicherung".
Was bedeutet das?

Es bedeutet, dass
1. der Schuldner die Forderung eidesstattlich anerkennt.
2. er kein Vermögen außer den in einem Verzeichnis angegebenen Vermögensteilen hat.
3. innerhalb der letzten fünf Jahre kein Vergleichsverfahren über sein Vermögen eröffnet wurde.
4. er keine weiteren Schulden hat.
5. gegen ihn noch kein Insolvenzverfahren eröffnet wurde.

▶ ☐

---

80. Aufgabe

Ein Käufer hat von seinem Lieferer einen Mahnbescheid erhalten. Er ist jedoch der Meinung, dass ihm der Mahnbescheid zu Unrecht zugestellt wurde, und ist nicht gewillt, den geforderten Betrag zu zahlen.
Innerhalb welcher Frist muss er Widerspruch einlegen (wenn er im Bezirk des Amtsgerichtes wohnt)?

1. Er ist an keine Frist gebunden.
2. Er muss sich innerhalb von 14 Tagen an den Lieferer wenden.
3. Er muss sich sofort an die zuständige IHK wenden.
4. Er muss innerhalb von sieben Tagen beim zuständigen Amtsgericht Widerspruch erheben.
5. Er muss innerhalb von zwei Wochen beim zuständigen Amtsgericht Widerspruch erheben.
6. Er muss innerhalb von acht Tagen beim zuständigen Landgericht Widerspruch erheben.

▶ ☐

---

81. Aufgabe

Eine Bank berechnet für einen Kredit in Höhe von 18.000,00 EUR für die Zeit vom 10. Mai bis zum 25. September 9 % Zinsen, 1/6 % Provision des zugesagten Kredits und 12,00 EUR Auslagen.
Welchem Zinsfuß entspricht die gesamte Belastung? (Lösung mit einer Kommastelle)

Komma
% ↓
☐☐

---

82. Aufgabe

Ein Einzelhandelskaufmann schuldete seinem Lieferanten einen Rechnungsbetrag in Höhe von 4.500,00 EUR.
Er zahlte an Verzugszinsen 90,00 EUR bei einem Zinssatz von 12 %.
Wie viele Tage hatte er das Zahlungsziel überschritten?

Tage
☐☐

---

83. Aufgabe

Warum enthalten Angebote häufig Freizeichnungsklauseln?

---

84. Aufgabe

Der Einzelhändler Schlau erhält von seinem Lieferer ein Angebot mit der Zahlungsbedingung: „Zahlbar innerhalb von 30 Tagen netto Kasse oder innerhalb von zehn Tagen abzüglich 3 % Skonto."
Schlau überlegt, ob es bei einem Rechnungsbetrag von 12.800,00 EUR sinnvoll wäre, zur Ausnutzung des Skontos wegen fehlender Liquidität einen Bankkredit aufzunehmen. Die Bank würde 12 % Zinsen berechnen.
Errechnen Sie den Vorteil bei Skontoausnutzung.

85. Aufgabe

Eine Warenlieferung vom Großhändler erfolgt durch die Railion Deutschland AG. Es entstehen für die Anfuhr 18,00 EUR Rollgeld, für die Verladung 15,00 EUR, für die Abfuhr 25,00 EUR Rollgeld, für die Entladung 10,00 EUR sowie 120,00 EUR Fracht.
Was zahlt der Einzelhändler, wenn als Lieferungsbedingung „frachtfrei“ vereinbart wurde?

86. Aufgabe

Wie lange ist ein Lieferant an ein telefonisch oder mündlich und an ein schriftlich erteiltes unbefristetes Angebot gebunden?

87. Aufgabe

Welche Vorteile bieten Spezifikationskauf (Bestimmungskauf) und Kauf auf Abruf dem Einzelhändler?

88. Aufgabe

„Warenschulden sind Holschulden!“
Welche rechtlichen Konsequenzen für die Kosten der Versandverpackung und die Beförderungskosten der Ware ergeben sich daraus für den Käufer?

89. Aufgabe

Ein Großhändler unterbreitet einem Einzelhändler ein verbindliches schriftliches Angebot. Das Angebot wird am 6. Dezember .. abgeschickt und trifft am 8. Dezember .. beim Einzelhändler ein. Am Abend des 6. Dezember .. merkt der Großhändler, dass er zu günstige Preise kalkuliert hat.
Hat er noch die Möglichkeit, sein Angebot zu widerrufen?

90. Aufgabe

Nennen Sie mindestens drei Beispiele, in denen der Lieferant dem Besteller eine Auftragsbestätigung erteilen muss.

91. Aufgabe

Einer Ihrer Kunden hat noch zwei Rechnungen offen:
1. Rechnung fällig am 26. Juni über 890,00 EUR,
2. Rechnung fällig am 5. Oktober über 1.420,00 EUR.
Sie stunden dem Kunden den Rechnungsbetrag bis zum 15. Dezember unter Berechnung von 8 % Verzugszinsen. Welchen Betrag hat der Kunde am 15. Dezember zu überweisen?

92. Aufgabe

Nennen Sie jeweils drei Arten von Rechtsgeschäften, die

a) nichtig sind,

b) anfechtbar sind.

93. Aufgabe

Wie unterscheiden sich offene, versteckte und arglistig verschwiegene Mängel?

94. Aufgabe

Ein Einzelhändler betreibt einen Supermarkt mit 17 Angestellten und macht mehrere Millionen Euro Umsatz. Wieso ist er Kaufmann nach dem HGB?

95. Aufgabe

Ein Kinosaal wird gegen Entgelt genutzt, um darin

a) eine Vortragsreihe zu halten,

b) gegen Zahlung von Eintritt Filme zu zeigen.

Um welche Vertragsarten handelt es sich dabei zwischen dem Inhaber des Kinosaales und dem Nutzer?

a) ______

b) ______

96. Aufgabe

Wie sind die Eigentums- und Besitzverhältnisse beim Pfandrecht und der Sicherungsübereignung?

Situation zur 97.–103. Aufgabe

Rolf Weber, alleiniger Inhaber einer gut gehenden Modeboutique, gibt folgende Anzeige in einer Tageszeitung auf:

Wegen Geschäftserweiterung sucht erfolgreiche Modeboutique

eine geeignete/n Geschäftspartner/in mit kaufmännischer Erfahrung.

Zuschriften an:
Modeboutique Rolf Weber e. K., Herrlinger Straße 12, 89081 Ulm

97. Aufgabe

Begründen Sie, ob der Betrieb Rolf Webers als Kaufmann gemäß Handelsgesetzbuch ins Handelsregister eingetragen werden muss. Rolf Weber erwirtschaftet mit drei Angestellten einen Monatsumsatz von 40.000,00 EUR.

98. Aufgabe

Wenn ja (s. 97. Aufgabe), in welcher Abteilung des Handelsregisters wird der Betrieb Rolf Webers eingetragen? Begründen Sie Ihre Antwort.

99. Aufgabe

Nennen Sie drei Gründe, die Rolf Weber bewogen haben, einen Teilhaber zu suchen.

100. Aufgabe

Auf die Anzeige meldet sich Marie Gunderlach. Zählen Sie drei Nachteile einer Gesellschaftsunternehmung auf.

101. Aufgabe

Rolf Weber und Marie Gunderlach entscheiden sich für die Rechtsform einer KG. Marie Gunderlach beteiligt sich als Kommanditistin mit 20.000,00 EUR. Führen Sie beispielhaft fünf Inhaltspunkte auf, die in einem KG-Gesellschaftsvertrag geregelt werden sollten.

102. Aufgabe

Einen Monat nach Eintragung ins Handelsregister nimmt Rolf Weber einen Kredit in Höhe von 100.000,00 EUR auf. Marie Gunderlach ist damit nicht einverstanden. Erläutern Sie die Rechtslage.

103. Aufgabe

Welche Vor- und Nachteile hat eine Kreditfinanzierung (je zwei Angaben)?

3 Menschliche Arbeit im Betrieb

1. Aufgabe

Der Betriebsaufbau der Forum Warenhaus KG weist drei Hauptbereiche auf.
Ordnen Sie zu, indem Sie die Kennziffern der Hauptbereiche in die Kästchen bei den Aufgaben eintragen.

Hauptbereiche:

1. Einkauf
2. Verkauf
3. Verwaltung

Aufgaben:

Aufgaben	
Finanzbuchhaltung	☐
Lagerbuchhaltung	☐
Kundendatei	☐
Warenannahme	☐
Werbung	☐

2. Aufgabe

Woher bekommt man erstmals ein Versicherungsnachweisheft der gesetzlichen Rentenversicherung?

1. Von der Industrie- und Handelskammer
2. Vom Versicherungsamt
3. Von der Allgemeinen Ortskrankenkasse
4. Von der Deutschen Rentenversicherung
5. Vom Arbeitgeber
6. Vom Einwohnermeldeamt

▶ ☐

3. Aufgabe

Welche Beiträge werden dem versicherungspflichtigen Angestellten <u>nicht</u> vom Gehalt abgezogen?

1. Krankenversicherung
2. Beiträge zur Rentenversicherung
3. Beiträge zur gesetzlichen Unfallversicherung
4. Beiträge zur Arbeitslosenversicherung
5. Beiträge zur Lebensversicherung
6. Beiträge zur Betrieblichen Pensionskasse

▶ ☐
▶ ☐
▶ ☐

4. Aufgabe

Ein Auszubildender der Forum Warenhaus KG möchte feststellen, ob die in seinem Berufsausbildungsvertrag vereinbarte Vergütung dem geltenden Mindestsatz entspricht.
Wo kann er das nachprüfen?

1. Gewerbeaufsichtsamt (in Hessen: Staatliches Amt für Arbeitsschutz und Sicherheitstechnik)
2. Jugendarbeitsschutzgesetz
3. Betriebsordnung
4. Berufsbildungsgesetz
5. Lohn- und Gehaltstarifvertrag
6. Manteltarifvertrag

▶ ☐

5. Aufgabe

Ein Arbeitnehmer will eine Einkommensteuererklärung abgeben, weil seine steuerlich abzugsfähigen Ausgaben nachweisbar höher sind als die in der Lohnsteuertabelle bereits berücksichtigten Pauschbeträge. Bevor er den Antrag ausfüllt, sortiert er seine Ausgabenbelege.
Ordnen Sie zu, indem Sie die Kennziffern der vier Ausgabenbelege in die Kästchen bei den zugehörigen Kostenarten eintragen.

Ausgabenbelege:

1. Quittung für Mitgliedsbeitrag (Computerclub „Hacker“)
2. Bescheinigung des Arbeitgebers über einbehaltene Sozialversicherungsbeiträge
3. Quittung für eine Fachzeitschrift seines Arbeitsbereiches
4. Bankbelege über Zahlung einer Unterstützung an bedürftige Angehörige

Kostenart:

Werbungskosten	☐
Sonderausgaben	☐
Außergewöhnliche Belastung	☐
Nicht abzugsfähige Ausgaben	☐

6. Aufgabe

Karl Lehmann ist unbeschränkt steuerpflichtiger Arbeitnehmer. Im Februar des Jahres liegt seine Lohnsteuerkarte immer noch nicht vor.
Wie ist bei der Gehaltszahlung zu verfahren?

1. Die Lohnsteuer wird nach der Lohnsteuerklasse II berechnet – ungeachtet Familienstand und Kinder.
2. Die Lohnsteuerberechnung erfolgt auch weiterhin stets in Höhe des abgelaufenen Beschäftigungsjahres.
3. Es muss unabhängig von der Höhe des Gehaltes der höchste Prozentsatz laut Einkommensteuertabelle einbehalten werden.
4. Die Lohnsteuer muss nach Lohnsteuerklasse VI berechnet werden.
5. Bis zur Vorlage der Lohnsteuerkarte wird das Bruttogehalt ausgezahlt; erst dann wird die Lohnsteuer rückwirkend in einer Summe abgezogen.
6. Es kann kein Gehalt ausgezahlt werden, weil dafür stets die Lohnsteuerkarte vorliegen muss.

▶ ☐

7. Aufgabe

Wie viel Euro an Lohnsteuer, Solidaritätszuschlag und Kirchensteuer (9 %) hat die Forum Warenhaus KG für drei Mitarbeiterinnen insgesamt monatlich abzuführen? Errechnen Sie den Betrag mithilfe der abgebildeten Tabelle.

Elke Müller, ledig, ohne Kind, Steuerklasse I — Monatsgehalt: 1.487,00 EUR
Silke Engler, verwitwet, 1,0 Kinderfreibetrag, Steuerklasse II — Monatsgehalt: 1.510,00 EUR
Käthe Döring, verheiratet, Steuerklasse IV — Monatsgehalt: 1.515,00 EUR

Komma	
EUR ↓	Ct.

Auszug aus der Monatslohnsteuertabelle 2006

1 529,99* **MONAT**

Lohn/ Gehalt bis €*		Abzüge an Lohnsteuer, Solidaritätszuschlag (SolZ) und Kirchensteuer (8%, 9%) in den Steuerklassen: I – VI					I, II, III, IV																		
			ohne Kinderfreibeträge					mit Zahl der Kinderfreibeträge . . .																	
								0,5			1			1,5			2			2,5			3		
		LSt	SolZ	8%	9%		LSt	SolZ	8%	9%	SolZ	8%	9%	SolZ	8%	9%	SolZ	8%	9%	SolZ	8%	9%	SolZ	8%	9%
1 487,99	I,IV	122,—	6,71	9,76	10,98	I	122,—	—	5,11	5,75	—	1,30	1,46	—	—	—	—	—	—	—	—	—	—	—	—
	II	95,25	2,85	7,62	8,57	II	95,25	—	3,27	3,68	—	—	—	—	—	—	—	—	—	—	—	—	—	—	—
	III	—	—	—	—	III	—	—	—	—	—	—	—	—	—	—	—	—	—	—	—	—	—	—	—
	V	365,50	20,10	29,24	32,89	IV	122,—	2,26	7,38	8,30	—	5,11	5,75	—	3,08	3,46	—	1,30	1,46	—	—	—	—	—	—
	VI	391,50	21,53	31,32	35,23																				
1 490,99	I,IV	122,83	6,75	9,82	11,05	I	122,83	—	5,17	5,81	—	1,34	1,51	—	—	—	—	—	—	—	—	—	—	—	—
	II	96,08	3,01	7,68	8,64	II	96,08	—	3,32	3,74	—	—	—	—	—	—	—	—	—	—	—	—	—	—	—
	III	—	—	—	—	III	—	—	—	—	—	—	—	—	—	—	—	—	—	—	—	—	—	—	—
	V	366,33	20,14	29,30	32,96	IV	122,83	2,43	7,45	8,38	—	5,17	5,81	—	3,14	3,53	—	1,34	1,51	—	—	—	—	—	—
	VI	392,50	21,58	31,40	35,32																				
1 493,99	I,IV	123,75	6,80	9,90	11,13	I	123,75	—	5,24	5,89	—	1,39	1,56	—	—	—	—	—	—	—	—	—	—	—	—
	II	96,91	3,18	7,75	8,72	II	96,91	—	3,38	3,80	—	—	—	—	—	—	—	—	—	—	—	—	—	—	—
	III	—	—	—	—	III	—	—	—	—	—	—	—	—	—	—	—	—	—	—	—	—	—	—	—
	V	367,50	20,21	29,40	33,07	IV	123,75	2,60	7,52	8,46	—	5,24	5,89	—	3,19	3,59	—	1,39	1,56	—	—	—	—	—	—
	VI	393,50	21,64	31,48	35,41																				
1 496,99	I,IV	124,58	6,85	9,96	11,21	I	124,58	—	5,30	5,96	—	1,44	1,62	—	—	—	—	—	—	—	—	—	—	—	—
	II	97,75	3,35	7,82	8,79	II	97,75	—	3,44	3,87	—	0,02	0,02	—	—	—	—	—	—	—	—	—	—	—	—
	III	—	—	—	—	III	—	—	—	—	—	—	—	—	—	—	—	—	—	—	—	—	—	—	—
	V	368,33	20,25	29,46	33,14	IV	124,58	2,76	7,58	8,53	—	5,30	5,96	—	3,24	3,65	—	1,44	1,62	—	—	—	—	—	—
	VI	394,66	21,70	31,57	35,51																				
1 499,99	I,IV	125,50	6,90	10,04	11,29	I	125,50	—	5,36	6,03	—	1,49	1,67	—	—	—	—	—	—	—	—	—	—	—	—
	II	98,58	3,51	7,88	8,87	II	98,58	—	3,50	3,93	—	0,07	0,08	—	—	—	—	—	—	—	—	—	—	—	—
	III	—	—	—	—	III	—	—	—	—	—	—	—	—	—	—	—	—	—	—	—	—	—	—	—
	V	369,50	20,32	29,56	33,25	IV	125,50	2,93	7,65	8,60	—	5,36	6,03	—	3,30	3,71	—	1,49	1,67	—	—	—	—	—	—
	VI	395,66	21,76	31,65	35,60																				
1 502,99	I,IV	126,33	6,94	10,10	11,36	I	126,33	—	5,42	6,10	—	1,54	1,73	—	—	—	—	—	—	—	—	—	—	—	—
	II	99,41	3,68	7,95	8,94	II	99,41	—	3,55	3,99	—	0,11	0,12	—	—	—	—	—	—	—	—	—	—	—	—
	III	—	—	—	—	III	—	—	—	—	—	—	—	—	—	—	—	—	—	—	—	—	—	—	—
	V	370,33	20,36	29,62	33,32	IV	126,33	3,10	7,72	8,68	—	5,42	6,10	—	3,36	3,78	—	1,54	1,73	—	—	—	—	—	—
	VI	396,66	21,81	31,73	35,69																				
1 505,99	I,IV	127,16	6,99	10,17	11,44	I	127,16	—	5,49	6,17	—	1,58	1,78	—	—	—	—	—	—	—	—	—	—	—	—
	II	100,33	3,86	8,02	9,02	II	100,33	—	3,60	4,05	—	0,15	0,17	—	—	—	—	—	—	—	—	—	—	—	—
	III	—	—	—	—	III	—	—	—	—	—	—	—	—	—	—	—	—	—	—	—	—	—	—	—
	V	371,50	20,43	29,72	33,43	IV	127,16	3,28	7,79	8,76	—	5,49	6,17	—	3,41	3,83	—	1,58	1,78	—	—	—	—	—	—
	VI	397,66	21,87	31,81	35,78																				
1 508,99	I,IV	128,08	7,04	10,24	11,52	I	128,08	—	5,55	6,24	—	1,64	1,84	—	—	—	—	—	—	—	—	—	—	—	—
	II	101,16	4,03	8,09	9,10	II	101,16	—	3,66	4,12	—	0,20	0,22	—	—	—	—	—	—	—	—	—	—	—	—
	III	—	—	—	—	III	—	—	—	—	—	—	—	—	—	—	—	—	—	—	—	—	—	—	—
	V	372,50	20,48	29,80	33,52	IV	128,08	3,45	7,86	8,84	—	5,55	6,24	—	3,47	3,90	—	1,64	1,84	—	0,05	0,05	—	—	—
	VI	398,66	21,92	31,89	35,87																				
1 511,99	I,IV	128,91	7,09	10,31	11,60	I	128,91	—	5,62	6,32	—	1,68	1,89	—	—	—	—	—	—	—	—	—	—	—	—
	II	102,—	4,20	8,16	9,18	II	102,—	—	3,72	4,19	—	0,24	0,27	—	—	—	—	—	—	—	—	—	—	—	—
	III	—	—	—	—	III	—	—	—	—	—	—	—	—	—	—	—	—	—	—	—	—	—	—	—
	V	373,50	20,54	29,88	33,61	IV	128,91	3,61	7,92	8,91	—	5,62	6,32	—	3,52	3,96	—	1,68	1,89	—	0,09	0,10	—	—	—
	VI	399,83	21,99	31,98	35,98																				
1 514,99	I,IV	129,83	7,14	10,38	11,68	I	129,83	—	5,68	6,39	—	1,73	1,94	—	—	—	—	—	—	—	—	—	—	—	—
	II	102,83	4,36	8,22	9,25	II	102,83	—	3,78	4,25	—	0,28	0,32	—	—	—	—	—	—	—	—	—	—	—	—
	III	—	—	—	—	III	—	—	—	—	—	—	—	—	—	—	—	—	—	—	—	—	—	—	—
	V	374,50	20,59	29,96	33,70	IV	129,83	3,78	7,99	8,99	—	5,68	6,39	—	3,58	4,03	—	1,73	1,94	—	0,13	0,14	—	—	—
	VI	400,83	22,04	32,06	36,07																				
1 517,99	I,IV	130,66	7,18	10,45	11,75	I	130,66	—	5,74	6,46	—	1,78	2,—	—	—	—	—	—	—	—	—	—	—	—	—
	II	103,66	4,53	8,29	9,32	II	103,66	—	3,84	4,32	—	0,32	0,36	—	—	—	—	—	—	—	—	—	—	—	—
	III	—	—	—	—	III	—	—	—	—	—	—	—	—	—	—	—	—	—	—	—	—	—	—	—
	V	375,50	20,65	30,04	33,79	IV	130,66	3,95	8,06	9,06	—	5,74	6,46	—	3,64	4,09	—	1,78	2,—	—	0,18	0,20	—	—	—
	VI	401,83	22,10	32,14	36,16																				
1 520,99	I,IV	131,58	7,23	10,52	11,84	I	131,58	—	5,80	6,53	—	1,83	2,06	—	—	—	—	—	—	—	—	—	—	—	—
	II	104,58	4,71	8,36	9,41	II	104,58	—	3,89	4,37	—	0,37	0,41	—	—	—	—	—	—	—	—	—	—	—	—
	III	—	—	—	—	III	—	—	—	—	—	—	—	—	—	—	—	—	—	—	—	—	—	—	—
	V	376,50	20,70	30,12	33,88	IV	131,58	4,11	8,12	9,14	—	5,80	6,53	—	3,70	4,16	—	1,83	2,06	—	0,22	0,24	—	—	—
	VI	403,—	22,16	32,24	36,27																				

8. Aufgabe

Welche der folgenden Ausgaben können Sie als Sonderausgaben berücksichtigen lassen?

1. Prämie für Lebensversicherung
2. Kosten für Fachliteratur
3. Gewerkschaftsbeitrag
4. Arbeitnehmeranteil zur Sozialversicherung
5. Sozialversicherungsbeitrag (Arbeitgeber- und Arbeitnehmeranteil)
6. Kirchensteuer

▶ ☐

▶ ☐

▶ ☐

9. Aufgabe

Ein Arbeitnehmer will einen Antrag auf Lohnsteuerjahresausgleich im Rahmen einer Einkommensteuererklärung stellen, weil seine steuerlich abzugsfähigen Ausgaben nachweisbar höher sind als die in der Lohnsteuertabelle bereits berücksichtigten Pauschbeträge. Bevor er den Antrag ausfüllt, sortiert er seine Ausgabenbelege.
Tragen Sie die Kennziffer der Gruppe in die Kästchen ein, zu der die Belege gehören.

Ausgabenarten:

1. Werbungskosten
2. Sonderausgaben
3. Außergewöhnliche Belastung
4. Nicht abzugsfähige Ausgaben

Belege:

Quittung über monatlich 200,00 EUR: Unterstützung eines bedürftigen Verwandten	☐
Bescheid: Kraftfahrzeugsteuer, Abbuchung vom Konto	☐
Banküberweisungsbeleg: Beitrag für private Berufsunfähigkeitsversicherung	☐
Taxi-Quittung für eine Fahrt von der Wohnung zur Arbeitsstätte	☐
Postbank-Beleg und Prämienrechnung: private Haftpflichtversicherung	☐

10. Aufgabe

Die Mitarbeiter/innen der Forum Warenhaus KG sind unterschiedlichen Steuerklassen zugeordnet.

Ordnen Sie zu, indem Sie die Kennziffer der Steuerklassen in die Kästchen bei den Arbeitnehmern eintragen.

Steuerklassen:

1. Steuerklasse I
2. Steuerklasse II
3. Steuerklasse III
4. Steuerklasse IV
5. Steuerklasse V
6. Steuerklasse VI

Arbeitnehmer:

Arbeiter, verheiratet, ein Kind, Ehefrau nicht berufstätig	☐
Angestellter, 25 Jahre, ledig	☐
Angestellte, 30 Jahre, ledig, ein Kind, allein erziehend	☐
Angestellter: zweite Lohnsteuerkarte	☐
Ehegatten, beide berufstätig; Ehefrau: Steuerklasse IV	☐
Ehemann, beide berufstätig; Ehefrau: Steuerklasse V	☐

11. Aufgabe

Ordnen Sie zu, indem Sie die Kennziffern der Sozialversicherung in die Kästchen bei den zuständigen Versicherungsträgern eintragen.

Sozialversicherung:

1. Rentenversicherung
2. Arbeitslosenversicherung
3. Unfallversicherung
4. Krankenversicherung

Versicherungsträger:

Krankenkassen	☐
Berufsgenossenschaften	☐
Deutsche Rentenversicherung	☐
Bundesagentur für Arbeit	☐

12. Aufgabe

Wohin muss der Arbeitgeber die Beiträge für die Arbeitslosenversicherung abführen?

1. An die jeweilige gesetzliche Krankenkasse
2. An die Deutsche Rentenversicherung
3. An die Bundesagentur für Arbeit
4. An die Berufsgenossenschaft
5. An die Industrie- und Handelskammer
6. An die Arbeitsagentur

▶ ☐

13. Aufgabe

Ordnen Sie zu, indem Sie die Kennziffern der Beitragszahler in die Kästchen bei den zugehörigen Versicherungs- bzw. Steuerarten eintragen.

Beitragszahler:

1. Arbeitnehmer allein
2. Arbeitgeber allein
3. Arbeitnehmer und Arbeitgeber je zur Hälfte

Versicherungs- bzw. Steuerarten:

Gesetzliche Rentenversicherung	☐
Gesetzliche Unfallversicherung	☐
Lohnsteuer	☐
Kirchensteuer	☐
Arbeitslosenversicherung	☐

14. Aufgabe

Wohin muss der Arbeitgeber die Beiträge zur Rentenversicherung abführen?

1. An die jeweilige gesetzliche Krankenkasse
2. An die Deutsche Rentenversicherung
3. An die Bundesagentur für Arbeit
4. An die Berufsgenossenschaft
5. An die Arbeitsagentur
6. An das Finanzamt

▶ ☐

15. Aufgabe

Was trägt das Finanzamt auf der Lohnsteuerkarte auf Antrag ein?

1. Änderung des Familienstandes
2. Änderung der Zahl der Kinder unter 18 Jahren
3. Gezahlte Lohnsteuer
4. Name und Anschrift
5. Geburtsdatum
6. Steuerfreier Betrag

▶ ☐

---

16. Aufgabe

Was trägt die Forum Warenhaus KG als Arbeitgeber auf der Lohnsteuerkarte bzw. Lohnsteuerbescheinigung ein?

1. Bruttoarbeitslohn
2. Gezahlte Kirchensteuer
3. Nettoarbeitslohn
4. Änderung des Familienstandes
5. Gezahlte Lohnsteuer
6. Steuerfreier Betrag
7. Anzahl der Kinder
8. Geburtsdatum
9. Steuerklasse

▶ ☐
▶ ☐
▶ ☐

---

17. Aufgabe

Für die Berechnung der Lohnsteuer ist die auf der Lohnsteuerkarte eingetragene Steuerklasse wesentlich. Welche der folgenden Angaben hat auf die Einteilung der Steuerklassen einen Einfluss?

1. Wohnort des Arbeitnehmers (Großstadt über 100000 Einwohner, Landgemeinde u. a.)
2. Höhe des Gehaltes bzw. Lohnes
3. Zugehörigkeit zu einer Religionsgemeinschaft
4. Berufstätigkeit der Ehefrau in einem lohnsteuerpflichtigen Arbeitsverhältnis
5. Entlohnungsart (Gehalts- oder Lohnempfänger)
6. Schwerbehinderter (mit amtlichem Ausweis)

▶ ☐

---

18. Aufgabe

Welche Steuern und Beiträge werden bei einem kaufmännischen Angestellten mit 2.100,00 EUR Monatsgehalt, der selbst keiner Religionsgemeinschaft angehört, dessen Ehefrau jedoch römisch-katholisch ist, direkt vom Gehalt abgezogen?

1. Nur die Lohnsteuer
2. Einkommensteuer, Lohnsteuer, Kirchensteuer, Sozialversicherungsbeiträge
3. Lohnsteuer, Kirchensteuer, Sozialversicherungsbeiträge
4. Sozialversicherungsbeiträge, Lohnsteuer, Kraftfahrzeugsteuer
5. Einkommensteuer, Sozialversicherungsbeiträge, Kirchensteuer
6. Lohnsteuer, Sozialversicherungsbeiträge

▶ ☐

---

19. Aufgabe

Die Forum Warenhaus KG sucht einen Mitarbeiter für den Einkauf. Einstellungsdatum: 1. August. Franz Meyer, der in einem ungekündigten Angestelltenverhältnis bei einer anderen Firma tätig ist, hatte sich beworben. Die Einstellungszusage erhielt er am 18. Juni.
Kann er – unter Wahrung der gesetzlichen Kündigungsfrist – die neue Stelle am 1. August antreten?

Entscheidung:	Begründung:
1. Nein	3. Weil die Kündigung von vier Wochen zum 15. Juli einzuhalten ist
2. Ja	4. Weil spätestens sechs Wochen vorher gekündigt werden muss
	5. Weil eine Kündigung vier Wochen vorher zum Monatsende der gesetzlichen Kündigungsfrist entspricht

▶ ☐
▶ ☐

---

20. Aufgabe

In welchem Fall ist die fristlose Kündigung eines Mitarbeiters berechtigt?

1. Er verweigert zum wiederholten Male die Teilnahme an dem jährlichen Betriebsfest.
2. Trotz umfangreichen Arbeitsanfalls weigert er sich, Überstunden zu leisten.
3. Er ist seit drei Wochen erkrankt; sein Aufgabengebiet kann nicht aufgeteilt werden, sondern müsste von einer neu einzustellenden Kraft wahrgenommen werden.
4. Er weigert sich, bestimmte vertraglich vereinbarte Arbeiten durchzuführen.
5. Aufgrund von Rationalisierungsmaßnahmen entfällt zukünftig der Arbeitsbereich, den der Mitarbeiter wahrzunehmen hatte.

▶ ☐

---

21. Aufgabe

Ein Auszubildender der Forum Warenhaus KG beabsichtigt, nach Beendigung seiner vertraglichen Ausbildungszeit in einem anderen Betrieb zu arbeiten.
Wann und in welcher Form muss er kündigen?

1. Unverzüglich nach erfolgreichem Bestehen des mündlichen Teils der Abschlussprüfung/ schriftlich
2. Spätestens drei Monate vor Ablauf des Berufsausbildungsvertrages/schriftlich
3. Spätestens drei Monate vor Ablauf des Berufsausbildungsvertrages/mündlich
4. Vier Wochen vor Monatsmitte oder -ende
5. Eine Kündigung entfällt, weil der Ausbildungsvertrag abgelaufen ist.

▶ ☐

---

22. Aufgabe

Wegen des starken Auftragsrückganges sollen 20 Mitarbeiter einer Firma entlassen werden. Dafür kommen aus Gründen des Kündigungsschutzes verschiedene Gruppen von Beschäftigten nicht in Frage.
Ordnen Sie zu, indem Sie die Kennziffern des Kündigungsschutzes in die Kästchen bei den Beschäftigten eintragen.

Kündigungsschutz:

1. Die Beschäftigten können für sich einen besonderen Kündigungsschutz in Anspruch nehmen.
2. Es gilt kein besonderer Kündigungsschutz.

Beschäftigte:

Angestellte	☐
Auszubildende	☐
Alle weiblichen Mitarbeiterinnen	☐
Die Mitglieder des Betriebsrates	☐
Schwerbehinderte	☐
Alle Mitarbeiter über 45 Jahre	☐
Ausbilder	☐

23. Aufgabe

Ordnen Sie zu, indem Sie die Kennziffern von drei der insgesamt fünf Sachverhalte in die Kästchen bei den Trägern der Sozialversicherung eintragen.

Sachverhalte:

1. Ein Arbeitnehmer verunglückt auf dem Heimweg von der Arbeitsstätte und ist daraufhin arbeitsunfähig.
2. Ein Arbeitnehmer erleidet auf dem Heimweg von der Arbeitsstätte einen Sachschaden an seinem Kraftfahrzeug.
3. Ein Arbeitnehmer tritt wegen einer krankheitsbedingten Erwerbsunfähigkeit vorzeitig in den Ruhestand.
4. Ein Arbeitnehmer ist länger als sechs Wochen erkrankt.
5. Ein Arbeitnehmer verunglückt nach einem privaten Umweg auf dem Heimweg von der Arbeitsstätte und ist daraufhin arbeitsunfähig.

Träger der Sozialversicherung:

Deutsche Rentenversicherung	☐
Berufsgenossenschaft	☐
Krankenkasse	☐

24. Aufgabe

Welche Regelung enthält das Berufsbildungsgesetz?

1. Die einheitliche Regelung für die Ausbildung des Kaufmanns
2. Die einheitliche Regelung für die Ausbildung in der Berufsschule
3. Die einheitliche Regelung des Gewerbe- und Arbeitsrechts
4. Die einheitliche Regelung der Rechte und Pflichten der Vertragspartner
5. Die einheitliche Regelung der beruflichen Ausbildung im Betrieb und in der Berufsschule

▶ ☐

25. Aufgabe

Was gehört nach dem Berufsbildungsgesetz zu jedem Berufsausbildungsvertrag?

1. Fachlich gegliederter Stoffplan der Berufsschule
2. Lehrplan der Berufsschule
3. Ausbildungsplan des Ausbildungsbetriebs
4. Gemeinsamer Ausbildungsplan der Berufsschule und des Betriebes
5. Ausbildungsnachweis
6. Sozialversicherungsausweis

▶ ☐

26. Aufgabe

Sie werden ab sofort bis auf weiteres krankgeschrieben. Wie lange muss der Arbeitgeber das Gehalt weiterzahlen?

1. Ohne zeitliche Begrenzung
2. Sechs Monate
3. Drei Monate
4. Sechs Wochen
5. Ein Monat
6. 14 Tage

▶ ☐

27. Aufgabe

Ordnen Sie zu, indem Sie die Kennziffern 1 und 2 in die Kästchen bei den Aussagen der Bestimmungen des Jugendarbeitsschutzgesetzes eintragen.

Kennziffer 1 und 2:

1. Die Aussagen entsprechen den Bestimmungen des Jugendarbeitsschutzgesetzes.
2. Die Aussagen entsprechen nicht den Bestimmungen des Jugendarbeitsschutzgesetzes.

Aussagen der Bestimmungen des Jugendarbeitsschutzgesetzes:

„Der Text des Jugendarbeitsschutzgesetzes muss in jedem Betrieb, der Jugendliche beschäftigt, aushängen oder ausliegen“.	☐
„Die Vorschriften des Jugendarbeitsschutzgesetzes können durch private Abmachungen zwischen Ausbildendem und Auszubildendem abgeändert werden“.	☐
„Das Jugendarbeitsschutzgesetz gilt auch für Jugendliche ohne Berufsausbildungsvertrag“.	☐
„Mit dem Jugendarbeitsschutzgesetz soll u. a. erreicht werden, dass der Jugendliche bei seiner Arbeit keine Gesundheitsschäden erleidet“.	☐
„Die wöchentliche Arbeitszeit für Jugendliche unter 18 Jahren beträgt höchstens 36 Stunden“.	☐
„Jugendliche vor Vollendung des 18. Lebensjahres haben nach jeweils drei Stunden Arbeitszeit einen Anspruch auf 30 Minuten Pause“.	☐

28. Aufgabe

Im Rahmen der Kündigung haben Arbeitgeber, Arbeitnehmer und der Betriebsrat bestimmte Rechte und Pflichten.

Wählen Sie die richtigen aus.

1. Der Arbeitgeber kann gegen eine fristgerechte Kündigung eines Arbeitnehmers Einspruch erheben, wenn keine triftigen Gründe für die Kündigung vorliegen.
2. Der Arbeitgeber hat gegen eine fristgerecht ausgesprochene Kündigung des Arbeitnehmers keine Einspruchsmöglichkeit.
3. Der Arbeitnehmer kann gegen eine sozial ungerechtfertigte Kündigung ohne Kündigungsgrund Einspruch erheben.
4. Wer sechs Monate im gleichen Unternehmen arbeitet, ist gegen sozial ungerechtfertigte Kündigungen geschützt.
5. Der Einspruch des Arbeitnehmers, der seine Kündigung für sozial ungerechtfertigt hält, muss innerhalb einer Woche bei der Geschäftsleitung erfolgen.
6. Der Betriebsrat kann einer sozial ungerechtfertigten Kündigung innerhalb einer Woche widersprechen.
7. Innerhalb von drei Wochen ist eine Klage beim Arbeitsgericht möglich.
8. Die Klage des Arbeitnehmers gegen die Kündigung muss innerhalb von drei Wochen beim Sozialgericht eingereicht werden.

▶ ☐
▶ ☐
▶ ☐
▶ ☐

29. Aufgabe

Nach dem HGB unterliegt der Handlungsgehilfe einem gesetzlichen Wettbewerbsverbot.
Welche Konsequenz ergibt sich daraus?

1. Er darf sich nach Beendigung des Arbeitsverhältnisses nicht in der gleichen Branche selbstständig machen.
2. Er darf mit Konkurrenzunternehmen keine Kontakte aufnehmen.
3. Er darf keine Geschäftsgeheimnisse ausplaudern.
4. Er darf im gleichen Handelszweig keine Geschäfte auf eigene oder fremde Rechnung betreiben.
5. Er darf sich nicht als Kommanditist an einer KG in einem anderen Geschäftszweig beteiligen.

▶ ☐

30. Aufgabe

Bringen Sie die folgenden Schritte bei einem Verfahren vor dem Arbeitsgericht in die richtige Reihenfolge, indem Sie die Ziffern 1–5 in die Kästchen eintragen.

Urteil oder Vergleich	☐
Einreichen der Klage	☐
Mündliche Verhandlung	☐
Anberaumung (Festlegung) eines mündlichen Termins	☐
Gütetermin	☐

31. Aufgabe

Auf dem Wege zum Arbeitsplatz stürzt der Angestellte Hastig auf die Straße, verletzt sich und muss einen Arzt aufsuchen. Kurz danach erscheint er im Betrieb und berichtet von seinem Missgeschick.
Wem muss der Vorfall gemeldet werden?

1. Gewerbeaufsichtsamt (in Hessen: Amt für Arbeitsschutz und Sicherheitstechnik)
2. Bundesagentur für Arbeit
3. Örtliche Arbeitsagentur
4. Rentenversicherung
5. Berufsgenossenschaft
6. Krankenkasse

▶ ☐

32. Aufgabe

Welche der folgenden Leistungen gewährt die Arbeitslosenversicherung?

1. Arbeitslosengeld
2. Krankenpflege
3. Wochenhilfe
4. Berufshilfe

▶ ☐

33. Aufgabe

Welche der folgenden Regelungen ist nicht Bestandteil der Betriebsvereinbarung?

1. Zuschüsse zum Mittagessen der Belegschaft
2. Höhe der Überstundenzuschläge
3. Art der Lohn- bzw. Gehaltszahlungen
4. Zusätzliche innerbetriebliche Sozialleistungen
5. Vereinbarungen über das Nachholen ausgefallener Arbeitstage

▶ ☐

34. Aufgabe

Im Tarifvertragsrecht gibt es zahlreiche Fachbegriffe.
Welcher davon ist unzutreffend wiedergegeben?

1. Die Manteltarifverträge regeln die Arbeitsbedingungen (Arbeitszeit, Pausen, Urlaub usw.).
2. Die Lohn- und Gehaltstarife setzen die Lohn- bzw. Gehaltsstufenbeträge fest.
3. Tarifautonomie bedeutet, dass die Löhne von den Arbeitgeberverbänden und Gewerkschaften mit staatlichem Einspruchsrecht ausgehandelt werden.
4. Unter Sozialpartnern versteht man die Vertreter der Arbeitgeberverbände und die Vertreter der Arbeitnehmer (Gewerkschaften) z. B. in Tarifverhandlungen.
5. Tarifrunde ist eine Bezeichnung für Tarifverhandlungen.

▶ ☐

35. Aufgabe

Wer schließt einen Tarifvertrag ab?

1. Der Arbeitgeber mit jedem seiner Arbeitnehmer
2. Die Handelskammern mit den Gewerkschaften
3. Die Arbeitgeberverbände mit den Arbeitnehmerverbänden
4. Der Arbeitgeber mit dem Betriebsrat
5. Die Gewerkschaftsmitglieder mit dem Arbeitgeber
6. Das Wirtschaftsministerium mit den Unternehmen

▶ ☐

36. Aufgabe

In Ihrem Ausbildungsbetrieb soll ein Betriebsrat gewählt werden. Wahl und Aufgaben des Betriebsrates sind im Betriebsverfassungsgesetz geregelt.
Welche der folgenden Aufgaben gehören zu den allgemeinen oder besonderen Aufgaben des Betriebsrates?

1. Mitbestimmung bei der Einstellung und Abberufung von Ausbildern
2. Mitbestimmung bei der Einstellung leitender Angestellter
3. Mitbestimmung bei der Festsetzung von Beginn und Ende der Arbeitszeit
4. Mitbestimmung bei Unfalluntersuchungen
5. Mitbestimmung bei Aufstellung des Produktionsprogramms
6. Mitwirkung bei der Personalplanung

▶ ☐
▶ ☐
▶ ☐

37. Aufgabe

Bringen Sie die folgenden Schritte in einer Tarifverhandlung (ohne Einigung) in die richtige Reihenfolge, indem Sie die Ziffern 1–5 in die Kästchen eintragen.

Die Gewerkschaft stellt eine Lohnforderung auf, Gewerkschaft und Arbeitgeberverbände verhandeln in der Tarifkommission ohne Erfolg. ☐

Schlichtung wird einberufen. Ein neutraler Schlichter versucht zu vermitteln bzw. schlägt einen Kompromiss vor. ☐

Streik ☐

Die Tarifverhandlungen sind gescheitert. Der Schlichtungsversuch misslang. ☐

Urabstimmung in den Betrieben, die bestreikt werden sollen. Bei mehr als 75 % Ja-Stimmen kann gestreikt werden. ☐

38. Aufgabe

Im Betriebsverfassungsgesetz sind die Wahl und die Aufgaben eines Betriebsrates geregelt.
Ordnen Sie zu, indem Sie die Kennziffern 1 und 2 in die Kästchen bei den Aussagen zu den Bestimmungen dieses Gesetzes eintragen.

Kennziffern:

1. Die Aussage entspricht den Bestimmungen des Betriebsverfassungsgesetzes.
2. Die Aussage entspricht nicht den Bestimmungen des Betriebsverfassungsgesetzes.

Aussagen zu den Bestimmungen:

In jedem Betrieb muss ein Betriebsrat gewählt werden.	☐
Der Betriebsrat hat je zur Hälfte aus weiblichen und männlichen Mitarbeitern zu bestehen.	☐
Wahlberechtigt sind alle Arbeitnehmer mit vollendetem 21. Lebensjahr.	☐
Wahlberechtigt sind alle Arbeitnehmer mit vollendetem 18. Lebensjahr.	☐
Soweit der Betriebsrat ein Mitwirkungsrecht hat, z. B. bei jeder Kündigung, wird sie erst mit seiner Zustimmung wirksam.	☐
Ein Mitbestimmungsrecht hat der Betriebsrat z. B. bei der Aufstellung des Urlaubsplanes, der Festlegung der Arbeitspausen u. a.	☐

39. Aufgabe

Welches Recht hat die Jugend- und Auszubildendenvertretung nach dem Betriebsverfassungsgesetz?

1. Sie kann vor oder nach jeder Betriebsversammlung auch ohne Zustimmung des Betriebsrates eine Betriebsjugendversammlung einberufen.
2. Sie kann zu Betriebsratssitzungen einen Vertreter entsenden, der bei allen zu fassenden Beschlüssen stimmberechtigt ist.
3. Sie hat wahlweise das Recht, die für ihre Arbeit erforderlichen Unterlagen vom Betriebsrat oder vom Arbeitgeber zu verlangen.
4. Sie kann einer beabsichtigten Kündigung eines in der Ausbildung befindlichen Jugendlichen rechtswirksam widersprechen.
5. Sie kann Anträge an die Geschäftsleitung nur über den Betriebsrat stellen.

▶ ☐

40. Aufgabe

Wer kann für wie lange als Jugend- und Auszubildendenvertreter gewählt werden?

1. Ein 23-jähriger Arbeitnehmer, kein Mitglied des Betriebsrates, für zwei Jahre
2. Ein 25-jähriger Arbeitnehmer, Mitglied des Betriebsrates, für zwei Jahre
3. Ein 19-jähriger Arbeitnehmer, kein Mitglied des Betriebsrates, für drei Jahre
4. Ein 25-jähriger Arbeitnehmer, Mitglied des Betriebsrates, für drei Jahre
5. Ein 25-jähriger Arbeitnehmer, kein Mitglied des Betriebsrates, für zwei Jahre

▶ ☐

41. Aufgabe

Welches Gericht ist bei Streitigkeiten zwischen Arbeitgeber und Arbeitnehmer aufgrund des Tarifvertrages zuständig?

1. Das Arbeitsgericht
2. Das Amtsgericht
3. Das Sozialgericht
4. Der Bundesgerichtshof
5. Das Landgericht
6. Die Kammer für Handelssachen am Landgericht

▶ ☐

42. Aufgabe

Ein Auszubildender der Forum Warenhaus KG soll nach Beendigung der Berufsausbildung nicht übernommen werden. Die Abschlussprüfung besteht er nicht.

Wie ist die Rechtslage?

1. Da er nicht übernommen wird, kann er die Berufsausbildung nicht fortsetzen.
2. Er kann die Prüfung nur innerhalb der nächsten sechs Monate im Rahmen einer Wiederholungsprüfung als externer Prüfling ablegen.
3. Auf Antrag muss die Forum Warenhaus KG das Ausbildungsverhältnis bis zur nächstmöglichen Abschlussprüfung verlängern.
4. Die Ausbildung kann nur auf Antrag der Forum Warenhaus KG höchstens um ein Jahr verlängert werden.
5. Auf Antrag der Forum Warenhaus KG muss der Auszubildende das Ausbildungsverhältnis um sechs Monate verlängern.

▶ ☐

43. Aufgabe

Sie sollen mit der Personalabteilung der Forum Warenhaus KG einen Personalfragebogen entwickeln, den Bewerber im Rahmen des Einstellungsverfahrens beantworten sollen.
Welche Vorgehensweise ist richtig?

1. Fragen zur Person dürfen nicht enthalten sein.
2. Der Betriebsrat muss nicht beteiligt werden.
3. Nach Schulden eines Kassierers darf nicht gefragt werden.
4. Die Frage nach Gewerkschaftszugehörigkeit ist unzulässig.
5. Besuchte Fortbildungsveranstaltungen dürfen nicht abgefragt werden.

▶ ☐

44. Aufgabe

Eine langjährige Verkäuferin der Forum Warenhaus KG will eine neue Stelle bei einem Konkurrenten antreten.
Wann muss sie spätestens kündigen, wenn gesetzliche Kündigungsfrist vereinbart ist?

1. Vier Wochen zum 15. eines Monats oder zum Monatsende
2. Sechs Wochen zum Quartalsende
3. Einen Monat zum Monatsende
4. Zwei Wochen zum 15. eines Monats oder zum Monatsende
5. Bei fünfjähriger Betriebszugehörigkeit zwei Monate zum Monatsende

▶ ☐

45. Aufgabe

Die Einzelhandelskauffrau Annika Schönhals stellt für das abgelaufene Kalenderjahr einen Antrag auf Veranlagung zur Einkommensteuer.
Welchen Posten kann sie als Werbungskosten geltend machen?

1. Gezahlte Kirchensteuer
2. Spenden zur Förderung mildtätiger Zwecke
3. Ausgaben für Literatur zur privaten Weiterbildung
4. Prämie für die Lebensversicherung
5. Aufwendungen für die berufliche Fortbildung

▶ ☐

46. Aufgabe

Ein Mitarbeiter der Forum Warenhaus KG hat eine Kollegin geheiratet. Er will seine Lohnsteuerklasse ändern lassen.
Wo muss er zu diesem Zweck seine Lohnsteuerkarte vorlegen?

1. Beim Finanzamt
2. Bei der Gemeindeverwaltung
3. Bei der Personalabteilung der Forum Warenhaus KG
4. Beim Landratsamt
5. Bei der Arbeitsagentur

▶ ☐

47. Aufgabe

Die Forum Warenhaus KG beabsichtigt wegen verlängerter Öffnungszeiten eine Neuregelung der täglichen Arbeitszeit und der Pausen.
Hat der Betriebsrat ein Mitbestimmungs- oder Entscheidungsrecht?

1. Ja, der Betriebsrat hat in diesem Fall das alleinige Entscheidungsrecht.
2. Nein, der Betriebsrat hat lediglich einen Anspruch auf Information.
3. Ja, der Betriebsrat hat ein Mitbestimmungsrecht.
4. Nein, der Betriebsrat hat nur das Recht, an den entsprechenden Beratungen teilzunehmen, seinen Hinweisen und Anregungen braucht die Geschäftsleitung nicht zu folgen.
5. Nein, der Betriebsrat hat zwar ein Mitbestimmungsrecht, das jedoch Arbeitszeit- und Pausenregelungen ausschließt.

▶ ☐

---

48. Aufgabe

In Einzelhandelsbetrieben sollen Jugend- und Auszubildendenvertretungen gewählt werden.
Klären Sie mithilfe der abgebildeten Auszüge aus dem Betriebsverfassungsgesetz, wer wählen oder gewählt werden kann.

1. Die 26-jährige Angestellte Sigrid Schulz, die sich schon seit Jahren für die Belange der Auszubildenden einsetzt, will sich wählen lassen.
2. Der 21-jährige Markus Freud, der im vorigen Jahr seine Ausbildung zum Einzelhandelskaufmann beendet hat, will an der Wahl teilnehmen.
3. Die 19-jährige Mitarbeiterin Tanja Schneider will sich wählen lassen.
4. In einem Betrieb mit zwei Jugendlichen und drei Auszubildenden im Alter von 19, 24 und 26 Jahren wollen alle eine Jugend- und Auszubildendenvertretung wählen.
5. Das 24-jährige Betriebsratsmitglied Samir Serhatlic will sich wählen lassen.

▶ ☐

Auszüge aus dem Betriebsverfassungsgesetz (BetrVG) zur 48. Aufgabe

§ 60 Errichtung und Aufgabe (1) In Betrieben mit in der Regel mindestens fünf Arbeitnehmern, die das 18. Lebensjahr noch nicht vollendet haben (jugendliche Arbeitnehmer) oder die zu ihrer Berufsausbildung beschäftigt sind und das 25. Lebensjahr noch nicht vollendet haben, werden Jugend- und Auszubildendenvertretungen gewählt.

(2) Die Jugend- und Auszubildendenvertretung nimmt nach Maßgabe der folgenden Vorschriften die besonderen Belange der in Absatz 1 genannten Arbeitnehmer wahr.

§ 61 Wahlberechtigung und Wählbarkeit (1) Wahlberechtigt sind alle in § 60 Abs. 1 genannten Arbeitnehmer des Betriebs.

(2) Wählbar sind alle Arbeitnehmer des Betriebs, die das 25. Lebensjahr noch nicht vollendet haben; § 8 Abs. 1 Satz 3 findet Anwendung. Mitglieder des Betriebsrats können nicht zu Jugend- und Auszubildendenvertretern gewählt werden.

---

49. Aufgabe

Ordnen Sie zu, indem Sie die Kennziffern der Kennzeichnungen in die Kästchen bei den Vereinbarungen eintragen.

Kennzeichnungen:

1. Für den Dienst- oder Arbeitsvertrag
2. Für eine Betriebsvereinbarung
3. Für einen Tarifvertrag

Vereinbarungen:

Vereinbarung zwischen Gewerkschaft und Arbeitgebervereinigung	☐
Vereinbarung zwischen dem einzelnen Arbeitgeber und dem einzelnen Arbeitnehmer	☐
Vereinbarung zwischen dem einzelnen Unternehmer und seinem Betriebsrat (z. B. Betriebsordnung)	☐

50. Aufgabe

Im Betriebsverfassungsgesetz sind Wahl und Aufgaben eines Betriebsrates einheitlich geregelt. Welche der folgenden Behauptungen entsprechen den Bestimmungen dieses Gesetzes?

1. In jedem Betrieb muss ein Betriebsrat gewählt werden.
2. Es besteht keine Pflicht, einen Betriebsrat zu wählen.
3. Wahlberechtigt sind alle Arbeitnehmer mit vollendetem 18. Lebensjahr.
5. Soweit der Betriebsrat ein Mitwirkungsrecht hat, z. B. bei jeder Kündigung, wird sie erst mit seiner Zustimmung wirksam.
6. Ein Mitbestimmungsrecht hat der Betriebsrat z. B. bei der Aufstellung des Urlaubsplanes, Festlegung von Arbeitspausen.

▶ ☐

▶ ☐

▶ ☐

---

51. Aufgabe

Mit einer Anzeige in einer Fachzeitschrift sucht die Forum Warenhaus KG einen neuen Mitarbeiter. Welche der folgenden Feststellungen trifft für die Neueinstellung zu?

1. Stellenanzeigen bedürfen der Zustimmung des Betriebsrates.
2. Neue Mitarbeiter können nur mit Zustimmung des Arbeitsamtes eingestellt werden.
3. Eine Bewerbung muss grundsätzlich handschriftlich erfolgen.
4. Einer Bewerbung müssen stets die Originale der Zeugnisse beigefügt werden.
5. Die Bedingungen eines Einzelarbeitsvertrages dürfen für den Arbeitnehmer nicht ungünstiger sein als die des allgemein verbindlichen Tarifvertrages.
6. Dienstverträge werden nur mit kaufmännischen Angestellten, jedoch niemals mit Arbeitern oder Handwerkern abgeschlossen.

▶ ☐

---

52. Aufgabe

Welche der folgenden Tarifregelungen steht im Allgemeinen im Rahmentarif (Manteltarif)?

1. Mindestlohn
2. Arbeitszeit
3. Ecklohn
4. Höchstlohn
5. Zu- und Abschläge auf den Ecklohn
6. Lohnfortzahlung im Krankheitsfall

▶ ☐

---

53. Aufgabe

Sie sollen bei der Gehaltsabrechnung einer Verkäuferin der Forum Warenhaus KG mitwirken. Welche der folgenden Steuern werden vom Arbeitsentgelt (Gehalt, Lohn) abgezogen und vom Arbeitgeber abgeführt?

1. Umsatzsteuer
2. Kirchensteuer
3. Einkommensteuer
4. Lohnsteuer
5. Gewerbesteuer
6. Zinsabschlagsteuer

▶ ☐

▶ ☐

---

54. Aufgabe

Das Bruttogehalt wird neben dem Lohnsteuerabzug um Sozialversicherungsbeiträge gekürzt. Welche Sozialversicherungen tragen Arbeitnehmer und Arbeitgeber je zur Hälfte?

____

____

55. Aufgabe

Sie sind als Arbeitnehmer verpflichtet, die Lohnsteuerkarte an Ihren Arbeitgeber weiterzuleiten.

a) Wer stellt die Lohnsteuerkarte aus?

b) Welche Angaben enthält die Lohnsteuerkarte?

c) Sie wollen einen Arbeitnehmerfreibetrag eintragen lassen. Wer nimmt die Eintragung vor?

56. Aufgabe

Unterscheiden Sie den Manteltarifvertrag vom Lohn- und Gehaltstarifvertrag.

57. Aufgabe

Ein Arbeitnehmer kommt wiederholt verspätet zur Arbeit und leistet seine Arbeit schlecht. Er wird daher abgemahnt. Als sich sein Verhalten danach nicht bessert, wird ihm gekündigt. Der Betriebsrat wird einen Tag später angehört und stimmt der Kündigung zu.
Ist die Kündigung wirksam?

58. Aufgabe

Die Kassiererin Karin Schneider spielt mit dem Gedanken, zur Konkurrenz zu wechseln.
Welche Kündigungsfrist hat sie nach dem BGB einzuhalten?

59. Aufgabe

Der Angestellte Siegfried Tausch macht auf dem Heimweg von der Arbeit zur Entspannung noch einen Kinobesuch. Danach setzt er die Heimfahrt mit dem eigenen Pkw fort. In der Nähe seiner Wohnung baut er einen Unfall, bei dem er sich erheblich verletzt.
Hat er Anspruch auf Leistungen der gesetzlichen Unfallversicherung?

60. Aufgabe

Ein Arbeitnehmer fährt in einem Jahr an 235 Tagen mit dem eigenen Pkw zu seinem 33 km entfernten Arbeitsplatz. Er hat im Laufe des Jahres für 85,00 EUR Fachbücher gekauft und zahlt 120,00 EUR Gewerkschaftsbeitrag.
In welcher Höhe kann der Arbeitnehmer Werbungskosten geltend machen?

61. Aufgabe

Bei der Errechnung des zu versteuernden Einkommens können neben den Werbungskosten und den Außergewöhnlichen Belastungen auch Sonderausgaben abgezogen werden.
Erläutern Sie den Begriff der Sonderausgaben an Beispielen.

62. Aufgabe

a) Welches Problem der Rentenversicherung ist in der Karikatur dargestellt?

b) Nennen Sie zwei weitere Probleme der Rentenversicherung.

c) Machen Sie zu jedem der in a) und b) genannten Probleme einen Lösungsvorschlag.

Wirtschafts- und Sozialkunde

Situation zur 63.–66. Aufgabe

In der Forum Warenhaus KG sind folgende Arbeitnehmer beschäftigt:
- 150 volljährige Angestellte,
- elf Arbeitnehmer zwischen 19 und 23 Jahren, die eine Berufsausbildung machen,
- 14 jugendliche Auszubildende,
- fünf jugendliche Arbeitnehmer, die keine Berufsausbildung machen.

Es gibt einen Betriebsrat und eine Jugend- und Auszubildendenvertretung. Es stehen demnächst Wahlen zur Jugend- und Auszubildendenvertretung an.

63. Aufgabe

Welche gesetzliche Bestimmung ist bei der Einrichtung eines Betriebsrates zu beachten?

1. Der Betriebsrat kann in Betrieben mit mindestens fünf Arbeitnehmern gewählt werden.
2. Der Betriebsrat kann in Betrieben mit mindestens drei Arbeitnehmern gewählt werden.
3. Der Betriebsrat kann in Betrieben gewählt werden, wenn alle Arbeitnehmer mindestens 16 Jahre alt sind.
4. Der Betriebsrat kann in Betrieben gewählt werden, wenn alle Arbeitnehmer mindestens ein Jahr im Betrieb tätig sind.
5. Der Betriebsrat wird in Abständen von sieben Jahren zwischen dem 01.10. und 31.12. gewählt.

▶ ☐

64. Aufgabe

Herr Paulus (20 Jahre alt) möchte sich als Kandidat zu den Wahlen zur Jugend- und Auszubildendenvertretung aufstellen lassen. In welchem Gesetz muss er sich informieren, um Näheres über die Wahl zu erfahren?

1. Im Grundgesetz
2. Im Jugendschutzgesetz
3. Im Berufsbildungsgesetz
4. Im Betriebsverfassungsgesetz
5. Im Bürgerlichen Gesetzbuch

▶ ☐

65. Aufgabe

Herr Paulus hat sich den abgebildeten Gesetzesauszug herausgesucht.
Prüfen Sie, wie viele Arbeitnehmer des Warenhauses bei der Wahl der Jugend- und Auszubildendenvertretung insgesamt wahlberechtigt sind.

☐☐

Auszug aus dem Betriebsverfassungsgesetz (BetrVG)

Betriebliche Jugend- und Auszubildendenvertretung

§ 60 Errichtung und Aufgabe. (1) In Betrieben mit in der Regel mindestens fünf Arbeitnehmern, die das 18. Lebensjahr noch nicht vollendet haben (jugendliche Arbeitnehmer) oder die zu ihrer Berufsausbildung beschäftig sind und das 25. Lebensjahr noch nicht vollendet haben, werden Jugend- und Auszubildendenvertretungen gewählt.
[...]

§ 61 Wahlberechtigung und Wählbarkeit. (1) Wahlberechtigt sind alle in § 60 Abs. 1 genannten Arbeitnehmer des Betriebs.

66. Aufgabe

Herr Paulus wurde in die Jugend- und Auszubildendenvertretung gewählt und soll jetzt verschiedene Anträge von Auszubildenden über den Betriebsrat durchsetzen. Prüfen Sie, in welchem Fall der Betriebsrat ein Mitbestimmungsrecht gegenüber der Geschäftsführung hat.

1. Die Auszubildenden möchten die Beschäftigungsverbote für werdende Mütter neu festlegen.
2. Die Auszubildenden möchten Beginn und Ende der täglichen Arbeitszeit neu festlegen.
3. Die Auszubildenden möchten, dass das Sortiment des Ausbildungsbetriebs erweitert wird.
4. Die Auszubildenden möchten, dass für ihre Branche ein neuer Tarifvertrag ausgehandelt wird.
5. Die Auszubildenden möchten die bestehende Verordnung über die Berufsausbildung verändern.

▶ ☐

4 Arbeitsicherheit, Umweltschutz

1. Aufgabe

Auch die Forum Warenhaus KG muss dem Umweltschutz gerecht werden. Was ist im Sinne des Umweltschutzes gesetzlich vorgeschrieben?

1. Wer Lebensmittel verkauft, muss organische Abfälle zurücknehmen und getrennt sammeln.
2. Wer Lacke und Farben verkauft, muss Restbestände zurücknehmen.
3. Wer Motorenöl verkauft, muss eine Rückgabemöglichkeit für Altöl schaffen.
4. Wer nicht biologisch abbaubare Reinigungsmittel verkauft, ist zur Rücknahme der Reste verpflichtet.
5. Wer Einweg- Batterien verkauft, muss gleichzeitig auch Akku-Batterien anbieten.

▶ ☐

---

2. Aufgabe

In einer betriebsinternen Unterweisung werden Sie über die betrieblichen Unfallverhütungsvorschriften informiert. Stellen Sie fest, durch welche Unfallverhütungsvorschrift Unfälle durch bzw. mit Kunden vermieden werden sollen.

1. „Entleeren Sie Aschenbecher nicht in Papierkörbe!"
2. „Füllen Sie leicht entzündliche Flüssigkeiten niemals in Trinkgefäße!"
3. „Ziehen Sie Geräteanschlussleitungen stets am Stecker aus der Steckdose, nie an der Leitung selbst!"
4. „Sorgen Sie für die Beseitigung verschütteter Flüssigkeiten oder heruntergefallener Lebensmittelreste!"
5. „Bewahren Sie in Räumen, in denen gefährliche Stoffe gelagert werden, niemals Nahrungsmittel auf!"

▶ ☐

---

3. Aufgabe

Welche Stelle überwacht die Einhaltung der Arbeitssicherheitsvorschriften (Unfallverhütung) in den Betrieben des Einzelhandels?

1. Der Hauptverband des Deutschen Einzelhandels
2. Die Berufsgenossenschaft für den Einzelhandel
3. Die Ortspolizeibehörde
4. Die zuständige Industrie- und Handelskammer
5. Die Allgemeine Ortskrankenkasse
6. Der TÜV (Technischer Überwachungsverein)

▶ ☐

---

4. Aufgabe

In der Forum Warenhaus KG befinden sich auch Notausgänge. Welche Vorschrift ist nach den Unfallverhütungsvorschriften richtig?

1. Notausgänge dürfen von außen abgeschlossen sein, wenn sie von innen trotzdem mit einer Klinke leicht zu öffnen sind.
2. Notausgänge müssen nur in Räumen vorhanden sein, in denen leicht brennbare Gegenstände gelagert werden.
3. Wenn die Mitarbeiter sachgemäß unterrichtet worden sind, dann ist eine Kennzeichnung der Ausgänge als „Notausgang“ nicht nötig.
4. Wenn die Türschlüssel an den Notausgängen griffbereit aufbewahrt werden, dann dürfen sie von innen abgeschlossen werden.
5. In die Rettungswege zu den Notausgängen dürfen nur rollbare Container außerhalb der Ladeöffnungszeiten gestellt werden.

▶ ☐

5. Aufgabe

Am schwarzen Brett lesen Sie Folgendes: „Die Geschäftsleitung sucht Ideen zum Thema Kosten senken durch Energie sparen – ohne Gefahr von Umsatzverlusten“.
Darunter stehen mehrere Vorschläge. Welche Idee ist am besten geeignet?

1. Die Temperatur in den Verkaufsräumen sollte während der Ladenöffnungszeiten auf 16 °C gesenkt werden.
2. Tiefkühlfisch sollte aus dem Lebensmittelsortiment genommen und die Kühltruhe entfernt werden.
3. Die firmeneigenen Lieferfahrzeuge sollten abgeschafft und dafür Waren zur Selbstabholung angeboten werden.
4. Während der verkaufsschwächeren Zeiten können die Rolltreppen abgestellt und die Kunden auf die Treppen hingewiesen werden.
5. Die Schaufensterbeleuchtung kann zwischen 24:00 Uhr und 7:00 Uhr ausgeschaltet werden.

▶ ☐

6. Aufgabe

Um Unfälle bei Dekorationen zu vermeiden, klären Sie Ihre Mitarbeiter/innen über die richtige Anwendung von Stehleitern auf. In welcher Abbildung ist die Leiter gemäß den Unfallverhütungsvorschriften richtig aufgestellt und benutzt?

▶ ☐

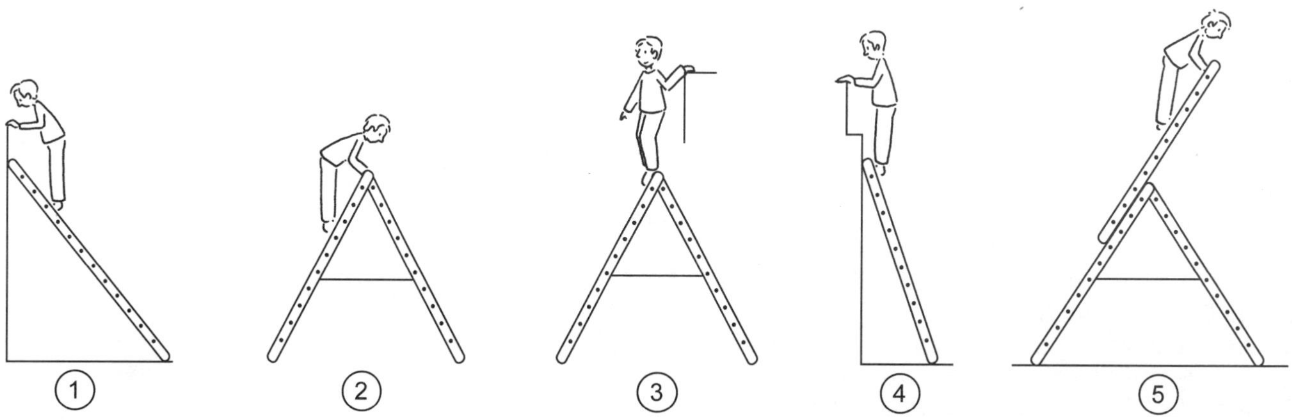

7. Aufgabe

a) Welche Verhaltensweisen sind richtig?

____

b) Begründen Sie, weshalb die anderen Verhaltensweisen falsch sind.

____

____

____

____

____

____

8. Aufgabe

Wie bei der Forum Warenhaus KG fallen auch in den anderen Betrieben des Einzelhandels ständig größer werdende Mengen an Verpackungsmaterial an. Wählen Sie die Maßnahme aus, mit der die Verpackungsmengen umweltbewusst vermindert werden können.

1. Sammelcontainer zur getrennten Verpackungsmaterialsammlung aufstellen
2. Verpackungsmaterial im Inland statt im Ausland recyclen
3. Auf Umverpackungen verzichten
4. Das Verpackungsmaterial in Hochtemperaturöfen umweltgerecht verbrennen
5. Mehrwegflaschen durch billigere Einwegflaschen ersetzen

▶ ☐

Auszüge aus der Verpackungsverordnung (VerpackV) zur 9.–12. Aufgabe

§ 6 Rücknahmepflichten für Verkaufsverpackungen
(1) Der Vertreiber ist verpflichtet, vom Endverbraucher gebrauchte, restentleerte Verkaufsverpackungen am Ort der tatsächlichen Übergabe oder in dessen unmittelbarer Nähe unentgeltlich zurückzunehmen, einer Verwertung [...] zuzuführen [...]

§ 8 Pfanderhebungs- und Rücknahmepflicht für Einweggetränkeverpackungen
(1) Vertreiber, die Getränke in Einweggetränkeverpackungen mit einem Füllvolumen von 0,1 Liter bis 3 Liter in Verkehr bringen, sind verpflichtet, von ihrem Abnehmer ein Pfand in Höhe von mindestens 0,25 Euro einschließlich Umsatzsteuer je Verpackung zu erheben. [...] Das Pfand ist jeweils bei Rücknahme der Verpackungen [...] zu erstatten. Ohne eine Rücknahme der Verpackungen darf das Pfand nicht erstattet werden.
(2) Absatz 1 findet nur Anwendung auf nicht ökologisch vorteilhafte Einweggetränkeverpackungen [...], die folgende Getränke enthalten:

1. Bier (einschließlich alkoholfreies Bier) und Biermischgetränke,
2. Mineral-, Quell-, Tafel- und Heilwässer,
3. Erfrischungsgetränke mit oder ohne Kohlensäure (insbesondere Limonaden einschließlich Cola-Getränke, Brausen, Bittergetränke und Eistee). Fruchtsäfte, Fruchtnektare, Gemüsesäfte, Gemüsenektare, Getränke mit einem Mindestanteil von 50 vom Hundert an Milch oder an Erzeugnissen, die aus Milch gewonnen werden, diätetische Getränke im Sinne des § 1 Abs. 1 der Diätverordnung, ausgenommen solche für intensive Muskelanstrengungen, vor allem für Sportler, im Sinne von Anlage 8 Nr. 7 dieser Verordnung, und Mischungen dieser Getränke sind keine Erfrischungsgetränke im Sinne von Satz 1. In allen anderen Fällen findet Absatz 1 keine Anwendung [...]

9. Aufgabe

Erklären Sie die folgenden Begriffe aus der Verpackungsverordnung (VerpackV):

a) Verkaufsverpackung,

b) Endverbraucher,

c) ökologisch nicht vorteilhafte Getränke in Einwegverpackungen,

d) Erfrischungsgetränke.

10. Aufgabe

Welche zwei Hauptpflichten hat der Einzelhändler nach der VerpackV zu erfüllen?

11. Aufgabe

Nennen Sie beispielhaft einige Getränke bzw. Verkaufsverpackungen für die der § 8 VerpackV keine Anwendung findet.

12. Aufgabe

Welches ökologische Ziel verfolgt der Gesetzgeber mit § 8 VerpackV?

13. Aufgabe

Im vergangenen Jahr ergaben sich folgende anzeigepflichtige Arbeitsunfälle im Einzelhandel (s. abgebildete Tabelle). Wie viele der genannten Unfälle können insgesamt auf bauliche Mängel zurückzuführen sein?

Anzeigepflichtige Arbeitsunfälle im Einzelhandel		
Position	**Auslösender Gegenstand**	**Anzahl (ca.)**
1	Fußböden, Gehwege	6100
2	Messer (inkl. Kartonmesser)	6000
3	Treppen	2700
4	Aufschnittschneidemaschinen	2500
5	Kisten, Karton, Dosen	2200
6	Flachpalette	1400
7	Stehleitern	1400
8	Türen, Tore	1200
9	Rollcontainer	1100
10	Hubwagen	1100
Summe der Positionen 1–10		25700

14. Aufgabe

Welche der folgenden Aussagen trifft im Zusammenhang mit der Rücknahme von Verkaufsverpackungen, Blister oder Tragetüten zu?

1. Der Einzelhandel ist verpflichtet, jede Verkaufsverpackung zurückzunehmen.
2. Der Einzelhandel ist verpflichtet, Informationsschilder über die Rücknahme von Verpackungsmaterial mit dem „Grünen Punkt“ in den Geschäftsräumen aufzustellen.
3. Der Einzelhandel ist nicht verpflichtet, Verkaufsverpackungen mit dem „Grünen Punkt“ zurückzunehmen.
4. Der Einzelhandel ist nicht verpflichtet, so genannte Serviceverpackungen zurückzunehmen, wenn der „Grüne Punkt“ fehlt.
5. Der Einzelhandel ist verpflichtet, Tragetaschen mit dem „Grünen Punkt“ zurückzunehmen.

15. Aufgabe

Welche der folgenden Maßnahmen dürfen Sie im Falle eines Kabelbrands im Lagerraum auf keinen Fall ergreifen?

1. Sie holen schnell einen Eimer Wasser und löschen das Feuer.
2. Sie bewahren Ruhe und melden das Feuer an die Telefonzentrale.
3. Sie nehmen einen Feuerlöscher mit Löschpulver und löschen das Feuer.
4. Sie betätigen einen Feuermelder und lösen somit Feueralarm aus.
5. Sie alarmieren über das Telefon die hauseigene Feuerwehr.

Lösungen

1 Information und Kommunikation

1. 3, 2, 1, 4
2. 2, 1, 2, 1, 2
3. 3, 1, 2
4. 4
5. 3
6. 3, 5
7. 4, 1, 3, 2, 5
8. 1, 6
9. Hören und sehen
   Wiedergeben, sagen
   eigenes Tun, z. B. Aufgaben lösen
10. Prospekte, Zeitungen
11. 3, 5

12. Aufgabe

a) Kommunikation ist der gegenseitige Austausch von Informationen der Menschen untereinander, der von Menschen und „Maschinen“ wie Computern, Telefonanlagen, E-Mails …
b) Verkäufer können Kunden individuell, persönlich, situationsgerecht beraten und Problemlösungen anbieten.

---

13. Aufgabe

a) An Arbeitsplätzen wie im Verkauf, an der Kasse, beim Einkauf, im Lager und in der Verwaltung nutzen Mitarbeiter der Forum Warenhaus KG Informationen des Warenwirtschaftssystems. Dabei werden Daten eingegeben, verarbeitet und ausgegeben.
b) Zweck: Bereitstellung von Informationen für die Mitarbeiter.

---

14. Aufgabe

a) Unterschiedliche individuelle Fähigkeiten und Gaben verschiedener Mitarbeiter addieren sich in Team- und Partnerarbeit. Das motiviert und führt zu erfolgreicher Zusammenarbeit.
b) In allen Abteilungen der Forum Warenhaus KG; beim Einkauf, im Lager, im Verkauf, im Büro/Verwaltung.

2 Warensortimente

1. 4
2. 4
3. 2
4. 1, 2, 1, 2, 1
5. 4, 5
6. 5
7. 4
8. 2, 1, 2, 2, 2
9. 4, 1, 3, 2, 5
10. 5, 4, 2, 3, 1

11. Aufgabe

a) Sie können als verkaufsfördernde Argumente im Verkaufsgespräch eingesetzt werden
b) Z. B. „Empfehlenswert, da keinerlei Schadstoffe und überhaupt Chemie in diesen Kartoffeln enthalten sind, deshalb sehr gesund …“

---

12. Aufgabe

a) Die Sortimentsstruktur gibt Auskunft über Aufbau des Sortiments hinsichtlich Breite, Tiefe, Rand-, Kern-, Vollsortiment, Markenartikel, Handelsmarken.
b) Individuell beantworten

---

13. Aufgabe

a) Vorteil für Kunden: Sie können sich in Ruhe Produkte auswählen, die meist günstig kalkuliert sind, gute Sortimentsübersicht.
b) Vorteil für Geschäft: Produkte, die in Selbstbedienung verkauft werden, verursachen wenig Personalkosten, lösen Impulskäufe aus.

---

14. Aufgabe

Die fördern das Verkaufsgespräch, ermöglichen gute Beratung und individuelle Problemlösungen.

3 Grundlagen von Beratung und Verkauf

1. Aufgabe

2, 1, 1, 2, 2, 3

2. Aufgabe

Merkmale	exklusives Schuhgeschäft	Lebensmittel-Supermarkt	„Schnäppchen Point“
große Warenauswahl	×	×	
günstiger Preis		×	×
übersichtliche Warendarbietung			
gute Beratung	×		
nützlicher Service	×		

3. Aufgabe

Merkmale	Fleisch- und Wurstwaren	Parfümerie	Mode-Boutique
Erscheinungsbild z. B. Kleidung und gepflegtes Aussehen	funktionelle Kleidung, kein Make-up, gepflegte Fingernägel	zur Abteilung passende Kleidung, gekonntes Make-up, gepflegte Erscheinung	zur Abteilung passende, auffallende, extravagante Kleidung, gepflegtes Aussehen
Verhalten z. B. Umgangsformen, Takt, Höflichkeit	freundlich, höflich, engagiert	freundlich, höflich, zuvorkommend, hilfsbereit	freundlich, höflich, engagiert, hilfsbereit, zuvorkommend
Fachwissen z. B. Waren- und Sortiments-kenntnisse	gute Sortiments- und Warenkenntnisse	gute Sortiments- und Produktkenntnisse	gute Sortiments- und Produktkenntnisse

4. Aufgabe

a) **Textilabteilung:** gepflegte Erscheinung, modische Kleidung
Lebensmittelabteilung: saubere Hände, kein Make-up, funktionelle Kleidung
Sportabteilung: sportliche Figur, sportliche Kleidung

b1) Dieser Verkäufer achtet nur auf persönliche Beziehungen zum Kunden. Die Ware tritt in den Hindergrund. Er sollte nicht eingestellt werden.

b2) Der Verkäufer hat ein ausgewogenes Verhältnis zum Kunden und zur Ware. Er sollte eingestellt werden.

b3) Dieser Verkäufer ist ausschließlich auf die Ware fixiert. Er hat kein Interesse an den Wünschen und Vorstellungen der Kunden. Er sollte nicht eingestellt werden.

c) Kundenorientierte Verkäufer gehen auf die Wünsche und Vorstellungen ihrer Kunden ein. Sie passen sich in ihrem Erscheinungsbild der Zielgruppe an, sind freundlich und engagiert.

5. Aufgabe

a) **Gebrauchswert:** gute Passform, angenehme Trageeigenschaften
b) **Geltungswert:** schönes Aussehen, modische Farben

6. Aufgabe

a) 2
b) Eigenschaften eines Produkts, die auf schönes Aussehen, Geltung zielen

---

7. Aufgabe

2, 1, 2, 1, 1, 2

---

8. Aufgabe

a) Die Vorlage einer mittleren Preislage macht es möglich, nach oben und unten auszuweichen.
b) Zu viel Ware verwirrt den Kunden, erschwert die Übersicht; zu wenig Ware bietet dem Kunden keine Auswahl- und Vergleichsmöglichkeiten.
c) Vorteile können vom Wert der Ware überzeugen.
d) Kann sich der Kunde selbst von den Vorteilen und vom Nutzen einer Ware überzeugen, steigert dies seinen Besitzwunsch.

---

9. Aufgabe

a) 1, 2, 1, 2, 1, 3, b) 2, 1, 1, 2

---

10. Aufgabe

3

---

11. Aufgabe

a) Der Verkäufer begrüßt den Kunden. Er sollte den Kunden jedoch über die Ware ansprechen, da sich dieser seit einiger Zeit bereits mit der Ware beschäftigt, z. B. „Diese Inline-Skates eignen sich besonders für …"
b) Die Frage nach dem Preis engt den Verkaufsspielraum ein. Die Alternativfrage überfordert den Kunden, da dieser bisher noch keine Inline-Skates hatte bzw. vom Verkäufer noch nicht über die jeweiligen Vorteile informiert wurde.
c) Der Verkäufer sollte offene Fragen stellen, z. B.: „Haben Sie bereits Erfahrung mit Inline-Skates?"
d) Mit diesem Vertrauensauslöser signalisiert der Verkäufer dem Kunden, dass seine Wünsche erfüllt werden können.
e) Dem Kunden sollten verschiedene Modelle mittlerer Preislage vorgelegt werden. Dabei kann der Verkäufer jeweils auf die besonderen Vorteile eingehen. Außerdem sollte der Kunden die Modelle ausprobieren können.

---

12. Aufgabe

a) Diese Art der Kontaktaufnahme kann dazu führen, dass die Kundin mit „Nein" antwortet. Danach ist es schwierig, den Kontakt wieder aufzunehmen.
b) „Diese Stofftiere von … sind besonders sorgfältig verarbeitet und dadurch lange haltbar."
c) Die Frage der Verkäuferin bringt keine Anknüpfungspunkte für das weitere Verkaufsgespräch. Würde die Kundin auf diese Frage hin konkrete Angaben machen, könnte außerdem der Verkaufspielraum eingeengt werden.
d) „Wie alt ist denn Ihr Enkel?"
„Womit spielt Ihr Enkel gerne?"
e) Die richtige Fragetechnik führt zu Antworten, die Hinweise geben auf die Wünsche und Vorstellungen der Kunden. Sie zeigt, dass der Verkäufer sich für die Probleme des Kunden interessiert. Fragen sind auch Denkanstöße für Kunden.
f) f1) Phase der Entscheidungsfindung
f2) Ende des Verkaufsgesprächs, Anbahnung eines Zusatzverkaufs
g) Mittlere Preislage

---

13. Aufgabe

a) „Dieser Kräuterschinken schmeckt würzig und herzhaft."
b) „Diese Creme glättet Ihre Haut."
c) „Dieses Präparat reinigt Ihre Haut gründlich und schonend."

---

14. Aufgabe

a) „Diese pflegeleichte Gardine können Sie problemlos in der Waschmaschine reinigen."
b) „In dieser Jacke werden Sie nicht schwitzen."
c) „Der hohe Lichtschutzfaktor schützt Ihre Haut vor intensiver Sonneneinstrahlung."
d) Der Sie-Stil ist persönlicher als der Ich-Stil.
e) „Mit dieser modischen Bluse werden Sie gefallen."
„Kennen Sie schon die Vorteile dieses neuen DVD-Players?"

15. Aufgabe

1, 3, 4, 2

16. Aufgabe

a) Mimik: Ausdrucksbewegungen des Gesichts
Gestik: Ausdrucksbewegungen von Kopf, Armen, Händen, Fingern

b)

Körpersprachliches Signal	Zustimmung	Unentschlossenheit	Ablehnung
Mimik 	lächeln	verlegen blicken	Stirn runzeln
Gestik 	nicken	Kopf wiegen	abwinken
Blick 	zugewandt	wandernd	abgewandt

17. Aufgabe

3, 1, 2

18. Aufgabe

Kunde sucht nach Ausflüchten, Vorwänden.

19. Aufgabe

4

20. Aufgabe

1, 4, 2, 3

21. Aufgabe

Negatives Verhalten	Positives Verhalten
a) Ungeduldig, unsachlich und unfair werden	Ruhig, sachlich, objektiv, fair bleiben
b) Verständnislos entgegnen	Für die Situation des Kunden Verständnis zeigen, auf ihn eingehen
c) Widerspruch herausfordern	Kundenmeinung respektieren

---

22. Aufgabe

a) „Sie haben Recht, 160,00 EUR sind eine Menge Geld. Bedenken Sie aber, dass Sie mit diesem Mixer viele Jahre arbeiten können und der Hersteller fünf Jahre lang dafür die Garantie übernimmt."
b) Der Verkäufer gibt dem Kunden erst einmal Recht und zeigt damit, dass er dessen Bedenken ernst nimmt. Er verhilft dem Kunden dann aber zu einer neuen Betrachtungsweise, die ihn vom Wert der Ware überzeugen soll.
c) Bumerangmethode (Umkehrmethode); Fragemethode; Vergleichsmethode

---

23. Aufgabe

3, 4, 1, 2

---

24. Aufgabe

1, 2, 1, 2, 1

---

25. Aufgabe

Diese negativen Suggestivfragen führen häufig zur Antwort „Nein". „Sonst noch was?" klingt darüber hinaus unhöflich.

---

26. Aufgabe

2, 3

---

27. Aufgabe

a) hohes Image
b) Ansehen, mehr Geld
c) spart Geld, Zeit, Kunde hat alles, was zum Betrieb/Erhaltung der Ware benötigt wird

---

28. Aufgabe

a) Beispiel: „In dieser praktischen Bereitschaftstasche können Sie alles Zubehör problemlos unterbringen."
b) zu früh: Kunde hat sich noch nicht für einen Hauptartikel entschieden und kann daher die Notwendigkeit eines Zusatzartikels nicht richtig einschätzen.
zu spät: Kunde hat den Kauf bereits abgeschlossen und findet ein Zusatzangebot jetzt möglicherweise aufdringlich.
c) Kunde: spart Zeit, Geld, muss nicht noch einmal in das Geschäft, hat alles, was benötigt wird zum Einsatz/Erhalt des Produkts
Geschäft: Imageverbesserung, Umsatzsteigerung

---

29. Aufgabe

4

---

30. Aufgabe

Wenn ein Kunde nicht markentreu ist, empfindet er eine solche Empfehlung nicht als aufdringlich, sondern als Hilfe.

31. Aufgabe

a) Kunde: erhält Produkt, das seinen Wünschen und Vorstellungen genauso gut entspricht wie das zunächst verlangte; Kunde hat keinen weiteren Aufwand
   Verkäufer: Anerkennung beim Kunden und im Geschäft, mehr Gehalt
   Geschäft: keine Umsatzverluste, hohes Image
b) Durch eine solche Aussage verliert der Kunde die Kauflust. Außerdem wird das mögliche Alternativangebot im Wert herabgesetzt.
c) Durch die Warenvorlage wird der Kunde eher vom Alternativangebot überzeugt als durch langatmige Ausführungen, was in Frage kommen könnte. Außerdem spricht die Ware für sich.

32. Aufgabe

1, 1, 2

33. Aufgabe

Umtausch aus Gefälligkeit, um dem Kunden entgegenzukommen und ihn nicht zu verlieren

34. Aufgabe

1, 4

35. Aufgabe

1, 2, 2, 1, 1

36. Aufgabe

Dafür: Kunde bleibt erhalten, Imagesteigerung
Dagegen: Umtausch verursacht zusätzliche Arbeit und Kosten

37. Aufgabe

3, 1, 2

38. Aufgabe

Damit das Problem in Ruhe geklärt werden kann

39. Aufgabe

Durch intensive Beratung des Kunden; durch Kontrolle der zu verkaufenden Ware vor der Übergabe an den Kunden; ggf. auch Originalverpackungen öffnen

40. Aufgabe

3, 2, 4, 1

41. Aufgabe

a) Ware gefällt nicht, passt nicht zur häuslichen Umgebung, ist schon vorhanden.
b) Kassenzettel vorlegen lassen; Umtauschgründe in Erfahrung bringen:
Verständnis zeigen für die Belange des Kunden; Ware begutachten:
Ware umtauschen; ggf. Zuzahlung/Rückzahlung kassentechnisch erfassen
c) Kunde bleibt dem Geschäft erhalten, Imageverbesserung
d) „Gut, dass Sie gleich gekommen sind. Es tut mir Leid, dass Sie Unannehmlichkeiten hatten. Selbstverständlich bringen wir die Angelegenheit sofort in Ordnung. Bitte zeigen Sie mir den Mixer doch einmal."

4 Servicebereich Kasse

1. 2, 1, 2, 1, 2, 2
2. 2, 1, 3, 5, 4, 6
3. 3
4. 4, 2, 5, 3 ,1
5. 1, 2, 2, 1, 1, 1, 2
6. 3, 1, 2, 4, 5
7. 2
8. 5
9. 7.352,40 EUR
10. 87.335,90 EUR
11. 4
12. 5
13. 5
14. 2, 1, 1, 1, 1
15. 2
16. 2, 5
17. 1, 1, 2, 2, 2
18. 4
19. 2

20. Aufgabe

1. Aussage: Diese wirkt unhöflich. Der Kunde fühlt sich nicht willkommen. Kann er was dafür, dass bereits vor ihm andere Kunden mit großen Scheinen zahlten?
2. Aussage: Hohe Wertschätzung der Kundin. Sie wird mit Namen verabschiedet.
3. Aussage: Der Kunde ist hier unerwünscht. Er fühlt sich fehl am Platze.
4. Aussage: macht Interessiert neugierig und bringt klare Antwort.

---

21. Aufgabe

Das Kassenpersonal grüßt Kunden freundlich – auch bei starkem Andrang, behält Ruhe und verabschiedet Kunden, sofern möglich, mit ihren Namen. Es arbeitet zügig, um Wartezeiten an der Kasse gering zu halten.

---

22. Aufgabe

Kunden mit Namen grüßen. Besondere Serviceleistungen des Geschäfts anbieten, z. B. Kundenkarte, Waren sicher verpacken, nach Hause zustellen, eventuell kurzfristig aufbewahren u. s. w.

---

23. Aufgabe

Die Kasse ist bestens vorbereitet mit ausreichendem Wechselgeld, Ersatzpapierrollen und den üblichen Formularen für Retouren u. s. w. An genügend Packmaterial und Tütengrößen denken.

---

24. Aufgabe

a) Schnellkasse:	ermöglicht eiligen Kunden mit 3–5 Artikeln schnelles Verlassen des Geschäfts
b) Geräteverleih:	in Bau- und Gartenmärkten möglich, z. B. Vertikutierer, Elektrowerkzeug u. Ä.
c) Lieferservice:	vorteilhaft für ältere Menschen bei höherem Umsatz oder bei schweren Elektrogeräten
d) Kinder an der Kasse:	freuen sich über kleine Geschenke, z. B. Luftballons, Bonbons
e) Geschenkverpackung:	kostenloser Service, welcher den emotionalen Wert des Geschenks erhöht und Individualität sichert

---

25. Aufgabe

Ursache Wechselgeld: zu viel, zu wenig herausgegeben; Eingabefehler in die Kasse

---

26. Aufgabe

Kunden erhalten eine „Belohnung“ in Form von Rabatten ((Payback = zahle zurück) und schönen bzw. nützlichen Prämien.

---

27. Aufgabe

Es fehlt das Datum.

---

28. Aufgabe

Auswahlschein Nr. 23 450 — Forum Warenhaus KG · 97004 Würzburg
Königstraße 20–22, Tel.: 0931 56100-0

Name: Annette Schuhmann

Ort: 97228 Rottendorf — Straße: Im Talfeld 23

Telefon: 09302 980001 — Sonstiges: ...

Sie erhalten die Ware zur Auswahl; die Ware bleibt bis zur vollständigen Bezahlung unser Eigentum. Schäden und unsachgemäße Behandlung gehen zu Ihren Lasten. Für eine alsbaldige Rückgabe der Waren sagen wir im Voraus besten Dank und wünschen Ihnen eine gute Wahl.

Artikel-Nr.	Artikel	Menge	Preis	Ware zurück am

Unterschrift des Kunden

---

29. Aufgabe

Retouren-Nr. 56 334 — Forum Warenhaus KG · 97004 Würzburg
Königstraße 20–22, Tel.: 0931 56100-0

Betrag in Zahlen und Worten: 189,00 EUR, einhundertneunundachtzig

Artikel: Sportjacke

Grund der Rücknahme: Verarbeitungsfehler: 2 ungleiche Ärmel

Kundendaten mit Name, Straße, PLZ/Ort: Friedrich Gross, 97071 Wuerzburg-Sanderau, Am Mainkai 12, Tel.: 0931 789321

Verkäufer/in: ... Datum: ...

Betrag erhalten: Friedrich Gross

---

30. Aufgabe

Forum Warenhaus KG

Königstraße 20-22
97004 Würzburg

Quittung

Nr.	EUR 100,00
	inkl. 19 % MwSt./EUR
EUR in Worten	einhundert — Cent wie oben
von	Hans Meier, Würzburg
für	Anzahlung TV-Gerät, Marke X, Typ 1000, Gesamtpreis 678,00 EUR
	dankend erhalten.
Ort/Datum	17. Mai 2006

Zweckform Quittung

Buchungsvermerke

Stempel/Unterschrift des Empfängers

Forum Warenhaus KG
i.V. Ulrike Hübsch

5 Marketinggrundlagen

1. 4
2. 2, 4, 7
3. 3
4. 1, 1, 2, 1, 1
5. 1, 2, 2, 2, 2, 1, 1, 1, 1
6. 3
7. 1, 1, 2, 2
8. 4
9. 5, 3, 4, 1, 2
10. 4, 5, 2, 3, 1
11. 2
12. 1, 1, 2, 1, 2
13. 1, 3, 2
14. 1, 2, 2, 1, 2
15. 2, 1, 1, 2
16. 1, 1, 2, 1, 2
17. 1, 2
18. 4
19. 3, 2, 1, 3, 2
20. 2
21. 5
22. 4
23. 3, 5
24. 4
25. 2
26. 5

27. Aufgabe

Beispiel: absichtliche und zwangfreie Beeinflussung von Menschen, um mögliche Käufer zu gewinnen

28. Aufgabe

a) Umsatz-/Marktanteile erhöhen
b) Aufmerksamkeit wecken, Informationen liefern

29. Aufgabe

Werbeziele und -objekte festlegen, Zielgruppen ermitteln, Werbeetat planen, Werbebotschaften verbreiten

30. Aufgabe

Beispiel: Hausfrauen, Männer, Jugendliche, anspruchsvolle Frauen mittleren Alters

31. Aufgabe

Ist-Umsatz des Vorjahrs, Planumsatz des laufenden Jahres, Werbekosten des Vorjahres und des Planjahres, Werbekosten in Prozent des Vorjahres und des Planjahres, Verteilung auf die einzelnen Werbeträger.

---

32. Aufgabe

A = Attention = Aufmerksamkeit
I = Interest = Interesse durch ...
D = Desire = Besitzwunsch durch ...
A = Action = Kaufabschluss

---

33. Aufgabe

Gesetz gegen unlauteren Wettbewerb, Preisangabenverordnung

---

34. Aufgabe

Warenpräsentation: Wie die Ware gezeigt, vorgelegt, vorgeführt wird
Warenplatzierung: Wo die Ware im Geschäft zu finden ist und in welcher Regalhöhe

---

35. Aufgabe

a) Beispiele:
- Nach Bedarfsbündeln: zusammengehörende, -passende, sich ergänzende Produkte
- Nach Gewicht: schwere Artikel unten
- Nach Kalkulation: Produkte in Augenhöhe genießen hohe Aufmerksamkeit, sind höher kalkuliert

b)
- Reckzone: drittbeste Platzierung
- Sichtzone: beste Platzierung
- Griffzone: zweitbeste Platzierung
- Bückzone: vierbeste Platzierung, gut für Plankäufe

---

36. Aufgabe

a) Rechts in Laufrichtung, an Anlauf- und Faszinationspunkten
b) Beim Eingang, links in Laufrichtung, Mittelgänge und Nischen
c)
- Attraktive Produkte in Augenhöhe platzieren
- Rechts in Kundenlaufrichtung Produkte platzieren
- Für attraktive Warenpräsentation sorgen
- Aktions- und Zweitplatzierungen vornehmen
- Sonderangebote u. Ä.

---

37. Aufgabe

Die +-Zeichen zeigen deutlich, welche Zonen im Regal starke Beachtung finden und deshalb zu höheren Abverkäufen führen.

---

38. Aufgabe

Beispiele:
a) Parkplätze, Sitzgelegenheiten, Imbissecken, Kundenzeitschriften
b) fachgerechte Verpackung, Warenzufuhr, Umtausch
c) Kundenkarte, Kreditkarte, Ratenkauf, Mietkauf

---

39. Aufgabe

40	12345	00315	4
Länderkennzeichen	Bundeseinheitliche Betriebsnummer	Artikelnummer des Herstellers	Prüfziffer

6 Warenwirtschaft

1. 2, 1, 4, 3
2. 2, 1, 1, 2, 2, 1
3. 1
4. 1, 1, 2, 2, 1, 1, 1
5. 4, 2, 6, 3, 5
6. 5
7. 5, 4, 6, 1, 2
8. 4
9. 4
10. 5
11. 3, 1, 4, 2
12. 2, 4
13. 3, 5
14. 2, 2, 1, 2, 1
15. 5
16. 5
17. 2, 5
18. 3
19. 250
20. 120
21. 3, 4, 6
22. 814
23. 3
24. 2
25. 2
26. 1, 5
27. 5
28. 3
29. 8, 7
30. 3
31. 5
32. 1
33. 1, 2, 2, 1, 1
34. 1, 2, 1, 1, 1
35. 5, 1, 3, 6, 2, 7, 4
36. 4
37. 4
38. 3, 4, 5, 1, 2
39. 2
40. 4, 7, 5, 1

7 Grundlagen des Rechnungswesens

1. 137 Stück
2. 10,67 %
3. 35,00 %
4. 7.261,80 EUR
5. 578,04 EUR
6. 3
7. 5.250,00 EUR
8. 21.666,67 EUR
9. 1
10. 6%
11. 12,00%
12. 365.000,00 EUR
13. 4,5%
14. 1,60 EUR
15. 24,65 EUR
16. 1,5%
17. 15,00%
18. 2.740,78 EUR
19. 34.375,00 EUR
20. 2, 1, 3
21. 156,24
22. 15%
23. 3,19 EUR
24. 2
25. 120,00 EUR
26. 2
27. 4
28. 21,77%
29. 4
30. 40,50%
31. 2,00
32. 2
33. 4
34. 3, 5, 1, 2, 4
35. 4
36. 187.455,00 EUR
37. 137.000,00 EUR
38. 142.835,00 EUR
39. 50.455,00 EUR
40. 1, 4
41. 494.802,00 EUR
42. 6
43. 4
44. 4
45. 192
46. 810,00 EUR
47. 6,40 m
48. 64.200,00 EUR
49. 95.676,00 EUR
50. 16.200,00 EUR
51. 6.870,00 EUR
52. 5.760,00 EUR
53. 336,00 EUR
54. 198,00 ER
55. 18,0%
56. 23,95 EUR

57. 4.819,50 EUR
58. 15,0%
59. 800,00 EUR
60. 37,42 EUR
61. 569,62 EUR
62. 58.500,00 EUR
63. 2.145,00 EUR
64. 23:00
65. 184,00 EUR
66. 1/5,25 EUR
67. 168
68. 36,75 EUR
69. 182.400,00 EUR
70. 120,00 EUR
71. 700,00 EUR
72. 6.250,00 EUR
73. Umsatzsteuer an Schlussbilanzkonto
74. GuV-Konto an Warenaufwand / 371.500,00 EUR
75. Kasse an Mieterträge / 200,00 EUR

76. Aufgabe

Ermittlung der Tageslosung:

  24,95 EUR
+ 25,10 EUR
+ 30,60 EUR
+ 7,10 EUR
+ 6,85 EUR
= 94,60 EUR

Ermittlung Nettoumsatz:

$$x = \frac{100 \cdot 94,60}{107}$$

Netto: 88,41 EUR
Umsatzsteueranteil: 6,19 EUR

Buchungssatz: Kasse (94,60) an Umsatzerlöse (88,41)
Umsatzsteuer (6,19)

77. Aufgabe

Ermitteln Sie für die Artikelgruppe Tee den Netto-Rohgewinn in Euro und in Prozent.

Art. Nr.	Nettoumsatz (EUR)	Netto-Einstandswert (EUR)	Netto-Rohgewinn (EUR)	Netto-Rohgewinn (in %)
101002	33,55	28,30	5,25	18,55
101006	32,85	28,35	4,50	15,87
101001	6,57	5,45	1,03	18,59
101014	33,08	28,35	4,73	16,68
101023	4,04	3,00	1,03	34,33
Gesamt	110,08	93,45	16,54	17,68

78. Aufgabe

Handelsspanne: in Euro = 5,49 EUR

$$\text{in Prozent} = \frac{5,49}{99,03} \cdot 100 = 5,54\,\%$$

79. Aufgabe

Geschäftsvorfall		Konten	Soll	Haben
Wareneinkauf auf Ziel		Warenaufwand 19%	152,00	
Warenwert	1.646,90 EUR	Warenaufwand 7%	1.494,90	
+ 19% Ust.	28,88 EUR	Vorsteuer 19%	28,88	
+ 7% Ust.	104,64 EUR	Vorsteuer 7%	104,64	
Rechnungsbetrag	1.780,42 EUR	an Verb. a. L. u. L.		1.780,42

80. Aufgabe

$$\text{Handelsspanne} = \frac{(\text{Nettoverkaufspreis} - \text{Einstandspreis}) \cdot 100}{\text{Nettoverkaufspreis}}$$

Bruttoverkaufspreis	3,20
– Ust. (7 %)	0,21
= Nettoverkaufspreis	2,99
– Handelsspanne (25,9025 %)	0,78
= Einstandspreis	2,21

Um den momentan üblichen Marktpreis zu halten, darf der Einstandspreis höchstens 2,21 EUR betragen.

B Einzelhandelsprozesse

1 Aufgaben, Organisation und Leistungen; Handlungsmöglichkeiten an Schnittstellen

1. 4, 5, 1, 2, 3, 7, 6
2. 4
3. 2, 1, 3, 2
4. 4, 1, 3, 2
5. 2
6. 1, 3, 1, 2
7. 2, 5
8. 4, 5
9. 1, 2, 2, 1, 1, 2
10. 1, 1, 1, 2
11. 2
12. 2
13. 3
14. 4
15. 6
16. 2
17. 4, 1, 2, 3

18. Aufgabe

Der Einzelhändler erbringt Leistungen, die sich an den Wünschen und Erwartungen der Kunden orientieren, und versucht, diese bestmöglich zu erfüllen.

---

19. Aufgabe

Z. B. gute Auswahl an Produkten, hochwertige Produkte, attraktive Warenpräsentation, qualifizierte und individuelle Beratung, freundliche Mitarbeiter, günstiges Preis-Leistungsverhältnis, nützliche Serviceleistungen,

---

20. Aufgabe

Beispiel: Kunden wenden sich vom Geschäft ab, negative Mundpropaganda, fehlender Umsatz, Arbeitsplatzabbau

---

21. Aufgabe

- Einkauf: z. B. leistungsfähige Lieferanten ermitteln, Angebote einholen und auswerten, Aufträge erteilen
- Lager: z. B. Arbeiten bei der Warenannahme, auspacken, kontrollieren, einräumen, pflegen, auszeichnen, in den Verkaufsraum transportieren, Verpackung entsorgen
- Verkauf: z. B. kundenorientierte Sortimente zusammenstellen, Waren präsentieren und platzieren, Kunden beraten, Problemlösungen anbieten, Produkte verpacken, kassieren, Reklamationen entgegennehmen
- Verwaltung: z. B. Organisationsstrukturen festlegen, Personaleinsatzplanung, Rechnungswesen, Kalkulationen durchführen

---

22. Aufgabe

- Die Einkaufs- und Verkaufsabteilung organisieren miteinander anhand der mengen- und wertmäßigen Verkäufe der Vorperiode die Einkäufe. Lieferantenkarteien und Umsatzstatistiken bieten vielerlei Daten, sodass z. B. günstige Konditionen, ein optimaler Bestellzeitpunkt, eine optimale Bestellmenge u. Ä. möglich werden.
- Das WWS hilft, das Lager rationell, d. h. vom Ablauf, den Standorten, den Wegen usw., kostengünstig zu organisieren, Lageflächen und -plätze für Produkte zu bestimmen, Warenbestände (Inventur) mittels MDE aufzunehmen u. Ä.
- Verkauf: Das WWS liefert dank der artikelgenauen Erfassung von Verkäufen Auskunft über kundenorientierte und Gewinn bringende Sortimente.
- Verwaltung: Das WWS liefert Zahlen für die Steuerung und Kontrolle der Sortimente, die Beteiligung von Produkten, Sortimentsteilen und Sortimenten eines Bereichs am Erfolg, Rentabilitätsziffern u. Ä.

---

23. Aufgabe

Bei der Beschwerde kommt es auf die erfolgreiche Behandlung einer Reklamation an, das Beschwerdemanagement umfasst den Eingang und die Annahme, die Bearbeitung, die Auswertung und das Contolling von Beschwerden.

---

24. Aufgabe

a) Es wäre für Unternehmen sehr umständlich, unübersichtlich und aufwändig, mit jedem Kunden unterschiedliche Geschäftsbedingungen zu vereinbaren. Aus den individuellen Bedingungen könnten sich auch zahlreiche Rechtsunsicherheiten ergeben. Aus diesen Gründen legt man Standardbedingungen in Form von Allgemeinen Geschäftsbedingungen fest.
b) Damit die AGB Bestandteil eines Vertrages werden, muss der Käufer bei Vertragsabschluss ausdrücklich oder, wenn dies nur unter unverhältnismäßigen Schwierigkeiten möglich ist, durch einen deutlich sichtbaren Aushang am Ort des Vertragsabschlusses auf die Inhalte der AGB hingewiesen werden. Ferner muss der Käufer mit ihrer Geltung einverstanden sein.
c) Unwirksam sind z .B. überraschende Klauseln, der Ausschluss oder die Verkürzung der gesetzlichen Gewährleistungspflichten, Rücktrittsvorbehalte des Verkäufers, die z. B. in der Änderung des Leistungsumfangs bestehen könnten, Vereinbarung unangemessen langer Lieferfristen.

2 Kernprozesse des Einzelhandels; unterstützende Prozesse

1. Aufgabe

– breites Sortiment: viele Warenbereiche und viele Produktgruppen
– tiefes Sortiment: große Auswahl hinsichtlich Qualität, Marken, Preislagen usw.

---

2. Aufgabe

Die Forum Warenhaus KG muss Trends frühzeitig erspüren und sich mit Trendprodukten darauf einstellen. Beispiel: neue Generation an Handys mit Fotos, Filmen, Spielen Video, E-Mails.

---

3. Aufgabe

Kinderbekleidung, wie Wäsche, Hosen, Pullover, Hemden, Jacken, Anoraks, Babyausstattung, Babyartikel.

---

4. Aufgabe

„Bedarfsbündel“ sind Produkte, die zusammengehören, sich ergänzen, aus demselben Lebens- oder Erlebnisbereich kommen. Vorteil für den Kunden: derselbe Bedarfsbereich, der Kunde muss nicht andere Abteilungen bzw. Geschäfte aufsuchen. Vorteil für das Geschäft: Mehrumsatz.

---

5. Aufgabe

Wichtig ist, ein kundenorientiertes Sortiment, das den Wünschen und Erwartungen der Kunden entspricht, anzubieten. Dazu ist eine Sortimentsanalyse erforderlich, die detaillierte Auskunft über „Renner“ und „Penner“ hinsichtlich Menge, Wert und Erfolg des Produkte bzw. der Sortimentsteile gibt.

---

6. Aufgabe

Attraktives Sortiment lockt einkommensstärkere Kunden an, passt gut zum übrigen höherwertigen Sortiment und unterscheidet sich deutlich von Discountern.

---

7. Aufgabe

a) Sortimentserweiterung: Neue Produktgruppen oder Produkte werden ins Sortiment aufgenommen. Beispiel: Im Lebensmittelbereich wird jetzt der Öko-Bereich ausgebaut.
b) Sortimentsvertiefung: In einer bestimmten Produktgruppe wird die Auswahl erweitert. Beispiel: Videotaugliche Handys kommen ins Sortiment.
c) Artikel werden aus dem Sortiment genommen. Beispiel: Die Sportschuhe der Marke XY bringen viel zu wenig Umsatz.

---

8. Aufgabe

a)

Verkaufsdaten Monat Y in der Forum Warenhaus KG:				
Artikel-Nr.	Artikel: Armbanduhren	Verkaufspreis EUR	Absatzmenge	Umsatz
300 001	Circular	39,00	50	1.950,00
300 002	Silber Berlin	49,00	40	1.960,00
300 003	Funkuhr	69,00	30	2.070,00
300 004	Design Cleopatra, Gold	739,00	3	2.217,00
300 005	Impression	59,00	35	1.770,00
300 006	Faberini	229,00	5	916,00

b) (1) „Renner“ vom Absatz her: Artikel 300 001 + 300 002; „Penner“: 300 004 + 300 006
(2) „Renner“ vom Umsatz her: Artikel 300 004 + 300 003; „Penner“: 300 006 + 300 005

c) Trotz geringer verkaufter Menge ist vermutlich der Gewinn dieser Uhr hoch; dieser Artikel verbessert das Image der Abteilung: hochwertiges Sortiment, Luxusgut

d) Der Bedarf wird außerdem beeinflusst von Veränderungen im Kaufverhalten, Änderung der Kaufkraft der Kunden, Werbemaßnahmen, Jahreszeit, z. B. Weihnachtszeit typisch für (wertvolle) Geschenkkäufe

e) Abteilungsleiter und Substituten des Textilbereichs besitzen ein sensibles Feeling für aktuelle und tragbare Mode, die den Geschmack der Kunden der Forum Warenhaus KG treffen.

---

9. Aufgabe

Geringe Bestellkosten, günstige Einkaufspreise, geringe Lagerkosten, Sicherung der Verkaufsbereitschaft.

---

10. Aufgabe

Hohe Bestellmenge = großer Lagerbestand	**Kleine Bestellmenge** = niedriger Lagerbestand
Vorteil: – hohe Verkaufsbereitschaft – günstige Einkaufspreise, – geringe Bestellkosten	**Vorteil:** – niedrige Lager- und Zinskosten
Nachteil: – Verderb – Veralterung („Ladenhüter“) – hohe Lager- und Zinskosten – „totes“ Kapital	**Nachteil:** – geringere Verkaufsbereitschaft – höhere Einkaufspreise (kleine Mengenrabatte) – hohe Bestellkosten

---

Forum Warenhaus KG

Forum Warenhaus KG, Königstraße 20–22, 97004 Würzburg

Papiergroßhandlung Berg GmbH
Mainkai 287
97070 Würzburg

Anschrift: Königstraße 20–22
97004 Würzburg

Telefon: 0931 800-0
Telefax: 0931 800-20

E-Mail: forum_warenhaus@t-online.de

Ihr Zeichen	Unser Zeichen	Telefon, Name	Datum
	MÜ	0931 800-41, Herr Müller	... 2005

Anfrage nach höherwertigem Kopierpapier

Sehr geehrte Damen und Herren,

wir beabsichtigen, höherwertiges Kopierpapier in unser Sortiment auszunehmen. Wir bitten Sie daher, uns Ihren Katalog und eine aktuelle Preisliste inkl. der Lieferungs- und Zahlungsbedingungen für Großabnehmer zuzusenden. Ein Vertreterbesuch wäre uns ebenfalls angenehm. Sollte uns Ihr Angebot zusagen, so ist eine dauerhafte Geschäftsbeziehung möglich.

Wir sehen Ihrer Antwort mit großem Interesse entgegen.

Mit freundlichen Grüßen

Forum Warenhaus KG
i. A. Müller

Registergericht Würzburg HRA-Nr. 2579
Geschäftsführer H.J. Heine

Bankverbindung: Deutsche Bank AG, Würzburg, BLZ 790 700 24; Konto 513 900 00
Postbank Frankfurt/Main; BLZ 500 100 60, Konto 58077-407

12. Aufgabe

a) Keine. Die Anfrage ist rechtlich unverbindlich
b) Rechtsverbindlich, solange man unter verkehrsüblichen Umständen eine Antwort erwarten kann (ca. eine Woche). Ausnahme: unverbindliches Angebot

---

13. Aufgabe

Artikel	**Kopierpapier**	
Lieferer	**Nolte-Papier GmbH**	**Papiergroßhandlung Berg GmbH**
Qualität Zahlungsziel Lieferzeit Besondere Kriterien	DIN A4, 80 g, weiß 30 Tage 8 Tage Größen und Farbe unterschiedlich lieferbar	DIN A4, 80 g, weiß 28 Tage 14 Tage –.–
Menge	100.000 Stück	100.000 Stück
Listenpreis	1.180,00 EUR	1.120,00 EUR
– Rabatt	59,00 EUR	
Zieleinkaufspreis	1.121,00 EUR	1120,00 EUR
– Skonto	33,63 EUR	22,40 EUR
Bareinkaufspreis	1.087,37 EUR	1.097,60 EUR
+ Bezugskosten		75,00 EUR
Einstandspreis	1.087,37 EUR	1.172,60 EUR

---

14. Aufgabe

Verkäufer: Lieferung der Ware, Annahme des Kaufpreises, Verschaffung des Eigentums
Käufer: Annahme der Ware und Bezahlung

---

15. Aufgabe

a) Der Käufer will ein bestimmtes Produkt zu den vereinbarten Bedingungen erwerben.
b) Die Bestellung ist an keine Form gebunden, sie kann schriftlich, mündlich, telefonisch, per Fax u. Ä. erfolgen.
c) Schriftlich, z. B. per Fax, aus Beweisgründen

---

16. Aufgabe

Bestellungsannahme bzw. Annahme des Antrags notwenig bei: abgeänderter Bestellung, zu später Bestellung, Bestellung ohne vorangehendes Angebot und bei freibleibendem Angebot. Üblich: bei telefonischer Bestellung und erstmaliger Bestellung als Dank für die neue Geschäftsverbindung

---

17. Aufgabe

- Höchstbestand: die Lagermenge, die aus technischen oder wirtschaftlichen Gründen nicht überschritten werden darf
- Meldebestand: der Lagerbestand, bei welchem sofort neue Ware bestellt werden muss; die vorhandene Ware reicht gerade aus, bis die neue eintrifft
- Sicherheitsbestand: der Bestand, der für Lieferungsverzögerungen bzw. unerwartet hohen Verkauf als Reserve dient

---

18. Aufgabe

Meldebestand = Sicherheitsbestand + (Tagesumsatz · Lieferzeit) = 60 + (10 · 20) = 260

---

19. Aufgabe

Anzahl der Bestellungen	Bestellmenge in Stück	Beschaffungskosten in EUR	Lagerkosten in EUR	Gesamtkosten in EUR
1	120	50,00	180,00	230,00
2	**60**	**100,00**	90,00	**190,00**
3	40	150,00	60,00	210,00
4	30	200,00	45,00	245,00

---

20. Aufgabe

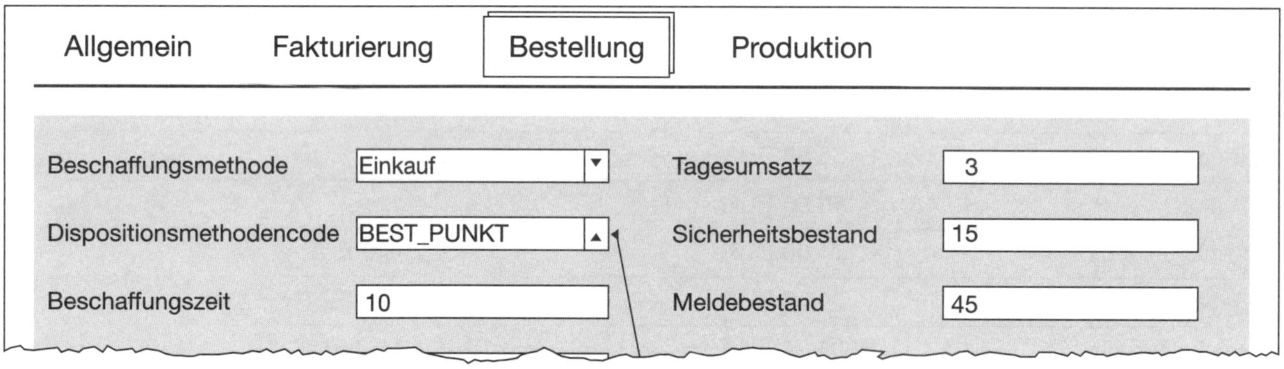

Meldebestand = Sicherheitsbestand + (Tagesumsatz · Lieferzeit) = 15 + (3 · 10) = 45

---

21. Aufgabe

a)	Nettoumsatz	840.000,00 EUR
	– Handelsspanne 45 %	378.000,00 EUR
	Geplanter Wareneinsatz	462.000,00 EUR

b) Berechnen des Soll-Lagerbestands (= geplanter Wareneinsatz); Umschlagshäufigkeit (= LUG) = 3

$$\frac{\text{geplanter Wareneinsatz}}{\text{Umschlagshäufigkeit}} = \frac{462.000,00}{3} = 154.000,00 \text{ EUR}$$

c)	Berechnung des Mehrbestands aus	
	Soll-Lagerbestand = geplanter Wareneinsatz: LUG*	154.000,00 EUR
	– Ist-Lagerbestand	170.000,00 EUR
	ergibt Mehrbestand	16.000,00 EUR
d)	Gesamtlimit = geplanter Wareneinsatz – Mehrbestand	446.000,00 EUR
	– Limitreserve	90.000,00 EUR
e)	freigegebenes Limit	356.000,00 EUR

* LUG = Lagerumschlagshäufigkeit

---

22. Aufgabe

a) Besuch von Reisenden und Handelsvertretern, Fachzeitschriften, Besuch von Ausstellungen und Messen, Branchenadressbücher, Gelbe Seiten der Telekom, Mitteilungen der Industrie- und Handelskammer, Prospekte, Kataloge, Preislisten, Suchmaschinen im Internet u. Ä.

b) Die Verknüpfung zeigt, welcher Lieferant welche Artikel zu welchen Preisen liefert und zeigt den Lager- und Sicherheitsbestbestand an.

---

23. Aufgabe

a) Der Großhändler stellt dem Einzelhändler Regale zur Verfügung (z. B. durch Mietvertrag) und beschickt diese mit Produkten.

b) Der Großhändler übernimmt die Betreuung der Regale, füllt diese auf, übernimmt die Preisauszeichnung und trägt das alleinige Absatzrisiko für nicht verkaufte Produkte; der Einzelhändler erhält Umsatzprovision.

24. Aufgabe

Die Forum Warenhaus KG verkauft den exklusiven Schmuck in eigenem Namen, aber auf Rechnung des Amsterdamer Schmuck-Großhändlers. Vorteil: Die Forum Warenhaus KG erhält dafür eine vereinbarte Provision; nicht verkaufter Schmuck wird an den Großhändler zurückgegeben. Die Forum Warenhaus KG hat kein Absatzrisiko, sie zahlt die Kommissionsware erst nach dem Verkauf.

25. 3, 4
26. 5
27. 2, 2, 1, 1, 2, 2
28. 2, 4
29. 1
30. 3
31. 46 %
32. 2
33. 8.400,00 EUR
34. 75,00 EUR
35. 12, 6, 2, 1, 3, 7, 4, 10, 8, 9, 5, 13, 11
36. 1.500,40 EUR
37. 559,65 EUR
38. 139.944,00 EUR

39. Aufgabe

5, 2, 4, 1, 3

---

40. Aufgabe

a) Fernsehen, Prospekte von Warenhäusern und Annoncen in Tageszeitungen, Schaufenster
b) persönliche Werbebriefe, Werbung an Verkehrsmitteln

---

41. Aufgabe

Ökomomische Ziele: z. B. Umsatzsteigerung, Erhöhung des Marktanteil, Gewinnerhöhung
Außerökomonische Ziele: z. B. Aufmerksamkeit wecken, Informationen liefern, Image aufbauen

---

42. Aufgabe

Umsatz- und Gewinnsteigerung

---

43. Aufgabe

Beispiele:
- Wahrheit: keine unzutreffenden Angaben über Produkte, z. B. aus ökologischem Landbau
- Klarheit: für jedermann verständliche Aussagen
- Soziale Verantwortung: Werbung darf nicht gegen die guten Sitten verstoßen, z. B. sexuelle oder religiöse Diskriminierungen
- Wirtschaftlichkeit: Werbeerfolg entsprechend den Werbezielen, z. B. Umsatz-, Gewinnsteigerung u. Ä.

---

44. Aufgabe

Zielgruppe/Beispiele:
- „junge Mode": junge Leute
- „exklusive Juwelier- und Schmuckwaren": Mittelstand, gehobenes Einkommen
- „Lebensmittel"; Durchschnittsverbraucher

---

45. Aufgabe

Werbeetat der Forum Warenhaus KG: Planung für das nächste Jahr

Ist-Umsatz Vorjahr:	25 Mio EUR	Planumsatz:	25,5 Mio EUR
Werbekosten Vorjahr:	750 000,00 EUR	Werbekosten Planjahr:	828 750,00 EUR
Werbekosten Vorjahr in % des Umsatzes:	3 % EUR	Werbekosten Planjahr in % des Umsatzes:	3,25 % EUR

---

46. Aufgabe

Beispiele: Anzeigen in der Zeitung, Plakate

---

47. Aufgabe

Fast unwirksame Werbung (Werbung an Bussen ist eher PR-Maßnahme)

---

48. Aufgabe

- Werbeträger dienen dem Herantragen von Werbebotschaften an die Umworbenen, z. B. Zeitungen usw.
- Werbemittel sind verbal oder visuell gestaltete Werbebotschaften, z. B. optische (grafische) Werbemittel wie Plakate, akustische Werbemittel wie Rundfunk, audiovisuelle Werbemittel wie Fernsehen.

---

49. Aufgabe

Wahrscheinlich wenig sinnvoll, weil die werbetreibenden Geschäfte anonym bleiben; sinnvoll z. B. bei Werbung für Cityfeste

---

50. Aufgabe

Erhöhung der Kundenfrequenz, höherer Umsatz, Kundenbefragungen: „Kaufen Sie aufgrund der Werbemaßnahme“, Kundenbeobachtung, Werberendite wird erreicht, Umsatzzuwachs: Werbekostenzuwachs

---

51. Aufgabe

Es ist schwierig festzustellen, was Ursache für eine Umsatzsteigerung ist.

---

52. Aufgabe

a) Marketing bedeutet: Der (Einzelhandels-)Unternehmer trifft Entscheidungen „vom Markt her“. Er gestaltet entsprechend seinen Marketingzielen z. B. Sortimente, Verkaufspreise, Werbe- und Servicemaßnahmen.
b) Unter Marketingpolitik versteht man die gestaltende Tätigkeit, Marketinginstrumente.
c) Marketingbereiche umfassen Standort-, Sortiments-, Preis-, Kommunikations- und Servicepolitik.
d) – Standortpolitik umfasst Gedanken zum geeigneten Standort.
   – Sortimentspolitik umfasst Fragen nach dem kundenorientierten und Gewinn bringenden Sortiment.
   – Preispolitik sind Gedanken der Preisgestaltung, um Gewinn bringende Preise zu erzielen.
   – Kommunikationspolitik sind Gedanken zur wirksamen Werbung und Öffentlichkeitsarbeit.
   – Servicepolitik beschäftigt sich mit Fragen, welche Servicemaßnahmen für Kunden nützlich sind, Wettbewerbsvorteile und Kundenbindung mit sich bringen.

---

53. Aufgabe

a) Sonderangebote, Platzierung in verkaufsstarken Zonen, verstärkte Werbung
b) – Werbebriefe: ermöglichen persönliche, direkte Ansprache des Kunden
   – Prospektverteilung: Auch Neukunden werden erfasst. Aufwändig, vorgehaltene Artikelanzahl muss relativ hoch sein.
c) Regelmäßige Informationsschreiben, Kundenzeitschriften, Kundenkarten, verbesserte Serviceleistungen
d) Produkte, die beim Kunden hohe Preissensibilität aufweisen, werden niedriger kalkuliert als Produkte, die der Kunde ohne bewussten Preisbezug aussucht, z. B. festliche Kleidung.
e) Tag der offenen Tür, Modeschau, kleine Begrüßungsgeschenke, z. B. Glas Sekt, Event-Veranstaltungen, Preisausschreiben

---

54. Aufgabe

- Die Geschäftsausstattung verliert an Wert
- Der Wertverlust muss über die verkauften Produkte wieder „hereinkommen“, d. h., die Abschreibung wird in Form eines Zuschlags auf die Produkte kalkuliert. Auf diese Weise kommt des Geld wieder herein, um nach der Nutzungsdauer neue Anlagegüter beschaffen zu können.

---

55. Aufgabe

Verschleiß/Veralterung/technischer Fortschritt sind je nach Anlageobjekt unterschiedlich.

---

56. Aufgabe

100 : 8 = 12,5%

---

57. Aufgabe

12,5% = 32.500,00 EUR
100% = x = 260.000,00 EUR

---

58. Aufgabe

Anschaffungswert ./. AfA 1. Jahr	260.000,00 EUR 32.500,00 EUR
Buchwert am Ende des 1. Jahres ./. AfA 2. Jahr	227.500,00 EUR
Buchwert am Ende des 2. Jahres ./. AfA 3. Jahr	195.000,00 EUR
Buchwert am Ende des 3. Jahres	162.500,00 EUR

---

59. Aufgabe

AfA degressiv hier: höchstens 20%; der Unterschied zur linearen Abschreibung = 7,5%;
7,5% aus 260.000 = 19.500,00 EUR

---

60. Aufgabe

Anschaffungspreis ./. 16% degress. AfA	260.000,00 EUR
Buchwert am Ende des 1. Jahres ./. 16% degress. AfA	218.400,00 EUR
Buchwert am Ende des 2. Jahres ./. 16% degress. AfA	183.456,00 EUR
Buchwert am Ende des 3. Jahres	154.103,00 EUR

---

61. Aufgabe

a) Ansprechend, gelungen, „viel" Bild; das Auge erfasst rasch viele zu vermittelnde Eindrücke. Schrift: mehrere Schriftarten, teils romantisch („Stadtgespräch", „Ich freu' mich drauf", teils sachlich und mehrfarbig, hier nicht erkennbar). Schriftgrößen unterschiedlich, der Werbetreibende hat ihm wichtig erscheinende Fakten mit großen Buchstaben geschrieben
b) Chance: große Schrift und wenig Text wird gelesen
c) Viele emotionale Elemente: Köstlichkeiten auf dem Teller, Genuss (Essen und Trinken) steht im Vordergrund, ebenso Festlichkeit, Außergewöhnliches, Lebensfreude, Feinschmecker, „ich freu' mich drauf".
d) Wenig rationale Elemente, die den Verstand ansprechen
e) Gerne würde sich der Leser zu einem solchen Fest einladen lassen oder dazu einladen. Angenehme Gefühle werden angesprochen.

---

62. Aufgabe

- „Manipulieren“ bedeutet „jemanden“ beeinflussen, dies ist durchaus legal und nichts Anstößiges.
- Im Alltag versuchen Menschen ständig, einander zu beeinflussen.
- Werbung übt keinen Kaufzwang aus, jeder Umworbene hat die Möglichkeit, der „Manipulation“ nicht zu folgen.
- Werbung informiert über Preise, Qualitäten, Sortiment usw. und sorgt für stärkere Markttransparenz. Informierte Kunden können dies, wenn sie wollen, nutzen.
- Werbung fördert den Wettbewerb und ist marktwirtschaftlich sinnvoll, teilweise auch unsinnig und wertlos.

---

63. Aufgabe

Werbeerfolgskontrolle durch
- erhöhte Kundenfrequenz,
- Messung im computergestützten Warenwirtschaftssystem: Mehrabsatz, -umsatz, -gewinn.

---

64. Aufgabe

a) Gestaltung: Die beworbenen Produkte sind als Bild gut erkennbar, was das Lesen der Texte weit gehend erspart.
Schriftarten und -größen: gut erkennbar, Wichtiges ist fett gesetzt.
Preisschrift: sehr groß und fett und wird auf diese Weise hervorgehoben, gut wahrnehmbar.
b) Textmenge: gering, deshalb die Chance, gelesen zu werden
c) Emotionale Elemente: kaum enthalten
d) Rationale Elemente: Waren des täglichen Bedarf brauchen keine Erläuterung, deshalb so in Ordnung
e) Wirkung: Anbieter/Discounter stellt (Marken-)Produkte zu günstigen Preisen heraus.

---

65. Aufgabe

- Standortpolitik umfasst Gedanken zum geeigneten Standort.
- Sortimentspolitik umfasst Fragen nach dem kundenorientierten und Gewinn bringenden Sortiment.
- Preispolitik sind Gedanken der Preisgestaltung, um Gewinn bringende Preise zu erzielen.
- Kommunikationspolitik sind Gedanken zur wirksamen Werbung und Öffentlichkeitsarbeit.
- Servicepolitik beschäftigt sich mit Fragen, welche Servicemaßnahmen für Kunden nützlich sind, Wettbewerbsvorteile und Kundenbindung mit sich bringen.

---

66. Aufgabe

a) Warenhäuser: Standort in der City, gute Auswahl an (Marken-)Produkten, hochwertige Produkte, qualifizierte Beratung bei beratungsintensiven Produkten, freundliche Mitarbeiter, angemessenes Preis-Leistungsverhältnis, nützliche Serviceleistungen
b) Lebensmitteldiscounter: Parkplätze, ausreichende Auswahl an (Marken-)Produkte/n; günstiger Preis

---

67. Aufgabe

a) – Sales Promotion: Verkaufsförderung
   – Point of Sale: wörtlich: am Ort des Verkaufs, z. B. im Geschäft
b) Ziel: kurzfristige Maßnahmen am Ort des Verkaufs, um Absatz, Umsatz und Gewinn zu steigern
c) Einen Mix aus
   - Produktaktionen, um die Sortimentskompetenz zu zeigen, z. B. große Auswahl, Markenprodukte zum „vernünftigen“ Preis
   - imageorientierte Aktionen, um den guten Ruf des Geschäfts zu steigern, Modeschauen, Preisausschreiben
   - ansprechende Themen präsentieren, z. B. bezogen auf Feste, technische Neuheiten usw.
   - Preisaktionen mit Sonderangeboten

---

68. Aufgabe

PR-Maßnahmen
- ermöglichen Aufmerksamkeit im Ort bzw. Tageszeitungen,
- gewinnen Vertrauen durch das Herstellen positiver Beziehungen zwischen Kunden und Einzelhandelsgeschäften,
- schaffen Sympathien, die zur Kundenbindung führen.

---

3 Qualitätssichernde Maßnahmen; Prozessoptimierung

1. Aufgabe

a) „Renner“: Funkwecker und Armbanduhr Fossil 53
b) „Penner“: Funkuhr Gold Superior 100 und Funk-Solaruhr Chronograph 95

---

2. Aufgabe

a) „Renner“: Armbanduhr Fossil 53 und Swatch Chronograph 11
b) „Penner“: Funkwecker Typ 13 und Funkuhr Gold Superior

---

3. Aufgabe

a) „Renner“: Armbanduhr Fossil 53 und Swatch Chronograph 11
b) „Penner“: Funkwecker Typ 13 und Funkuhr Gold Superior

---

4. Aufgabe

Reingewinn: Unterschied zwischen Barverkaufspreis und Selbstkosten
Rohgewinn: Unterschied zwischen Bruttoverkaufspreis und Einstandspreis (er schließt die Umsatzsteuer mit ein)

---

5. Aufgabe

Rechnerisch richtig, doch locken der günstige Preis und der hohe Monatsabsatz Kunden in das Geschäft und geben Anregung/Kaufimpulse für andere Produkte.

---

6. Aufgabe

Armbanduhr Fossil 53 und Funkuhr Gold Superior 100

---

7. Aufgabe

Meldebestand = Sicherheitsbestand + (Tagesumsatz × Lieferzeit) = 15 + (3 · 14) = 57

---

8. Aufgabe

Funk-Solaruhr Chronograph 95

---

9. Aufgabe

Höchstbestand = Mindestbestand + Bestellmenge

---

10. Aufgabe

Dieser Artikel macht auf das exklusive Sortiment aufmerksam.

---

11. Aufgabe

a) Kalkulationszuschlag

	Armbanduhr Junior 12	Armbanduhr Fossil 53
Bruttoverkaufspreis	29,90 EUR	69,90 EUR
Einstandspreis	20,10 = 100 %	39,80 EUR = 100 %
Rohgewinn	9,80 = X % = 48,76 EUR	30,10 = X % = 75,63 %

b) Handelsspanne

	Armbanduhr Junior 12	Armbanduhr Fossil 53
Bruttoverkaufspreis 19 % USt. NettoVerkaufspreis	29,90 EUR 25,13 EUR = 100 %	69,90 EUR 58,74 EUR = 100 %
Einstandspreis	20,10 EUR =	39,80 EUR
Rohgewinn ./. USt.	5,03 EUR = X = 20,02 %	18,94 EUR = X = 32,24

---

12. Aufgabe

Bezugspreis	20,50 EUR
+ 55 % Kazu	11,28 EUR
VK	31,78 EUR, gerundet: 32,00 EUR

---

13. Aufgabe

Einige Artikel werden höher kalkuliert, andere dagegen günstig. Ziel ist ein „profitables" Sortiment.

---

14. Aufgabe

- Günstiger Bezug von Artikeln dieses Sortiments, Verringerung der Lagerkosten
- Attraktive Präsentation
- Wünsche, Vorstellungen und Erwartungen der Kunden treffen
- Auf ständige Verkaufsbereitschaft achten
- Im hochwertigen Sortiment qualifizierte und freundliche Fachberatung anbieten
- Unverzichtbar ist ein Service, z. B. Austausch von Batterien, Armbänder u. Ä.
- Die Preispolitik muss zum Haus und zu den Kundenwünschen passen.
- Auch sind Maßnahmen zur Sortimentserweiterung und Sortimentsbereinigung einzubeziehen.

---

15. Aufgabe

a) Sortimentserweiterung: weitere Artikel(gruppen) werden in das Sortiment aufgenommen, z. B. Uhren anderer Hersteller, andere Preislagen, Erweiterung des Sortiments an Solar-Armbanduhren.
b) Sortimentsbeschränkung: Artikel aus dem Sortiment oder ganze Sortimentsteile, die z. B. wenig verlangt werden, werden aus dem Sortiment genommen, sofern dies der Sortimentspolitik des Geschäfts entspricht.

---

16. Aufgabe

a) Verkaufslager: Es wird auf verkaufsbereite Produkte zurückgegriffen.
b) Zentrallager: um z. B. das Verkaufslager aufzufüllen, die Ware auf irgendeine Weise noch zu „bearbeiten", z. B. rösten, reifen lassen usw., auszupacken, umzuverpacken, auszuzeichnen

---

17. Aufgabe

a) Produkte werden gruppenweise und griffbereit gelagert; Beispiel: häufig benötigte Produkte kommen nach „vorn"; zuerst eingelagerte Waren werden zuerst entnommen (first in – first out).

b) Die Anlieferung der bestellten Produkte erfolgt in kurzen zeitlichen Abständen, auch direkt ins Verkaufslager. Ein Reservelager/Zentrallager erübrigt sich; Lagerkosten werden kleingehalten; Beispiel: zum Lieferer besteht eine Online-Verbindung.

---

18. Aufgabe

Es entstehen Kosten für:
- Lagerräume, z. B. AfA, Verzinsung, Versicherung,
- Lagervorräte, z. B. Schwund, Verderb, Zinsen für gebundenes Kapital,
- Lagerverwaltung, z. B. Löhne, Gehälter, Organisationsmittel.

---

19. Aufgabe

Beispiele: Diebstahl, falsche/„vergessene" Dateneingabe beim Wareneingang/Verkauf/Retouren

---

20. Aufgabe

Bestellmenge	Bestellhäufigkeit im Jahr	∅ Lagerbestand = 1/2 Bestellmenge	Lagerkosten	Bestellkosten	Gesamtkosten
1.000 St.	1	500	1.000,00 EUR	40,00 EUR	1.040,00 EUR
500 St.	2	250	500,00 EUR	80,00 EUR	580,00 EUR
250 St.	4	125	250,00 EUR	160,00 EUR	410,00 EUR
200 St.	5	100	200,00 EUR	200,00 EUR	400,00 EUR
125 St.	8	62,5	125,00 EUR	320,00 EUR	445,00 EUR
100 St.	10	50	100,00 EUR	400,00 EUR	500,00 EUR

Die optimale Bestellmenge beträgt 200 Stück.

---

21. Aufgabe

Verkaufmenge des Vorjahres	2.600 Stück
+ 10 % Planungsreserve	260 Stück
= geplante Verkaufsmenge	2.860 Stück
vorhandener Lagerbestand	1.900 Stück
bereits laufende Bestellungen	400 Stück
= **Bestellmenge**	560 Stück

---

22. Aufgabe

Wird zu viel bestellt, dann wird die hohe Lieferbereitschaft durch hohe Lagerkosten erkauft. Wird zu wenig bestellt, dann geht dies auf Kosten der Lieferbereitschaft (Umsatz-, Kundenverlust).

---

23. Aufgabe

- Gesetzliche Untersuchungs- und Rügepflicht laut HGB
- Wahrung der Reste aus mangelhafter Lieferung
- Reklamationen der eigenen Kunden gering halten

---

24. Aufgabe

- Angelieferte Sendung: Prüfung der Begleitpapiere und der äußeren Verpackung
- Angenommene Sendung: Prüfung des Inhalts nach Menge und Qualität, Erfassung des Wareneingangs

---

25. Aufgabe

Wenn der Käufer seine Rechte aus mangelhafter Lieferung geltend machen will, muss er beweisen, dass die Mängel an der Ware bereits vor Aushändigung vorhanden waren. Dies wird umso schwieriger, je mehr Zeit verstreicht. Ist der Käufer ein Kaumann, so ist er gesetzlich laut HGB verpflichtet, die Waren unverzüglich zu prüfen. Auch im Interesse seiner Kunden sollte der Einzelhändler nur einwandfreie Waren anbieten, um Reklamationen zu vermeiden.

---

26. Aufgabe

a) Lieferantendatei: nach Lieferanten geordnet; enthält das Lieferprogramm, Adresse, Konditionen usw.; Waren-/Artikeldatei: nach Warenarten oder Artikelnummern geordnet; enthält u. a. bekannte Lieferanten
b) Außerbetriebliche Informationsquellen: Geschäftsfreunde, Branchenverzeichnis, Ausstellungen, Messen, Fachzeitschriften

---

27. Aufgabe

Die Lieferung könnte von der Bestellung abweichen.

---

28. Aufgabe

Der tatsächliche Absatz weicht vom geplanten ab; Lagerbestände wurden unvollständig fortgeschrieben (fehlende Ab-/Zugänge, Inventurdifferenzen), Rechenfehler bei der Disposition.

---

29. Aufgabe

a) Lagerhaltungskosten minimieren und gleichzeitig die Lieferbereitschaft sichern
b) Beide Ziele (siehe a) stehen in einem Zielkonflikt zueinander. Die Lagerkosten werden minimiert, wenn wenig bestellt wird; die Lieferbereitschaft ist gesichert, wenn viel bestellt wird. Außerdem sind die Bedarfs- und Verkaufszahlen unsicher.
c) In den Lagerbeständen ist Kapital gebunden, das auf der Bank Zinseinnahmen bringen würde. Das im Lager investierte Kapital bringt während der Lagerdauer keine Einnahmen. Erst wenn der Lagerbestand verkauft ist, entsteht Gewinn.

---

30. Aufgabe

a) Vermeidung eines zu hohen Lagerbestands (hohe Lagerkosten!); Begrenzung des Lagerrisikos aufgrund eines Modewandels, technischen Wandels usw.
b) Meldebestand = 4 Stück/Tag · 6 Tage + 10 Stück = 34 Stück

---

31. Aufgabe

Die Artikeldatei ist nach der Bezeichnung der Artikel, die Lieferantendatei nach den jeweiligen Lieferanten geordnet.

---

32. Aufgabe

- Die Artikeldatei gibt Auskunft über Qualität, Preis, Lieferzeit, Infos über Lieferanten.
- Die Lieferantendatei gibt Auskunft über Lieferungs- und Zahlungsbedingungen, Kulanzverhalten Garantien, Preisstaffeln.

---

33. Aufgabe

Fachzeitschriften, Messen Verbandsmitteilungen, Internet, IHK

---

34. Aufgabe

Messe zeigt repräsentativen Querschnitt über das gesamte Angebot eines Warenbereichs verschiedenster Hersteller/Lieferanten/Importeure, Neuentwicklungen, Trends, Produkte können direkt in Augenschein genommen und geprüft werden

---

35. Aufgabe

Kennziffern über die Absatzentwicklung, Lagerbestände, kurzfristige Erfolgsrechnung, Limitplanung, Renner-Penner-Listen

---

36. Aufgabe

a) Vorteile: günstige Konditionen; Sonderaktionen sind möglich, weil der Preisvorteil weitergegeben werden kann
b) Nachteile: Vorfinanzierung, Kapitalbindung, Lagerkosten

---

37. Aufgabe

Zeitliche Überbrückung und Preisausgleich

---

38. Aufgabe

Beispiel: ca. 20–40 Paare

---

39. Aufgabe

Artikelnummer	Artikelbezeichnung	Jahresabsatz/ Paare	durchschnittlicher Lagerbestand	Umschlagshäufigkeit	durchschnittliche Lagerdauer
4236524190671	Filke spezial	800	50	16	36
4236524011981	Adis, exklusiv	600	60	10	30
4236524984211	Bergo, premium	460	40	11,5	24

a) Umschlagshäufigkeit = Jahresabsatz an Paaren: durchschnittlicher Lagerbestand;
800 : 50 = 16
600 : 60 = 10
460 : 40 = 11,5
360 : 10 = 36
u. s. w.
b) durchschnittliche Lagerdauer = 360 : Umschlagshäufigkeit
360 : 16 = 22,5; 36; 31,3; 10

---

40. Aufgabe

Artikelnummer	Artikelbezeichnung	Jahresabsatz/ Paare	Bezugspreis/ EUR	Verkaufspreis/ EUR	Jahresrohgewinn/ EUR
4236524190671	Filke spezial	800	9,95	17,90	6.360,00
4236524011981	Adis, exklusiv	600	8,95	17,90	5.640,00
4236524984211	Bergo, premium	460	12,00	24,90	5.934,00

Rohgewinn/Artikel = Verkaufspreis − Bezugspreis
Rohgewinn/Artikelgruppe = Jahresabsatz · Rohgewinn je Artikel; 800 · 7,95 = 6.360

---

41. Aufgabe

a) Mengenmäßiger „Penner“: Bergo premium
b) „Renner“ in Bezug auf den Rohgewinn: Filke spezial

---

42. Aufgabe

Verkaufspreis	34,90
Rohgewinn	12,90 = x%
Bezugspreis	12,00 = 100%

$$x = \frac{100 \cdot 12{,}90}{12} = 107{,}5\,\%$$

---

43. Aufgabe

Netto-EK für 5 Heimtrainer	1.275,00 EUR
./. 15% Rabatt	191,25 EUR
Ziel-EK	1.083,75
./. 3% Skonto	32,51 EUR
Bar-EK	1.051,24
+ Bezugskosten	200,00 EUR
Bezugspreis für 5 Heimtrainer	1.251,24 EUR
Bezugspreis für 1 Heimtrainer	250,24 EUR
Bezugspreis, gerundet	251,00 EUR

---

44. Aufgabe

Verkaufspreis = Bezugspreis · Kalkulationsfaktor = 234,25 · 1,8 = 422 EUR bzw. 235 · 1,8 = 423 EUR

---

45. Aufgabe

- Chance: Höherwertiges Produkt stärkt das Image und macht auf die Leistungsfähigkeit des Geschäfts aufmerksam, eventuell erfolgreich, wenn sich am Ort wenige leistungsfähige Sport-Fachgeschäfte befinden.
- Risiko: zu wenig Nachfrage bei zu hohem Preis

---

4 Aufgaben des Controllings

1. Aufgabe

(teilweise in Tausend)

a) $\text{Eigenkapitalrentabilität} = \frac{(\text{Reingewinn} - \text{kalk. U.lohn}) \cdot 100}{\text{Eigenkapital}} = \frac{(2.188 - 480) \cdot 100}{10.491} = 16{,}28\,\%$

b) $\text{Gesamtkapitalrentabilität} = \frac{(\text{U.gewinn} + \text{FK.Zins}) \cdot 100}{\text{Gesamtkapital}} = \frac{(2.188 - 480 + 257) \cdot 100}{14.391} = 13{,}65\,\%$

c) $\text{Umsatzrentabilität} = \frac{\text{Unternehmergewinn} \cdot 100}{\text{Umsatz}} = \frac{1.708 \cdot 100}{25.000} = 6{,}83\,\%$

d) Um Personen- und Kapitalgesellschaften vergleichbar zu machen. Er entspricht dem Gehalt eines leitenden Angestellten einer Kapitalgesellschaft und enthält unternehmerischen Risikozuschlag.

e) Der Rückgang kann durch Preissenkungen, Konkurrenzdruck, Kostenanstieg, Erhöhung der Bezugspreise, eine falsche Sortimentspolitik, verfehlte Werbestrategien, falsche Öffentlichkeitsarbeit usw. entstanden sein.

f) $\text{HKZ} = \frac{\text{Handlungskosten} \cdot 100}{\text{Wareneinsatz}} = \frac{9.530 \cdot 100}{13.320} = 71{,}55\,\%$
Die Fremdkapital-Zinsen wurden in den HKZ eingerechnet; der HKZ muss erhöht werden, um wieder zu einer Kostendeckung zu kommen.

g) $\text{Personalproduktivität} = \frac{\text{Umsatz}}{\text{Anzahl der Mitarbeiter}} = \frac{25.000}{150} = 166{,}66$ TEUR (entspricht 166.666,66 EUR)

h) $\text{Umsatz pro Quadratmeter} = \frac{25.000\text{ T}}{10.000} = 2{,}500$ TEUR (entspricht 2.500,00 EUR)

---

2. Aufgabe

a) Der Geschäftsführer Herr Heine und Frau Annette Schuhmann haften beide mit ihrem Geschäftsanteil und mit ihrem Privatvermögen, die Haftung von Herrn Müller ist auf dessen Geschäftsanteil beschränkt.

b) Die Vertretungsmacht eines Komplementärs ist im Außenverhältnis nicht beschränkbar, der Vertrag ist also gültig. Im Innenverhältnis können jedoch Schadenersatzansprüche geltend gemacht werden.

c) Nettoumsätze 2004: Bruttoumsätze: 1,19 = 635.000,00 EUR
2005: = 579.000,00 EUR

$$\text{Handelsspanne} = \frac{(\text{Nettoumsatz} - \text{Wareneinsatz}) \cdot 100}{\text{Nettoumsatz}} \quad \text{für 2004: } \frac{(635.000 - 370.000,00) \cdot 100}{635.000,00} = 41,73\,\%$$

$$\text{für 2005: } \frac{(579.000 - 320.000,00) \cdot 100}{579.000,00} = 44,73\,\%$$

d) $$\text{Wirtschaftlichkeit} = \frac{\text{Nettoumsatz}}{\text{Wareneinsatz + Handlungkosten}} = \frac{635.000,00}{370.000,00 + 240.000,00} = 1,041$$

$$= \frac{579.000,00}{320.000,00 + 235.000,00} = 1,043$$

e) Die Handelsspanne ist 2004 in der Forum Warenhaus KG um 41,73 − 39,90 = 1,83 % höher.
Die Handelsspanne ist 2005 in der Forum Warenhaus KG um 44,73 − 42,00 = 2,73 % höher.

f) Darunter versteht man den Umsatz je Mitarbeiter.

g) Die Personalproduktivität ist in beiden Jahren in der Forum Warenhaus KG höher.

h) Branche: 132.000,00 = 100 % 5.000,00 = 3,65 %
Forum Warenhaus KG: 145.000,00 = 100 % 4.000,00 = 2,76 %

i) Günstigere Einkaufsquellen erschließen, Sortimentsbereinigung betreiben, PR-Maßnahmen ergreifen, Werbung und Verkaufsförderung betreiben.

---

3. Aufgabe

a)

Gewinn lt. G+V-Rechnung	373.250,00 EUR
− kalkulat. Unternehmerlohn	152.000,00 EUR
Unternehmergewinn	221.250,00 EUR

Fremdkapitalzinsen: 7,5 % aus 443.750,00 EUR = 33.281,25 EUR

b) $$\text{Eigenkapitalrentabilität} = \frac{(\text{Reingewinn} - \text{kalk. U.lohn}) \cdot 100}{\text{Eigenkapital}} = \frac{221.250,00 \cdot 100}{600.000,00} = 36,88\,\%$$

c) $$\text{Gesamtkapitalrentabilität} = \frac{(\text{U.gewinn} + \text{FK.Zins}) \cdot 100}{\text{Gesamtkapital}} = \frac{(221.250,00 + 33.281,25) \cdot 100}{1.043.750,00} = 24,39\,\%$$

d) $$\text{Wirtschaftlichkeit} = \frac{\text{Erträge}}{\text{Aufwändungen}} = \frac{3.812.500,00}{3.438.250,00} = 1,108$$

e) $$\text{Raumproduktivität} = \frac{\text{Umsatz}}{\text{Verkaufsfläche}} = \frac{3.812.500,00}{400} = 9.531,25$$

f) $$\text{Arbeitsproduktivität} = \frac{\text{Umsatzerlöse}}{\text{Anzahl der Mitarbeiter}} = \frac{3.812.500,00}{45} = 8.4722,22$$

g) (1) Beim Franchising-System überlässt der Franchise-Geber, z. B. der Hersteller, dem Franchise-Nehmer bestimmte Rechte wie z. B. die Benutzung des Markennamens oder des Warenzeichens (z. B. Lacoste, Esprit). Der Franchise-Geber beeinflusst die Werbung, die Geschäftsausstattung, das Sortiment und die Verkäuferschulung; der Franchise-Nehmer bleibt rechtlich selbstständig
(2) Vorteile für den Franchise-Nehmer: Er erhält Unterstützung durch den Franchise-Geber [siehe (1]), führt meist anerkannte Markenprodukte und bleibt vertraglich selbstständig.

---

4. Aufgabe

a)

Warenanfangsbestand	70.000,00 EUR
+ Einkäufe	385.000 EUR
./. SB lt. Inventur	35.000,00 EUR
= Wareneinsatz	420.000,00 EUR

b) $\text{Durchschnittlicher Lagerbestand} = \frac{\text{AB} + \text{SB}}{2} = \frac{70.000,00 + 35.000,00}{2} = 52.500,00 \text{ EUR}$

c) $\text{Umschlagshäufigkeit} = \frac{\text{Wareneinsatz}}{\text{durchschn. Lagerbestand}} = \frac{420.000,00}{52.500,00} = 8$

d) $\text{Durchschnittliche Lagerdauer} = \frac{360}{8} = 45 \text{ Tage}$

e) $\text{Lagerzins} = \frac{\text{Bankzinssatz} \cdot \text{durchschn. Lagerdauer}}{360} = \frac{8,75 \cdot 45}{360} = 1,09\,\%$

f) Die Umschlagshäufigkeit gibt an, wie oft durchschnittlich im Jahr ein Produkt verkauft wird.

g) Je größer die Umschlagshäufigkeit, desto kleiner ist die Lagerdauer (umgekehrt proportionaler Zusammenhang).

h)

Verkaufserlöse netto	700.000,00 = 100 %
Rohgewinn	280.000,00 = X % = 40 %
Wareneinsatz	420.000,00

i)

Bruttoverkaufserlöse	833.000,00
Nettoverkaufserlöse	700.000,00
Rohgewinn	333.200,00 = X %
Wareneinsatz	499.800,00 = 100 %

$x = \frac{333.2000 \cdot 100}{499.800,00} = 65,93\,\%$

k) Verkaufspreis = Bezugspreis · Kalkulationsfaktor = 125,55 · 1,98 = 248,59 EUR; gerundet 249,00 EUR

l) Rasche Einkaufsdisposition, Bestandsüberwachung, Optimierung der Lagerwirtschaft, betriebliche Kennziffern, Erfolgs- und Umsatzkontrolle, schnelle Auswertung von Statistiken

m)
- Unternehmer: rasche Auswertung von Verkaufsdaten, Steuerung und Kontrolle des Warenflusses, Kostensenkung
- Mitarbeiter: wenig/seltene Warenauszeichnung infolge Codierung, Kontrolle und Steuerung des Warenflusses, alle nur denkbaren Informationen können abgerufen werden

C Wirtschafts- und Sozialkunde

1 Grundlagen des Wirtschaftens

1. 2
2. 2
3. 1
4. 4
5. 2
6. 5
7. 6
8. 1, 2, 1, 2, 3
9. 3
10. 5
11. 1
12. 3
13. 3
14. 2
15. 1, 3, 5, 7, 8
16. 4
17. 5
18. 6, 2, 4
19. 5
20. 4, 6
21. 3
22. 3
23. 1
24. 4

25. Aufgabe

Wichtige Aufgaben sind die Markterschließung und Sortimentsbildung. Der Einzelhändler kennt die Bedürfnisse und Wünsche der Kunden und gibt sie an die Hersteller weiter, damit diese marktgerechte Produkte entwickeln können. Aus dem Angebot der Hersteller wählt er die Waren aus, die von den Kunden nachgefragt werden.
Der Einzelhändler ist dem Kunden räumlich näher als Hersteller oder Großhändler und übernimmt damit die Raumüberbrückung. Da er die Ware für den Kunden verfügbar hält, sorgt er für die Zeitüberbrückung zwischen Herstellung und Verkauf.
Der Einzelhandel kauft die Waren in größeren Mengen; die Warenverteilung (Distribution) an den Endverbraucher erfolgt in kleinen Mengen. Weitere Dienstleistungen für die Kunden sind Beratung und Kundendienst.

---

26. Aufgabe

a) Beratung über die Verwendungsmöglichkeiten, die Bedienung, Kundendienstleistungen
b) Beratung über Modetrend, Pflege, Materialien, Passform
c) Beratung über Arten, Fettgehalte, Geschmacksrichtungen (Proben), Verwendungsmöglichkeiten

---

27. Aufgabe

Beispiele:
- Geh' davon aus, dass du die Welt verändern kannst.
- Arbeite schnell, ganz egal wann.
- Bleibe flexibel, arbeite allein oder im Team – je nach Situation.
- Teile alles mit deinen Kollegen: Arbeitsmittel, Ideen, Probleme.
- Radikal neue Ideen sind zumeist gute Ideen.
- Denke immer daran: Es ist der Kunde, der darüber entscheidet, ob ein Job gut gemacht ist.
- Vergiss nie: Gemeinsam kann man alles schaffen.

(Quelle: HP- Mitarbeitergrundsätze, 2005)

---

28. Aufgabe

Beispiele:
- Eine herzliche und aufrichtige Begrüßung. Sprechen Sie den Kunden, wenn angebracht und möglich, mit seinem Namen an.
- Ein liebenswürdiger Abschied. Verabschieden Sie sich mit einem herzlichen „Auf Wiedersehen!" und sprechen Sie den Kunden, wenn angebracht und möglich, mit seinem Namen an.
- Verlieren Sie niemals einen Kunden. Die sofortige Zufriedenstellung des Kunden liegt in der Verantwortung eines jeden Mitarbeiters. Jeder, an den eine Beschwerde herangetragen wird, ist „Eigentümer" dieser Beschwerden, löst sie zur Zufriedenheit des Kunden und dokumentiert den Vorfall.
- „Lächeln Sie – wir stehen auf der Bühne." Suchen Sie immer Augenkontakt. Verwenden Sie das entsprechende Vokabular im Umgang mit unseren Kunden. Benutzen Sie Ausdrücke wie „Guten Morgen" – „Selbstverständlich" – „Es freut mich" – „Es ist mir ein Vergnügen".
- Beschreiben Sie nicht den Weg zu einem anderen Bereich in unserem Unternehmen, sondern begleiten Sie den Kunden dorthin.
- Halten Sie die Telefonetikette ein. Lassen Sie das Telefon nie länger als dreimal klingeln und nehmen Sie jedes Gespräch mit einem „Lächeln" entgegen. Wenn es nicht anders geht, bitten Sie den Anrufer, einen Augenblick zu warten.

(Quelle: In Anlehnung an die Mitarbeitergrundsätze der Hotelkette „Ritz-Carlton")

---

29. Aufgabe

Praktizieren der Werte, die in der Unternehmensphilosophie festgelegt sind.
Beispiele:
- Schaffung von Nähe, durch Aufbau einer fast familiären Beziehung zwischen Kunden und Unternehmen ˡ Ansprache der Kunden, z. B. auf Hinweistafeln mit „Du" bei IKEA
- Konsequente Umsetzung der Kundenorientierung, z. B. Verteilung von Gutscheinen bei Störungen im Betriebsablauf (Kassenausfall), großzügiges Verhalten bei Reklamationen
- Sauberkeit und Hygiene (Reinigungsplan auf Toiletten), stets sauberer Außenbereich
- Förderung des Allgemeinwohls (Spenden, Sponsoring usw.)

---

30. Aufgabe

- ökonomische Ziele: Erhöhung von Umsatz und Gewinn, Vergrößerung des Marktanteils durch Eröffnung einer Filiale an einem anderen Standort, Erhöhung des Bekanntheitsgrades durch Werbung im Fernsehen
- ökologische Ziele: Verkauf von Produkten aus ökologisch unbedenklicher Produktion, Vermeidung von Umweltbelastungen im Unternehmen (Verpackung, Entsorgung), Schulung des Personals zum umweltbewussten Verhalten
- soziale Ziele: Schaffung eines guten und harmonischen Betriebsklimas, übertarifliche Bezahlung und Gewährung von Zulagen, Weiterbildungsmaßnahmen, familienfreundliche Arbeitszeitgestaltung, Betriebskindergarten

---

31. Aufgabe

Beispiel: Einerseits Anbieten von Waren zu einem sehr günstigen Preis und andererseits so wenig wie möglich Belastung der Umwelt bei Herstellung und Transport. Lösungsversuch: Verzicht auf Billigware, dafür Absprachen und Vereinbarungen mit Herstellern in „Drittweltländern", sich an Vorgaben des Auftraggebers zu halten (Nachhaltigkeit, Einhalten der vorgegebenen Umweltstandards → Code of Conduct)

---

2 Rechtliche Rahmenbedingungen des Wirtschaftens

1. 5
2. 6
3. 5
4. 3, 6, 5
5. 5
6. 2, 4, 7
7. 3
8. 2
9. 3
10. 4, 1, 3, 2
11. 2, 1, 1, 2, 1
12. 2
13. 3
14. 2, 2, 1, 2, 2, 1, 2, 1
15. 4
16. 3, 5, 6
17. 2
18. 1
19. 1, 2, 5
20. 5
21. 1
22. 2, 1, 2, 2, 2, 2, 1
23. 1, 2, 1, 1
24. 465,50 EUR
25. 2
26. 3
27. 5, 4, 3, 1, 2
28. 4
29. 1, 1, 1, 2
30. 1, 2, 2, 2, 1, 3, 1, 3
31. 3
32. 2
33. 1, 2, 4
34. 1
35. 3
36. 2
37. 1, 4, 2, 3
38. 4
39. 2
40. 5
41. 4 (HGB § 362)
42. 3, 2, 2, 1
43. 1
44. 5
45. 2, 3, 6
46. 4
47. 4
48. 4
49. 2
50. 1
51. 4
52. 3
53. 3
54. 5
55. 3
56. 1
57. 1
58. 4, 3, 2, 1
59. 3
60. 5.758,00 EUR
61. 160,60 EUR
62. 40.000,00 EUR
63. 108 Tage
64. 26.457,99 EUR
65. 8%
66. 1.800,00 EUR
67. 140.000,00 EUR
68. 5.500,00 EUR
69. 1, 1, 1, 2, 1, 2
70. 2
71. 5
72. 15%
73. 2.036,00 EUR
74. 7,54%
75. 71,93 EUR
76. 1, 3, 5
77. 4, 2, 3
78. 2
79. 2
80. 5
81. 9,6%
82. 60 Tage

83. Aufgabe

Der Lieferer hält sich damit offen, ob er überhaupt und ob er zu den im Angebot angegebenen Lieferungs- und Zahlungsbedingungen liefern will. Er kann so z. B. noch Preis- oder Mengenänderungen oder Änderungen des Liefertermins vornehmen.

---

84. Aufgabe

Ersparnis durch Skontoausnutzung 3% Skonto von 12.800,00 EUR = 384,00 EUR

– Kreditkosten Kredithöhe 12.800,00 − 384,00 EUR = 12.416,00 EUR

(Der Einzelhändler braucht nur den Nettobetrag aufzunehmen)

$$\text{Zinsen} = \frac{\text{Kapital} \cdot \text{Zeit} \cdot \text{Zinssatz}}{100 \cdot 360} = \frac{12.416 \cdot 20 \cdot 12}{100 \cdot 360} = -\ 82{,}77 \text{ EUR}$$

Skontovorteil − Kreditkosten = **Vorteil** = **601,23 EUR**

Anmerkung: Der Kredit braucht nur für 20 Tage aufgenommen zu werden, weil Schlau bei Ausnutzung des Skontos erst am zehnten Tag zahlt.

---

85. Aufgabe

Der Einzelhändler zahlt nur die Entladekosten von 10,00 EUR und das Rollgeld für die Abfuhr von 25,00 EUR.

---

86. Aufgabe

Beim Angebot unter Anwesenden (telefonisch oder mündlich) ist der Anbietende nur bis zum Ende des Gespräches an sein Angebot gebunden.

Beim Angebot unter Abwesenden (schriftlich) ist er so lange an sein Angebot gebunden, wie unter verkehrsüblichen Gesichtspunkten mit einer Antwort gerechnet werden kann. Dabei ist auch eine kurze Überlegungsfrist einzukalkulieren. Die Bestellung muss mindestens auf dem gleich schnellen Weg erfolgen (z. B. Brief gegen Brief). Beim Brief geht man von einer Woche Gültigkeit aus.

---

87. Aufgabe

Beim **Spezifikationskauf** liegen nur Warenart und Gesamtmenge fest. Der Käufer sichert sich damit die Ware, kann aber später noch Farbe, Form, Größe usw. näher auf seine Verhältnisse zugeschnitten bestimmen.
Beim **Kauf auf Abruf** kann der Käufer die Ware in Teilmengen so abrufen, wie er sie benötigt. Er sichert sich damit Preisvorteile durch die größere Gesamtmenge und spart einen Teil der Lagerkosten.

---

88. Aufgabe

Die Ware reist auf Kosten und Gefahr des Käufers, denn gesetzlicher Erfüllungsort ist der Wohnsitz des Warenschuldners. Der Käufer hat die Kosten der Versandverpackung und die Transportkosten (ab Versandstation) zu tragen.

---

89. Aufgabe

Das Angebot kann widerrufen werden, solange es noch nicht wirksam geworden ist. Der Widerruf müsste also vor oder gleichzeitig mit dem Eintreffen des Angebotes beim Einzelhändler eingehen.

---

90. Aufgabe

1. Wenn ein Angebot verspätet angenommen wurde
2. Wenn der Inhalt des Angebotes vom Besteller abgeändert wurde
3. Wenn das Angebot „freibleibend" war
4. Wenn die Bestellung erfolgte, ohne dass vorher ein Angebot vorausgegangen war

---

91. Aufgabe

	Zinstage bis 15.12.		
1. Rechnung	169	(890 · 169 · 8) : (100 · 360) =	33,42 EUR Zinsen
2. Rechnung	70	(1.420 · 70 · 8) : (100 · 360) =	+22,09 EUR Zinsen

zu überweisen: 2.310,00 EUR Rechnungsbeträge + 55,51 EUR Zinsen = 2.365,51 EUR insgesamt

---

92. Aufgabe

a) – Geschäfte von Geschäftsunfähigen
- Geschäfte von beschränkt Geschäftsfähigen ohne Zustimmung des gesetzlichen Vertreters
- Scherz- und Scheingeschäfte
- Geschäfte, die gegen ein gesetzliches Verbot verstoßen
- Geschäfte, die gegen gesetzliche Formvorschriften verstoßen
- Geschäfte, die gegen die guten Sitten verstoßen
- Geschäfte im Zustand der Bewusstlosigkeit oder vorübergehenden Störung der – Geistestätigkeit

b) Geschäfte sind anfechtbar wegen
- Irrtums (außer Motivirrtum),
- arglistiger Täuschung,
- widerrechtlicher Drohung.

---

93. Aufgabe

Offene Mängel: Sie sind bei der Lieferung sofort erkennbar.
Versteckte Mängel: Sie sind bei der Prüfung der Ware nicht erkennbar und treten erst später auf.
Arglistig verschwiegene Mängel: Der Verkäufer hat den Mangel beim Verkauf verschwiegen, obwohl er ihn kannte.

---

94. Aufgabe

Kaufmann im Sinne des HGB ist derjenige, der ein Handelsgewerbe betreibt (§ 1 HGB). Ein Handelsgewerbe ist gegeben, wenn folgende Kennzeichen vorliegen:
- eine selbstständige auf Dauer angelegte Tätigkeit,
- die nach außen erkennbar ist und
- mit Gewinnerzielungsabsicht durchgeführt wird.

Handelsgewerbe ist jeder Gewerbebetrieb, der einen in kaufmännischer Weise eingerichteten Geschäftsbetrieb erfordert. Davon ist bei dieser Beschäftigtenzahl und Umsatzhöhe auszugehen.

---

95. Aufgabe

a) Um einen Mietvertrag (= Überlassung einer Sache zum Gebrauch gegen Entgelt)
b) Um einen Pachtvertrag (= Überlassung einer Sache zum Gebrauch und „Fruchtgenuss“ gegen Entgelt)

---

96. Aufgabe

Beim Pfandrecht geht der Besitz auf den Kreditgeber über, der Schuldner bleibt Eigentümer.
Bei der Sicherungsübereignung bleibt der Schuldner Besitzer, der Gläubiger wird Eigentümer.

---

97. Aufgabe

Beim Betrieb Rolf Webers handelt es sich um einen Istkaufmann. Begründung: Es handelt sich um ein Gewerbe (Handel von Waren mit Gewinnabsicht) mit kaufmännischer Einrichtung (mehrere Lieferanten, mehrere Angestellte, hoher Umsatz). Der Betrieb Rolf Webers muss ins Handelsregister eingetragen werden.

---

98. Aufgabe

Handelsregister Abteilung A, da es sich um eine Einzelunternehmung handelt (keine juristische Person bzw. keine Kapitalgesellschaft)

---

99. Aufgabe

Stärkung der Kapitalkraft, Verteilung des Haftungsrisikos, Arbeitsentlastung, Verbesserung der Entscheidungsqualität

---

100. Aufgabe

Mitspracherechte der Gesellschafterin (Rolf Weber hat nicht mehr das alleinige Sagen), Verzögerung von Entscheidungsprozessen, Teilung des Gewinns

---

101. Aufgabe

Firma, Namen und Adressen der Gesellschafter, Geschäftsanteile, Haftungsregelungen, Geschäftsführung und Vertretung, Gewinn- bzw. Verlustverteilung

---

102. Aufgabe

Marie Gunderlach ist als Kommanditistin nicht zur Geschäftsführung berechtigt. Sie hat bei außergewöhnlichen Rechtsgeschäften ein Widerspruchsrecht. Im Außenverhältnis ist Rolf Weber allein vertretungsberechtigt. Der Kreditvertrag ist gültig. Im Innenverhältnis ist Marie Gunderlach als Kommanditistin nicht zur Geschäftsführung berechtigt. Sie hat bei außergewöhnlichen Rechtsgeschäften ein Widerspruchsrecht. Rolf Weber hätte vor Abschluss des Kreditvertrags mit Marie Gunderlach sprechen sollen.

---

103. Aufgabe

Vorteile:
- Die Fremdkapitalzinsen sind Aufwand und mindern den Gewinn.
- Die Kapitalgeber haben kein direktes Mitspracherecht.
- Die Gläubiger tragen das Risiko mit.

Nachteile:
- Das Fremdkapital steht nur für eine begrenzte Zeit zur Verfügung.
- Zinsaufwand und Tilgung müssen regelmäßig erbracht werden und führen zum Mittelabfluss.

---

3 Menschliche Arbeit im Betrieb

1. 3, 1, 2, 1, 2
2. 4
3. 3, 5, 6
4. 5
5. 3, 2, 4, 1
6. 4
7. 391,55 EUR
8. 1, 4, 6
9. 3, 4, 2, 1, 2
10. 3, 1, 2, 6, 4, 3
11. 4, 3, 1, 2
12. 1
13. 3, 2, 1, 1, 3
14. 1
15. 6
16. 1, 2, 5
17. 4
18. 6
19. 2, 5
20. 4
21. 5
22. 2, 1, 2, 1, 1, 2, 2
23. 3, 1, 4
24. 4
25. 3
26. 4
27. 1, 2, 1, 1, 2, 2
28. 2, 4, 6, 7
29. 4
30. 5, 1, 4, 3, 2
31. 5
32. 1
33. 2
34. 3
35. 3
36. 1, 3, 6
37. 1, 2, 5, 3, 4
38. 2, 2, 2, 1, 2, 1
39. 5
40. 1
41. 1
42. 3
43. 4
44. 1
45. 5
46. 2
47. 3
48. 3
49. 3, 1, 2
50. 2, 3, 6
51. 5
52. 2
53. 2, 4

54. Aufgabe

Renten-, Arbeitslosen- und Pflegeversicherung

55. Aufgabe

a) Die Gemeindebehörde
b) Namen, Adresse, Familienstand, Geburtstag, Religionszugehörigkeit, Steuerklasse
c) Das Finanzamt

56. Aufgabe

Der **Manteltarifvertrag** regelt die allgemeinen Arbeitsbedingungen, z.B. Arbeitszeit, Probezeit, Urlaub. Er gilt meist für mehrere Jahre.
Der **Lohn- und Gehaltstarifvertrag** regelt die Höhe der Löhne und Gehälter in den einzelnen Lohn- und Gehaltsgruppen. Er wird häufig nur für ein Jahr abgeschlossen.

57. Aufgabe

Die Kündigung ist unwirksam. Der Betriebsrat ist vor jeder Kündigung anzuhören. Dies ist hier nicht geschehen.

58. Aufgabe

Das Arbeitsverhältnis kann mit einer Frist von vier Wochen zum 15. oder zum Ende eines Kalendermonats gekündigt werden.

59. Aufgabe

Er hat keinen Anspruch, da nur der unmittelbare Weg von und zur Arbeit mitversichert ist.

60. Aufgabe

Werbungskosten:	Fahrtkosten 235 Tage × 13* km · 0,30 EUR	916,50 EUR
	+ Fachliteratur	85,00 EUR
	+ Beiträge	120,00 EUR
	Summe der Werbungskosten	1.121,50 EUR

* Abzugsfähig ab dem 21. km

61. Aufgabe

Sonderausgaben sind Kosten der privaten Lebensführung, haben also im Gegensatz zu den Werbungskosten nichts direkt mit dem Beruf zu tun. Der Gesetzgeber lässt den Abzug von Sonderausgaben teils unbeschränkt (z. B. Kirchensteuer, Renten und dauernde Lasten) und teils beschränkt (z. B. Vorsorgeaufwendungen, Unterhaltsleistungen, Spenden) zu.

---

62. Aufgabe

a) Ungünstiges Verhältnis zwischen Beitragszahlern und Rentnern
b) Renteneintrittsalter nimmt ab (z. B. gesundheitliche Gründe, Arbeitslosigkeit), Rentenbezugsdauer nimmt aufgrund der höheren Lebenserwartung zu, Beitragszahler sinken aufgrund der hohen Arbeitslosenquote (dadurch entstehen Finanzierungsprobleme).
c) Erhöhung des Renteneintrittsalters, Erhöhung des Beitragssatzes zur gesetzlichen Rentenversicherung, Bekämpfung der Arbeitslosigkeit

---

63. 1
64. 4
65. 30
66. 2

4 Arbeitssicherheit, Umweltschutz

1. 3
2. 4
3. 2
4. 1
5. 5
6. 2

7. Aufgabe

a) 3, 5, 8
b) 1: Wagen ist über Sichthöhe gestapelt.
 2: Das Ziehen des Wagens kann zu Verletzungen der Ferse führen.
 4: Tür ist verstellt, sie kann nicht geöffnet werden; im Brandfall ist das lebensgefährlich.
 6: Hilfeschreie verursachen im Brandfall nur Panik, Fluchtwege benutzen oder nächstgelegenen Feuerlöscher holen und Brand bekämpfen.
 7: Zum Anheben der Last dürfen nicht die Beine, sondern muss der Rücken gestreckt werden. Heben und Tragen mit gekrümmten Rücken schädigt die Bandscheiben der Wirbelsäule.
 9: Vor dem Körper getragenen Lasten dürfen nur so hoch sein, dass man darüber hinwegsehen und Hindernisse im Verkehrsweg rechtzeitig erkennen kann.

---

8. Aufgabe

3

---

9. Aufgabe

a) Verpackungen, die als eine Verkaufseinheit angeboten werden und beim Endverbraucher anfallen. Verkaufsverpackungen im Sinne der Verordnung sind auch Verpackungen des Handels, der Gastronomie und anderer Dienstleister, die die Übergabe von Waren an den Endverbraucher ermöglichen oder unterstützen (Serviceverpackungen), sowie Einweggeschirr und Einwegbestecke.
b) Derjenige, der die Waren in der an ihn gelieferten Form nicht mehr weiter veräußert
c) Bier (einschließlich alkoholfreies Bier), Biermischgetränke, Mineral-, Quell-, Tafel- und Heilwässer, Erfrischungsgetränke mit oder ohne Kohlensäure
d) Limonaden einschließlich Cola-Getränke, Brausen, Bittergetränke und Eistee

---

10. Aufgabe

Rücknahmepflicht für Transport-, Um- und Verkaufsverpackungen, Pfanderhebungs- und Rücknahmepflicht für Einweggetränkeverpackungen

---

11. Aufgabe

Fruchtsäfte, Fruchtnektare, Gemüsesäfte, Gemüsenektare, Getränke mit einem Mindestanteil von 50% an Milch oder an Erzeugnissen, die aus Milch gewonnen werden, diätetische Getränke und Mischungen dieser Getränke sind keine Erfrischungsgetränke im Sinne der VerpackV.

---

12. Aufgabe

Die Pfanderhebungspflicht für Einwegverpackungen soll den Einzelhandel anregen, den Verkauf von Getränken in Mehrwegverpackungen zu fördern. Dadurch soll der Grundsatz aus dem Kreislaufwirtschafts- und Abfallgesetz „Abfall vermeiden geht vor Abfall verwerten" verwirklicht werden.

---

13. 8800 (Pos. 1 und 3)
14. 3
15. 1

Stichwortverzeichnis